學庸義理別裁

陳滿銘◎著

目錄

序

總論篇

分論篇

序

陳滿銘

自民國五十六年前起，就一直擔任「四書」的課，不曾間斷過。開始的十幾年，先後教的全是體育、數學、工業教育等外系的「學庸」。要講得這些系的學生大都能聽得進去，而不致打瞌睡，是相當不容易的。尤其是在這期間，一方面自己要消化教材，由「點」而「面」而「體」地掌握《學》、《庸》的義理，一方面又要設法貼近學生，結合他們的現實生活加以發揮，著實得花一番功夫與心思。如此過了將近十年之後，才敢於民國六十五年四月，應學粹雜誌社之約，寫了〈讀《學》、《庸》的目的、方法與主要參考書目〉一文，供初學者參考。接著又於同年九月，寫了一篇〈淺談自誠明與自明誠的關係〉於《孔孟月刊》發表，這可說是所嘗試寫的第一、二篇有關《四書》之文章。有了這種開始，就陸續發表一些和《學》、《庸》相關的論文，並先後出版了《學庸麤談》與《中庸思想研究》等兩本書。

十幾年前，基於課程之需要，由外系調回本（國文）系來任課，除了講授大三的「學庸」外，又擔任大一的「論語」課，而且在夜間教學碩士班開「中國文化基本教材專題研究」的課程。由於《學》、《庸》的思想，包括《孟子》的主張，主要淵源於孔子學說，和《論語》有血脈關係，所以講起這幾門課來，很容易收到互相會通、印證的效果。就在這互相會通、印證之過程中，先後又將平日自己體貼或教學所累積的心得予以彙整，寫了一些長短不一的論文，發表在各刊物或專書裡。此外，又受三民書局之邀，修訂《四書讀本》，負責《學》、《庸》的部分；並且參與高中、高職《中國文化基本教材》課本與教師手册的編撰工作，負責《論語》、《學》、《庸》的部分。這些難得之機緣，使自己在「生命的學問」之成長路程上，得以走得步履雖平緩，卻還留下一點足迹，可說是值得十分慶幸之事。

如此一路走來，爲了將自己讀《四書》，尤其是《學》、《庸》的經驗，提供出來，給後學者參考，也先後寫了三篇較長的有關導讀性質的文章：其一爲《學庸導讀》，收入《國學導讀叢編》，於民國六十八年四月由康橋出版社出版；其二爲《中庸導讀》，收入《四書導讀》，於民國七十六年二月由文津出版社出版；其三爲《學庸導讀》，收入《國學導讀》，於八十二年九月由三民書局出版。這三篇導讀性質的文章，雖然難免有所重疊，但由於它們所寫之時間既相距六年以上，而輕重詳略亦有不同之考量，因此仍然各有各之特色。這樣，對不同的讀者提供不同的選擇，或許可以收到更大的效果。

孔門的學說，以「仁且智」的聖人境界爲其最高理想，而這種理想，必須透過「好學」，「由智而仁」（自誠明）地以人爲之努力，激發「由仁而智」（自誠明）的天然潛能，使「仁」

（成己）與「智」（成物）兩者產生互動、循環而提昇的作用，逐漸由「偏」（局部）而「全」（整體）地增進不已，最後臻於「仁且智」的聖人境界。如此合天（天之道）、人（人之道）爲一，是使人無限往上自覺的康莊大道，這種思想在《論語》一書裡，可以找到它的源頭、脈絡，而以《中庸》一書，發展得最爲成熟而完整；至於《孟子》與《大學》，則前者較側重於「由仁而智」（自誠明）的「天之道」，後者較側重於「由智而仁」（自明誠）的「人之道」，兩者雖各有所偏重，而其歸趨卻一致。由此看來，程、朱把它們合爲《四書》，是很有道理的。

先後所寫的二十幾篇文章，即用這種思想架構作爲重心來推展。這次爲了「學庸」課程參考之需要，特地從中抽選出十五篇，將它們集結成書。其中屬於總論（含導論）性質的，有〈學庸的價值、要旨及其實踐工夫〉（六十七・九，《中國學術年刊》）、〈談忠恕在儒學中的地位〉（六十七・十一，《幼獅月刊》）、〈學庸導讀〉（六十八・四，《國學導讀叢書》）〈從修學的過程看智仁勇的關係〉（六十八・八～九，《孔孟月刊》）、〈從偏全的觀點試解讀四書所引生的一些糾葛〉（八十一・四，《中國學術年刊》）、〈談儒家思想體系中的螺旋結構〉（八十九・六，《國文學報》）等六篇。屬於分論性質的，以《大學》而言，有〈談心廣體胖〉（七十七・一，《孔孟月刊》，演講稿）、〈談大學所謂的誠意〉（八十八・二，《國文天地》）、〈論恕與大學之道〉（八十八・三，《中國學術年刊》）、〈微觀古本與今本大學〉（八十九・十一，《國文天地》，演講稿）、〈朱王格致說新辨〉（九十・十二，未發表）等五篇；以《中庸》而言，有〈淺談自誠明與自明誠的關係〉(六十五・九,《孔孟月刊》)、〈談中庸的思想體系〉(八十六・一～二,《國文天地》,演講稿)、〈中庸的性善觀〉(八十八・六,《國文學報》)、〈中庸的一篇體要〉(八十九・六～七,《國文天地》)等四篇。這十五篇文章,所切入的角度,雖有不同,卻都一致指向「仁且智」(「誠明合一」)的「至誠」最高目標。《論語・述而》說:「子以四教:文、行(自明誠)、忠、信(自誠明)」,又說:「志於道(成己、成物),據於德(仁、智),依於仁(成己),游於藝(成物)」,而《中庸》也說:「誠者,非自成己而已也,所以成物也。成己,仁也;成物,知(智)也;性之德也,合外內之道也」,又說:「自誠明(由仁而智),謂之性;自明誠(由智而仁),謂之教。誠(仁)則明(智)矣,明(智)則誠(仁)矣」,所說的無非是這種道理。它們不但指出了「起點」(本)、「過程」(先後),更揭示了「終點」(末),而始終「一以貫之」,《大學》說:「物有本末,事有終始,知所先後,則近道矣」,便是這個道理。而這本論文集,集結此十五篇文章,如果還有一點可取之處,可能就在於具備了這種「一以貫之」的特點。

或許是過於貪心,而被其他的專長領域,如章法學、詞學與國文教學,分散了心力,以致相較之下,始終覺得自己專注在「四書學」的時間少得很多,而存有虧欠之心理。因此這次集結「四書學」一類有關《學》、《庸》的十五篇文章,由萬卷樓圖書公司出版,總算彌補了一些這種虧欠心理。於是在此出版之前夕,把自己一路走來的情形,略作陳述,一面既藉以自勉,一面也希望藉此對讀者提供些許的幫助,以增進對這本論文集的認識;也希望以此爲橋梁,在適當的時候,再將有關《論》、《孟》的文章，集結成書出版，以就正於方家學者。

民國九十年十二月二十日 序於台灣師大國文系

總論篇

從偏全的觀點試解讀《四書》所引生的一些糾葛

一、前言

讀古書，尤其是有關義理方面的專著，很多時候是不能一味單從「偏」（局部）或「全」（整體）的觀點來了解其義蘊的。讀《四書》也不例外，必須審慎地試著辨明該從「偏」還是「全」的觀點來加以理解，才不致犯上混同的毛病。譬如孔子「唯女子與小人爲難養也」（《論語・陽貨》）這句話，相信孔子當時只是從「偏」的觀點，就一個或少數女子的所作所爲，在特定時間與場合所觸發的感慨而已，是不宜從「全」的觀點來看，以爲孔子是藉以罵盡天下所有的女子，甚至以爲孔子終其一生是看不起女子的。又如孔子「無友不如己者」（《論語・學而》）這句話也一樣，相信孔子當時絕不是從「全」的觀點，同時對全天下所有的人而發，造成沒有一個肯交「不如己」的朋友，以至於人人無友可友的後果；而是從「偏」的觀點，只對個人或少數人而發，用意在於要他或他們「見賢思齊」而已，更何況所謂的「不如己」也同樣地不能僅就「全」的觀點來看，因爲術業本就各有專攻，而「三人行，必有我師焉」（《論語．述而》）啊！所以對孔聖或前賢所說的話，是該辨明究竟是發自「偏」或「全」的觀點，是不宜把它們混爲一談的。茲以《四書》爲範圍，舉格致、知行、誠明、仁智之說爲例，從「偏」或「全」的觀點，將一些糾葛，試解如下：

二、格致

格致之解，自來即有多種，而其中最令人爭論不已的，莫過於朱熹與王陽明兩人的說法。朱子在其《大學章句》裡說：

> 致，推極也；知，猶識也；推極吾之知識，欲其所知無不盡也。格，至也；物，猶事也；窮至事物之理，欲其極處無不利也。

而王陽明在其《大學問》裡則以爲：

致知云者，非若後儒所謂充廣其知識之謂也，致吾心之良知焉耳。良知者，孟子所謂是非之心，人皆有之也；是非之心，不待慮而知，不待學而能，是故謂之良知，是乃天命之性，吾心之本體自然靈昭明覺者也。……然欲致其良知，亦豈影響恍惚而懸空無實之謂乎？是必實有其事矣，故致知必在於格物。物者，事也，凡意之所發，必有其事，意所在之事，謂之物。格者，正也，正其不正，以歸於正之謂也。正其不正者，去惡之謂也；歸於正者，為善之謂也；夫是之謂格。

在這裡，我們撇開朱、王訓釋「格物」之是非，暫且不談。單就「致知」來看，在表面上，朱子訓「知」爲「知識」，是遍布於外，學而後得的，與陽明訓「知」爲「良知」，是本有於內，不學而致的，似乎落落難合。而實際上，朱子所謂的「知」，如同陽明，也是根於心性來說的，試看他在所補的〈格致傳〉裡說：

蓋人心之靈，莫不有知；而天下之物，莫不有理。惟於理有未窮，故其知有不盡也。是以大學始教，必使學者即凡天下之物，莫不因其已知之理，而益窮之，以求至乎其極。至於用力之久，而一旦豁然貫通焉，則眾物之表裡精粗無不到，而吾心之全體大用無不明矣。

可見朱子也認為「知」（智）原本就存於人的心靈之內，是人人所固有的；只不過須藉事物之理，由外而內地使它顯現罷了。因此，他和陽明的不同，並不在它的根源處，而是在從人的途徑上。朱子由於側重人類人為（教）的一面，主張「道問學」，所以要人採「自明誠」的途徑，藉「窮至事物之理」來「推極吾之知識」，以期「一旦豁然貫通焉」（將粗淺的外在知識提昇為純淨的內在睿智），而收到「吾心之全體大用無不明」的效果。而陽明由於側重人類天賦（性）的一面，主張「尊德性」，所以要人循「自誠明」的途徑，藉正「意之所發」來「致吾心之良知」，以期「吾良知之所知者，無有虧缺障蔽，而得以極其至」，而達到「吾心快然無復餘憾而自慊」（《大學問》）的地步。他們兩人的主張，如就整個人類「盡性」的過程上來看，雖都各有其價值，卻也不免各有所偏，可說皆著眼於「偏」而忽略了「全」，因為天賦（性）與人為（教），是交互為用，缺一不可的。

此外，由於朱子主張人要「窮至事物之理，欲其極處無不到」，以至於「吾心之全體大用無不明」，而這種解釋又實在無法切合古本《大學》的原文，所以就把經一章（依朱子《章句》，下併同）緊接著「其所厚者薄，而其所薄者厚，未之有也」而來的「此謂知本，此謂知之至也」十字移後，置於《章句》的第五章，以為「此謂知本」是「衍文」，而「此謂知之至也」上「別有闕文」，於是「竊取程子之意」而補了一段「格致」的傳，這顯然是採「全」的觀點來看待「格致」所致，若是以「一事一物」為範圍，從「偏」的觀點來看，則所謂「知之至也」，是指一事一物之知的獲得，而「知本」，係指懂得「壹是皆以修身爲本」以及「明德爲本，親民爲本」（朱子《章句》）的道理。關於這點，高師仲華教授在其〈大學辨〉一文中就曾說：

> 「致知」、「格物」，在《大學》本文裡就可找到的解。《大學》第一段裡明說「知止而後有定」，又說「知所先後，則近道矣」，又說「此謂知本」，而結以「此謂知之至也」，正是上文「物格而後知至，知至而後意誠」的「知至」。「物格而後知至」是與上文「致知在格物」呼應的，「知至而後意誠」是與上文「欲誠其意者先致其知」呼應的。自其發動處去說，是「致知」；自其結束處去說，是「知至」。「知至」是那個「知」的獲得，「致知」是去獲得那個「知」。那個「知」是什麼呢？那便是「知止」之「知」。「本」是出發點，也是基礎；「止」是終極點，也是目標；而「先後」則是其中的過程、階段。知此三者，然後可說獲得了全部的「知」（當就一事一物言）。否則，仍是残缺不全的「知」，不能說是「知之至也」。

可見如果著眼於「偏」的觀點，就基礎的一事一物之知來說，則逐漸累積這種個別的知，並繼續不斷地加以擴大、提昇，到最後，自然會達到朱子所謂的「吾心之全體大用無不明」的地步。這樣看來，「此謂知本，此謂知之至也」十字是不必移置第五章，一視爲「衍文」，一以爲其上「別有闕文」了。

三、知行

《中庸》第二十章說：

或生而知之，或學而知之，或困而知之；及其知之，一也。或安而行之，或利而行之，或勉強而行之；及其成功，一也。

這段文字的涵義，可從天賦的差異與修學的層次兩方面來加以理解：就天賦之差異而言，有的人偏於「生知」或「安行」，為聖人；有的人不是偏於「學知」或「利行」，就是偏於「困知」或「勉強而行」，為學者；這是就「全」的觀點加以區分的。就修學之層次而言，在「知」的方面，一個人能增進知識，有的憑藉天生的悟力，有的是經由後天的學習，有的則透過困苦的嘗試，難易固然不同，卻可以得到一致的結果；在「行」的方面，一個人能踐行道理，有的成於天賦的力量，有的是基於受利的觀點，有的則出於畏罪的心理（說本孔穎達《禮記正義》），情形雖然各異，卻可以獲致同樣的成效；這是就「偏」的觀點，針對個人的知與行，把天賦和人為併合在一起來談的。假如反過來，根據個人的天賦與人為，將知與行合併起來說的話，則屬於天賦的，是「生而知之」與「安而行之」；屬於人為的，是「學而知之」、「困而知之」和「利而行之」、「勉強而行之」。而在人為（教）的範圍裡，經過後天修學的努力，由「困知」、「學知」（明）來觸動「勉強而行」（誠），以預為天賦的「安行」蓄力，這就是所謂的「自明誠」啊！至於在天賦（性）的範圍內，藉著人為修學效果的推動，由「安行」（誠）而至於「生知」（明），以呈顯部分的仁性與智性，來帶領人為的「困知」、「學知」升高至另一層面，這就是所謂的「自誠明」啊！如此一環又一環地，由人為而天賦，又由天賦而人為，不停地向上推展，自然地就可以由偏而全地把「性」的功能發揮到極致了。

這種兼顧天人、知行而一的思想，又可從下列數章裡，獲得更充分的認識。《大學》首章云：

古之欲明明德於天下（平天下）者，先治其國；欲治其國者，先齊其家；欲齊其家者，先修其身；欲修其身者，先正其心；欲正其心者，先誠其意；欲誠其意者，先致其知；致知在格物。

而《中庸》第二十章亦云：

在下位，不獲乎上，民不可得而治矣；獲乎上有道，不信乎朋友，不獲乎上矣；信乎朋友有道，不順乎親，不信乎朋友矣；順乎親有道，反諸身不誠，不順乎親矣；誠身有道，不明乎善，不誠乎身矣。

又云：

誠之者，擇善而固執之者也：博學之，審問之，慎思之，明辨之，篤行之。

若把這三段話略作分析，便可清晰地看出：《大學》所謂的「明明德於天下」、「治國」、「齊家」、「修身」及「正心」、「誠意」，說的是「仁」的明德（仁性）的發揮，也就是「行」（誠）的過程；所謂的「致知」、「格物」，指的是「知」的明德（智性）的發揮，也就是「知」（明）的工夫。而《中庸》所謂的「治民」、「獲上」（相當於《大學》之治國、平天下）、「信友」、「順親」（相當於《大學》之齊家）、「誠身」（相當於《大學》之修身、正心、誠意）與「固執」（篤行），說的便是仁性的發揮，即「行」（誠）；所謂的「明善」（相當於《大學》之格物、致知）與「擇善」（博學、審問、慎思、明辨），指的則是智性的發揮，即「知」（明）。顯而易見地，《大學》要人由「格物」、「致知」（知——明），而「誠意」、「正心」、「修身」、「齊家」、「治國」、「平天下」（行——誠）》；而《中庸》則主張由「明善」（擇善——知），而「誠身」、「順親」、「信友」、「獲上」、「治民」（固執——行），所循的正是同樣由「知」而「行」（自明誠）的一條路。這是聖人教人化私盡性的唯一途徑，是本末分明、先後有序的。這一條路，如果僅從「全」的觀點來看，則好像是一次就可以走完它，而其實它和格、致一樣，仍須著眼於「偏」，由局部逐層推進，周而復始，循環不已，最後才能臻於完善（全）的境地。

由上所述，可知《四書》裡有關「知」、「行」的主張，是該由「偏」、「全」兩觀點來理解它，才能掌握完整的意思，而不致有所偏失。

四、誠明

《中庸》一書所談的，就其枝葉而言，雖是包羅萬象，但據其幹身來說，則不外是「誠」和「明」而已。《中庸》第二十一章說：

> 自誠明，謂之性；自明誠，謂之教。誠則明矣，明則誠矣。

這一章十分緊要，朱子說它是：

承上章（〈哀公問政〉章）夫子天道、人道之意而立言也。自此以下十二章（至篇末），皆子思之言，以反覆推明此章之意。（《中庸章句》）

這是不錯的；不過，須特別留意的是：《中庸》之作者在此，特用了「誠」與「明」的先後來說明「天道」（誠者——自誠明）與「人道」（誠之者——自明誠）的區別。而這「誠」與「明」的先後，該是多就「偏」的觀點來說的。因爲自然生人，即賦人以性。這所謂的「性」，在《中庸》的作者看來，指的是人類與生俱來、生生不已的精神動能。此種精神動能，照《中庸》第二十五章「成己，仁也；成物，知也；性之德也，合外內之道也」的說法，顯然可大別爲兩種：一是屬「知」的，即智性，乃「明」的泉源；一是屬「仁」的，即仁性，是「誠」的動力。這兩種性，非但是人人所固有，而且是相互作用的。也就是說：如果發揮了部分仁性（誠），就必能發揮部分智性（明）；同樣地，發揮了部分智性（明），也必能發揮部分仁性（誠）；所謂的「誠則明矣，明則誠矣」，便是這個意思。不過，由於這種相互的作用有偏全與先後的差異，以致使人在盡性上也有了兩種不同的路徑：一是由「誠」而「明」，一是由「明」而「誠」。前者可說是成自先天動能的提發，是天道，是誠者，是性；後者可說是出於後天修學的結果，是人道，是誠之者，是教。就這樣，由「教」（人爲）而觸發「性」（天賦），又由「性」而促進「教」，不斷地循環作用，便可逐漸由偏（局部）而全（整體）地將人類精神的潛能——「性」發揮到極致。

從「偏」的觀點來看是如此，但自來讀《中庸》的人卻多從「全」的角度——即道的本原與踐行上來看「自誠明」與「自明誠」，因此斷然地把它們上下割開，以爲「自誠明」全是聖人之事、「自明誠」全是學者之事。其實，若換個角度，由「偏」的一面，即人之天賦與人爲上來看，學者又何嘗不能動用天賦的部分潛能使自己由誠而明，舉一反三、聞一知十呢？因爲性——無論是仁性或智性，都是人人所生具的精神動能，而這種精神動能，固然一般人不能像聖人一樣，完全地把它們發揮出來，但若因而認定他們絕對無法透過局部仁性的發揮（誠），以發揮局部的智性（明），那也是不十分合理的。《中庸》一書特別强調：

> 自誠明，謂之性。（第二十一章）
>
> 誠者，不勉而中（行），不思而得（知）。（第二十章）

就是要告訴我們：「自誠明」乃出自天然力量的作用，是不假一絲一毫人力的。假如有這麼一個人，能自然地發揮自己全部的智性與仁性，時時都「從容中道」的，那當然是「聖人也」；至於

「日月至焉而已」、「告諸往而知來者」，只能自然地發揮自己局部的智性與仁性的，則是賢（常）人了。也幸好人人都能局部發揮這種天然的力量——「誠」，才有進一步認知（明）的可能，不然，「自明誠」這條路便將是空中樓閣，虛而不實了。

從上文的探討裡可了解到：對於「誠」、「明」，我們是不能全從「全」的角度來看待，是必須配以「偏」的角度，才能理解周遍。

五、仁智

仁與智，關係至爲密切。如就「全」的觀點，著眼於其根源處，則皆屬至誠之本體，是一而二、二而一的。由此而表現於外，便是所謂的大仁與大智。《中庸》第三十一章說：

> 唯天下之至聖，為能聰明睿知（智），足以有臨也；寬裕溫柔（仁），足以有容也。

這所謂的「至聖」，指的便是「至誠」，而所謂的「聰明睿知」，是就智性的發揮，亦即大智而言的。所以朱子注說：

> 聰明睿知，生知之質。

而王船山也說：

> 聰明睿知，以至誠之本體言；誠則明矣，明非但知之謂也，《或問》兼安行言之，為盡其義。如《大學》之言明德，該盡緝熙敬止、恂慄威儀，具眾理萬事者，統以一明，與致知之知，偏全迥別耳。無所蔽其聞之謂聰，無所蔽其見之謂明，思無所蔽其覺之謂睿，心無所蔽其知之謂知。人欲淨盡，天理流行，則以之知，不待困學；以之行，不待勉強也。（《讀四書大全說》卷三）

足見「聰明（耳目）睿知（心體）」，乃屬智的全德，是合外內而爲一的。其次所謂的「寬裕溫柔」，是就仁性的完全發揮，亦即大仁而言的。所以趙順孫引陳氏說：

> 寬裕溫柔，仁之質也。（《中庸纂疏》一五八）

又《禮記．儒行》云：

溫良者，仁之本也；寬裕者，仁之作也。

可知「寬裕溫柔」，乃屬仁的全德，是合體用而爲一的。這種大智與大仁，可說彼此涵攝，了無一絲一毫的偏失，而與天合其德。因此《中庸》的作者在第三十章讚美孔子的聖德說：

仲尼祖述堯舜，憲章文武（成己——仁）；上律天時，下襲水土（成物——智）；辟如天地之無不持載，無不覆幬，辟如四時之錯行，如日月之代明；萬物並育而不相害，道並行而不相悖。小德（智）川流，大德（仁）敦化，此天地之所以為大也

這樣融合大智、大仁於一誠，正是人類修學的終極目標，而孔子也常以此爲標的來誘導學生，譬如他說：

仁者安仁，知者利仁。（《論語．里仁》）

知者樂水，仁者樂山；知者動，仁者靜；知者樂，仁者壽。（《論語．雍也》）

知者不惑，仁者不憂。（《論語．子罕》）

在這裡所指的「知者」、「仁者」，在境界上雖微有差異，但無疑地都著眼於「全」的觀點上來說，而孔子也一直以此爲理想，所以平常是不輕許人以「仁」或「知」（智）的。

不過，如果改從「偏」的觀點來看，則「仁」與「智」兩者，非但不能融合，且往往南轅北轍，難免由於扞格而產生偏失的現象。因爲人在生下之後，往往爲「氣稟所拘，人欲所蔽」（朱子《大學章句》），使智性與仁性都不免「有時而昏」（見同上），以致無法時刻發揮其全體功能，有效地從根本上來約束喜怒哀樂之情，使之皆發而中節，於是在「知」的方面，既形成障礙，會誤圓爲方，以非爲是；而在「行」的方面，亦難脫偏激，將循私縱欲，時踰準繩了。聖人有鑑於此，便出來設教興學，想透過後天修學之功來激發天賦的潛能（智性與仁性），以提高知行活動的層面，逐步地邁向「至善」的目標。就在這修學的起始階段裡，由於未能顯著收到後天教育的功效，自然地，一般人在知行上便極易造成或大或小的偏失；即使是靠著身分先天潛能的提發，能好知、好仁，也時時會犯上顧此失彼、過與不及的毛病。如《論語．陽貨》篇記載孔子的話說：

好仁不好學，其蔽也愚；好知不好學，其蔽也蕩。

可見人若「不好學」，換句話說，在未學或學而未見效果之前，雖能好「仁」、好「知」（智），卻不免都有所蔽，而犯下「愚」或「蕩」的偏失。人有了這種偏失，則其所好（動機）與所爲（結果），就勢必彼此相左了。

就以「仁」來說，一個人如果不能透過後天修學的功效來呈顯智性，明辨是非，則非但採擷不到「仁」的純美果實，甚且還有陷於「不仁」的危險。就像一般父母之於子女，雖完全出自一片仁（愛）心，但在須適當管教時，卻所謂的「其蔽也愚」、「人莫知其子之惡」（《大學》第八章），只曉得一味地加以縱容、溺愛，而不能及時指引，使他們遷善，以致最後害了他們。這樣，從其動機來看，雖仍不失其爲仁，但就結果而論，不能不說已犯下了「愚」的過失。《論語·里仁》云：

子曰：人之過也，各於其黨；觀過，斯知仁矣。

對這幾句話，朱子在其《論語集註》裡曾引程子和尹氏的話說：

程子曰：人之過也，各於其類，君子常失於厚，小人常失於薄；君子過於愛，小人過於忍。尹氏曰：於此觀之，則人之仁、不仁可知矣。

人若這樣「失於厚」、「過於愛」，就其出發處說，固然還可稱之爲仁，然而持以嚴格，就其終極處來看，則有了這種過失，豈止是「其仁不足稱」（《禮記．檀弓下》）而已，就是目爲不仁，也是不爲過的。

再就「知」而言，如果一個人的智慧，僅僅凝自一己之經驗與冥想，而不能經由廣泛的學習來發揮的話，則他在日常所累積的知識，無疑地，大都將是有所偏差，且膚泛無根的。因爲以個人的經驗來說，它經常會受到自身「形氣之私」的影響，造成錯誤的累積，而導致他在知行上的種種偏失。譬如《大學》第八章說：

> 人之其所親愛而辟（偏私之意）焉，之其所賤惡而辟焉，之其所畏敬而辟焉，之其所哀矜而辟焉，之其所敖惰而辟焉，故好而知其惡，惡而知其美者，天下鮮矣。

其中所謂的「人之其所親愛（賤惡、畏敬、哀矜、敖惰）而辟焉」，說的正是人由偏私經驗所累積而成的行爲上的偏失；而鮮能「好而知其惡，惡而知其美」，則指的是人由偏私經驗所累積而成的認知上的過錯。人一旦有了這種偏失、過錯，如不能以「存誠」（仁）、「博學」（智）來作根本的補救，則久而久之，將只有至於孟子所謂「安其危，而利其菑，樂其所以亡者」（〈離婁上〉）的地步而後已了。而以個人的冥想來說，它與繼「博學」、「審問」而作的「慎思」，是截然不同的。「慎思」可說是辨別是非善惡的一個必經階段，而冥想則由於無「學」作爲階梯，勢將憑空「窮高極遠，而無所止」（朱子《論語集註》），這樣，就是再如何努力，也「終卒不得其義」而「徒使人精神疲勞倦怠」（邢昺《論語疏》）而已，所以孔子說：

思而不學則殆。（《論語．為政》）

由此可見：人在平日，單憑個人經驗與冥想所凝成的「知」（就內言是睿智，以外言爲知識），經常是有偏差的，是「危而不安」（朱子《論語集註》）的。試看《論語．陽貨》篇的一段話：

惡徼（伺察之意）以為知者，惡不孫以為勇者，惡訐以為直者（即仁者，參見錢穆《論語要略》第五章）。

這裡所謂的「知者」、「直者」（仁者），與真正的「直者」（仁者）與「知者」，不僅僅是有別而已，簡直已是完完全全地「背道而馳」了。因此，這類的「仁」與「知」（智），如就個人而言，僅來自於一點先天潛能的發揮，既沒有緊密的連鎖關係，而且也必然是或多或少地帶有缺憾的。

再說這樣的仁與智，就算「不背道而馳」，也只能目爲小仁與小智而已，是無法圓滿地合外內爲一，以適應或解決一切問題，達於善美地步的。如《論語．衛靈公》載孔子的話說：

知及之，仁不能守之，雖得之，必失之；知及之，仁能守之，不莊以涖之，則民不敬；知及之，仁能守之，莊以涖之，動之不以禮，未善也。

此處所指的「知」與「仁」，尚須益以「莊」與「禮」，始能臻之於「善」，可知僅就「偏」的觀點來談，與所謂的大仁、大智，差距尚遠，是必須酌予補救的。要加以補救，則捨加緊修學，增進人爲（自明誠）的效果，以求進一層激發先天潛能（自誠明）外，實在別無良途。

六、結語

根據上述，在讀《四書》時，對孔聖或先賢的話，必須廣從「偏」與「全」的觀點來加以理解，有關格致、知行、誠明及仁智之說要如此，其他如忠、孝、信、直、禮、道等的說法，也同樣地要注意到「偏」、「全」的問題，以免誤「全」爲「偏」，或以「偏」概「全」，滋生誤解，引生一些不必要的糾葛。

重要引用書目

《論語注疏》邢昺 藝文印書館
《四書集註》朱熹 世界書局
《傳習錄》葉鈞點注 商務印書館
《四書纂疏》趙順孫 新興書局
《讀四書大全說》王夫之 河洛圖書出版社
《論語要略》錢穆 商務印書館
《高明文輯》高明 黎明文化事業公司

（原載民國八十一年四月《中國學術年刊》十三期）

談儒家思想體系中的螺旋結構

——以仁與智、明明德與親民、天與人爲例

一、前言

大體說來，對思想體系之形成，關涉得最密切的，莫過於「本末」問題。就以儒家思想中的「仁」與「智」、「明明德」與「親民」、「天」與「人」的主張而言，即有本有末。它們無論是「由本而末」或「由末而本」，均可形成單向的本末結構。而一般學者也都習慣以此來看待它們，卻往往忽略了它們所形成之互動、循環而提昇的螺旋結構。所謂「螺旋」，本用於教育課程之理論上，早在十七世紀，即由捷克教育家夸美紐斯所提出，《教育大辭典》解釋說：

螺旋式課程（spiral curriculum）圓周式教材排列的發展，十七世紀捷克教育家夸美紐斯提出，教材排列採用圓周式，以適應不同年齡階段的兒童學習。但這種提法，不能表達教

材逐步擴大和加深的含義，故用螺旋式的排列代替。二十世紀六〇年代，美國心理學家布魯納也主張這樣設計分科教材：按照正在成長中的兒童的思想方法，以不太精確然而較為直觀的材料，儘早向學生介紹各科基本原理，使之在以後各年級有關學科的教材中螺旋式地擴展和加深①。

所謂「圓周」、「逐步擴大和加深」，指的正是「循環、往復、螺旋式提高」②，換句話說，就是「互動、循環而提昇」的意思。本文即試著將此「螺旋」一語移用過來，特以「仁」與「智」、「明明德」與「親民」、「天」與「人」爲例，來探討其螺旋結構，藉以辨明它們互動、循環而提昇的緊密關係。

二、從「仁」與「智」看

人在未學或學的效果未顯著之前，仁和智，或由於未經後天修學的開發，或由於開發有限，往往只侷限於先天所能發揮的小仁、小智之框框裡，所以會爲「氣稟所拘，人欲所蔽」③，顧得了仁，就失去了智；顧得了智，就失去了仁，而形成種種的偏差④。因此仁與智二者，便產生各不相涉而分歧的現象，如《論語·衞靈公》載孔子的話說：

知及之，仁不能守之，雖得之，必失之；知及之，仁能守之，不莊以涖之，則民不敬；知及之，仁能守之，莊以涖之，動之不以禮，未善也。

邢昺《論語正義》引李充云：

夫知及以得，其失也蕩；仁守以靜，其失也寬。……以禮制知，則精而不蕩；以禮輔仁，則溫而不寬⑤。

可見這所謂的「知」與「仁」，均各有所失，還須益之以「禮」，才能臻之於「善」，與所謂的「大智」、「大仁」，差距尚遠，而有著各自分歧的偏失。又如《論語．陽貨》載子貢的幾句話說：

惡徼（伺察之意）以為知者，惡不孫以為勇者，惡訐以為直者。

此處所說的「知者」、「直者」（即仁者，見錢穆《論語要略》）⑥，既各不相涉，也與真正的「智者」、「直者」（仁者），不僅有別而已，簡直已是完全地「背道而馳」了。因此，這種仁與智（知），就個人而言，多來自於一點先天潛能的發揮，以致歧分爲二，那必然是帶有缺失的。如要加以補救，除加緊修學外，實在別無良途。

加緊修學是使人由小仁、小智邁向大仁、大智的唯一途徑。人如付諸行動，朝這個目標奮進，就入了敏學的階段。在進入這個階段之前或初期，孔子主張人要先守住大本——「仁」以力行，然後才「學文」⑦以求「智」。《論語．學而》云：

> 子曰：「弟子入則孝，出則弟，謹而信，汎愛眾而親仁。行有餘力，則以學文。」

對這幾句話，朱熹《論語集註》引洪興祖說：

> 未有餘力而學文，則文滅其質；有餘力而不學文，則質勝而野⑧。

又引尹焞說：

> 德行，本也；文藝，末也。窮其本末，知其先後，可以入德矣⑨。

他們用文與質、本與末來說明孔子在此階段所以主張先仁（質——本）而後智（文——末）的理由，說明得十分扼要而清楚。此外，孔子在《論語・述而》裡說：

志於道，據於德，依於仁（仁之事），游於藝（智之事）。

這裡的「依於仁」，指仁之事，是很明顯的；而「游於藝」，則指智之事⑩。而朱熹注此云：

此章言人之為學當如是也。蓋學莫先於立志，志道則心存於正，而不他。據德則道得於心，而不失。依仁則德性常用，而物欲不行。游藝則小物不遺，而動息有養。學者於此，有以不失其先後之序，輕重之倫焉，則本末兼該，內外交養，日用之間，無少間隙，而涵泳從容，忽不自知其入於聖賢之域矣⑪。

所謂「先後之序」，指的就是在「志道」、「據德」之後，再由仁而後智的爲學順序。以孔子本身而言，也實在是因爲這樣地由仁而智，好學不已，所以最後才能達於「仁且智」的至聖境界。《論語・公冶長》云：

子曰：「十室之邑，必有忠信如丘者焉，不如丘之好學也。」

這裡的「忠信」，指的是仁之事；而「好學」，所謂「好學近乎知（智）」⑫，指的是智之事。可見孔子所以超越「質勝而野」的凡人而優入聖域，顯然是由於能由仁而智、好學不已的緣故。

在真正有效地進入敏學的階段以後，孔子的主張就不同了。他主張由智而仁，以發揮修學的最大效果。《論語．雍也》云：

子曰：「君子博學於文，約之以禮，亦可以弗畔矣夫！」

邢昺疏此云：

此章言君子若博學於先王之遺文，復用禮以自檢約，則不違道也⑬。

又朱熹《集註》也引程顥說：

博學於文，而不約之以禮，必至於汗漫。博學矣，又能守，而由於規矩，則亦可以不畔道矣⑭。

所謂「先王之遺文」，就是《詩》、《書》、禮、樂。所以劉寶楠注說：

案博文者，《詩》、《書》、禮、樂，凡古聖所傳之遺籍是也⑮。

而此《詩》、《書》、禮、樂，如說得簡略一點，就是禮、樂。徐復觀先生說：

《論語》上對「文」之一字，有若干特殊的用法。如孔子說孔文子「敏而好學，不恥下問，是以謂之文也。」又「公叔文子之臣，大夫僎，與文子同升諸公。子聞之曰：可以為文矣」。但最具體而切至的用法，則以禮樂為文的具體內容。如「周監於二代，郁郁乎文哉」，朱注：「言視其二代之禮而損益之」。「文不在茲乎」，朱注：「道之顯者謂之文，蓋禮樂制度之謂」。朱子的解釋，較《中庸》為落實而亦可相涵。「煥乎其有文章」，朱注：「文章，禮樂法度也」。法度實際可以包括在禮裡面，朱子在這種地方，實際是以禮樂釋「文」。尤其是「子路問成人，子曰：若臧武仲之知，公綽之不欲，卞莊子之勇，冉求之藝，文之以禮樂，亦可以為成人矣」的一段話，更分明以禮樂為文的具體內容。

「文之以禮樂」的「文」做動詞用;「文之以禮樂」的結果,文便由動詞變而為名詞。因此,可以這樣說,《論語》上已經有把禮樂的發展做為「文」的具體內容的用法。再看《易.賁卦》的〈彖傳〉說「文明以止,人文也」;吳澂對文明的解釋是「文采著明」,約略與文飾之義相當;「止」是節制,文飾而有節制,使能得為行為、事物之中,本是禮的基本要求與內容;則所謂「文明以止」者,正指禮而言。古人常以禮概括樂,《易正義》謂:「言聖人觀察人文,則《詩》、《書》、禮、樂之謂」,《詩》、《書》、禮、樂,成為連結在一起的習慣語,實則此處應僅指禮樂,而禮樂亦可以包括《詩》、《書》⑯。

在這則文字裡,他不但指出了「禮樂爲『文』的具體內容」、「而禮樂亦可以包括《詩》、《書》」,更指明了「古人常以禮概括樂」,這樣說來,這所謂的「文」,是以「禮」爲核心的,而禮的核心,則爲仁義。《中庸》第二十章(依朱熹《章句》,下併同):

仁者,人也;親親為大。義者,宜也;尊賢為大。親親之殺、尊賢之等,禮所生也。

這幾句話直截了當地將「禮」生於「仁義」的道理,說得很明白。勞思光先生說:

孔子如何發展其有關「禮」之理論？簡言之，即攝「禮」歸「義」，更進而攝「禮」歸「仁」是也⑰。

把這種意思闡釋得極簡明。可見孔子所謂的「文」，是以「禮」為核心內容，而以「仁義」為終極依歸的。

如此由「博學於禮」（智）而「約之以禮」（仁），自然能趨於善而不違仁義了。又《論語・子罕》也載顏淵的話說：

夫子循循然善誘人，博我以文，約我以禮。

朱熹注此云：

博文、約禮，教之序也。言夫子道雖高妙，而教人有序也⑱。

又引侯仲良云：

博我以文，致知格物也；約我以禮，克己復禮也⑲。

由此可知孔子此時教人修學，是採由智而仁之順序的。

以學（教）之序而言，孔子主張先由仁而智，然後再由智而仁，便自自然然地使「仁」和「智」在源頭上產生互動、循環而提昇的作用，以致「仁」的背後有「智」、「智」的背後有「仁」⑳，而減少種種偏失。《論語・里仁》云：

子曰：「不仁者不可以久處約，不可以長處樂。仁者安仁，知者利仁。」

對後兩句話，朱熹《集註》注云：

仁者則安其仁，而無適不然；知者則利於仁，而不易所守。蓋雖深淺之不同，然皆非外物所能奪矣㉑。

從表面上看，在這裡是把仁者與知（智）者分開來說的。但其實，所謂「安仁」與「利仁」，乃就「安而行之」與「利而行之」（《中庸》第二十章）來說，而大家都知道兩者是層進而非平列的關係㉒，也就是說「利而行之」久了，就可以邁入「安而行之」的境界，朱熹所謂「深淺之不同」，指的當是這個意思。又《論語‧顏淵》載孔子的話說：

舉直錯諸枉，能使枉者直。

朱熹《集註》注云：

舉直錯諸枉，知也；使枉者直，則仁矣。如此則二者不惟不相悖，而反相為用矣㉓。

所謂「不相悖」，所謂「反相爲用」，已約略點明了「仁」與「智」二者互動、循環而提昇的關係。

仁與智所以能互動、循環而提昇，實不能不歸功於「義」所形成的橋梁作用。所謂的「義」，乃指「分別事理，各有所宜」㉔。《論語‧雍也》載：

樊遲問知，子曰：「務民之義，敬鬼神而遠之，可謂知矣。」

在此，孔子只以「務民之義」視作「知」（智），可看出「知」（智）與「義」的密切關係。陳大齊先生說：

此章所說，可以令人窺知孔子關於知與義所懷的見解。「務民之義」，《集解》引王肅說為註：「務所以化導民之義也」，朱註則云：「民、亦人也……專用力於人道之所宜」。這兩種註釋比較起來，朱註較為切當。「務民之義」，即是致力於人之所應為，簡言之，亦即是行義。義可稱為知，則義必屬於知的範圍而以知為其內容。且孔子此言是概括的論斷，認為全部的義統統具有知的內容，未容許其有例外。義既以知為必具的內容，可見義出於知而以知為其本源，知與義可謂具有源與流的關係㉕。

可見孔子是極力主張經由「好學」來發揮智力，敏求「正知」㉖，以呈顯智慧的。也唯有如此，才能辨明是非、真僞，掌握真正的「義」，而成就各種德業。所以孔子重視「知」（智）以掌握「義」，是極自然的事。

此外，《論語．里仁》記孔子之言云：

富與貴，是人之所欲也；不以其道，得之不處也。貧與賤，是人之所惡也；不以其道，得之不去也。君子去仁，惡乎成名？君子無終食之間違仁，造次必於是，顛沛必於是。

這裡所說的「其道」，指的就是「仁」，因此後面才有「去仁」、「違仁」的說法。如此看來，「其道」和「仁」，是先後呼應的；而所謂「去仁」即「去其道」、「違仁」即「違其道」。無怪陳大齊先生釋「行義以達其道」說：

> 行義所達的，只是道，不是其他事情。此所云道，當然係指仁道而言。故「行義以達其道」，意即行義以達其仁，又可見義之不能有離於仁了[27]。

由此可見「義」與「仁」是有著密切關係的。這種關係，如就《中庸》「三行」來看，「勉强而行之」和「利而行之」是「義」，而「安而行之」則爲「仁」。單就某一德目來說，如上所述，「勉强而行之」久了，就可以「利而行之」；「利而行之」久了，自然就可以「安而行之」。如和「三知」合起來看，就可以形成如下循環之關係：

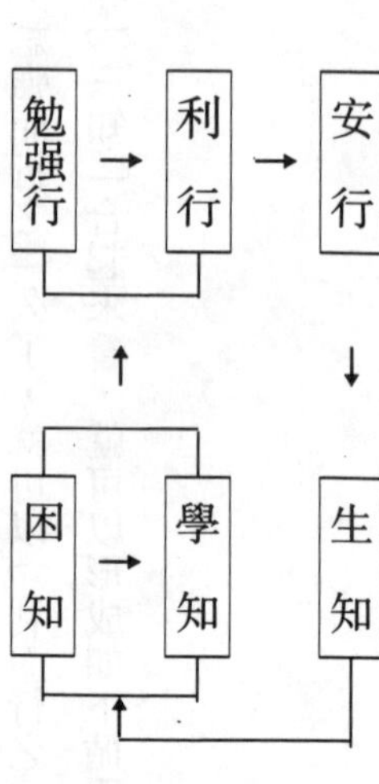

如此由「困知」、「學知」（知），而「勉強行」、「利行」（義），再由「勉強行」、「利行」而「安行」（仁），接著由「安行」而「生知」（智），然後又由「生知」而「困知」、「學知」，不斷地在互動、循環而提昇之作用下，使得「仁」和「知」（智），經由「義」之牽合而自然地形成「由智而仁」、「由仁而智」的螺旋結構，終至於由偏而全地合而爲一了㉘。

三、從「明明德」與「親民」看

《大學》開宗明義地說：

大學之道，在明明德，在親民，在止於至善。

這三句話，很簡要地提明了「大學」之途徑與目標。這所謂的「明明德」、「親民」、「止於至善」三者，朱熹指爲「大學之綱領」[29]。它們看似平列，卻有著層進的關係。其中「第一綱『明明德』是就修己來說的；第二綱『親民』是就治人來說的；第三綱『止於至善』就合修己與治人來說的。《大學》的作者認爲一個人要能『明明德』於其身，就得從『格物』、『致知』做起，然後及於『誠意』、『正心』、『修身』才能奏功。但僅此而已，是不夠的，必須進一步地推擴出去，使他人也可以透過『格』、『致』、『誠』、『正』、『修』的工夫，達於『明明德』於其身，甚至『明明德』於其家（齊家）、『明明德』於其國（治國）、『明明德』於天下（平天下）的地步，這就叫做『親民』。因此，『親民』可說是『明明德』進一層地由己而及人的說法。而僅止於『親民』，也還是不夠的，非更進一步地使『明明德』與『親民』臻於至善之境不可，所以『止於至善』，可說是『明明德』更進一層地由偏而及全的說法。這樣由『明明德』（格、致、誠、正、修）而『親民』（齊、治、平）而『止於至善』，大學之道才算圓滿達成[30]。」

因此，「明明德」與「親民」，都要以「止於至善」做爲終極目標，而「親民」（齊、治、平）又要以「明明德」爲本[31]。所以朱熹注云：

明明德、新（親）民[32]，皆當止於至善之地而不遷[33]。

又云：

明德為本，新（親）民為末㉞。

至於「明明德」，則必須從「格物」、「致知」做起，以達於「誠意」、「正心」、「修身」的地步。

首以「格物」、「致知」而言，應非一次完成，而是形成互動、循環而提昇的結構，亦即「格物」多少，就相應地「致知」多少。關於這一點，必須從《大學》的本文說起，《大學》古本一開篇在用「大學之道」四句論「大學」之途徑、目標之後，即云：

知止而後有定，定而后有靜，靜而后能安，安而后能慮，慮而后能得。物有本末，事有終始，知所先後，則近道矣。古之欲明明德於天下者，先治其國；欲治其國者，先齊其家；欲齊其家者，先修其身；欲修其身者，先正其心；欲正其心者，先誠其意；欲誠其意者，先致其知；致知在格物。物格而后知至，知至而后意誠，意誠而后心正，心正而后身修，身修而后家齊，家齊而后國治，國治而后天下平。自天子以至於庶人，壹是皆以修身為本。其本亂，而末治者否矣；其所厚者薄，而其所薄者厚，未之有也。此謂知本，此謂知

> 之至也。

這段文字論「大學」的方法，其結構表是這樣子的：

- △
  - 步驟
    - 知止—「知止而後」五句
    - 知先後—「有本末」四句
  - 條目
    - 平提
      - 逆推—「古之欲明」十三句
      - 順推—「物格而後」七句
    - 側收
      - 果—「自天子」二句
      - 因—「其本亂」七句

《大學》的作者在此，先泛泛地就步驟，論「知止」、「知先後」，既一面承上交代「三綱」之實施步驟，也一面啓下指明「八目」的實踐工夫。朱熹《大學章句》在「則近道矣」句下注云：

> 此結上文兩節之意㉟。

又在「國治而後天下平」句下注云：

「修身」以上，明明德之事也；「齊家」以下，新民之事也；物格知止，則知所至矣；「意誠」以下，皆得所止之序也㊱。

可見這節文字在內容上，是既承上又啓下的。接著實際地就「八目」來加以論述。《大學》的作者在這個部分，先以「平提」的方式，依序以「古之欲明明德者」十三句，逆推八目，以「物格而后知至」七句，順推八目；然後以「側收」的方式，就「八目」中的「修身」一目，說「修身」爲本，並說明所以如此的原因，朱熹《大學章句》於「壹是皆以修身爲本」句下注云：

「正心」以上，皆所以修身也；「齊家」以下，則舉此而錯之耳㊲。

又於「未之有也」句下注云：

本，謂身也；所厚，謂家也。此兩節（自「天子」句至「未之有也」）結上文兩節（「自古之欲明明德」句至「國治而後天下平」）之意㊳。

而孔穎達《禮記正義》在「此謂知之至也」句下注云：

> 本，謂身也；既以身為本，若能自知其身，是知本也，是知之至極也[39]。

由此可知這節文字，是採「側收」以回繳整體的手法來表達的。這樣，不僅以本末、厚薄總結「八目」，並以「知本」、「知之至」回應論步驟的部分，更就一事一物，把「格」、「致」之意自然地寓於其中。

關於「格」、「致」之意寓於文中這一點，高師仲華先生在其〈大學辨〉一文裡說：

> 「致知」、「格物」，在《大學》本文裡就可找到的解。《大學》第一段裡明說「知止而後有定」，又說「知所先後，則近道矣」，又說「此謂知本」，而結以「此謂知之至也」，正是上文「格物而後知至，知至而後意誠」的「知至」。「格物而後知至」是與上文「致知在格物」呼應的，「知至而後意誠」是與上文「欲誠其意者先致其知」呼應的。自其發動處去說，是「致知」；自其結束處去說，是「知至」。「知至」是那個「知」的獲得，「致知」是去獲得那個「知」。那個「知」是什麼呢?那便是「知止」之「知」。「本」是出發點，也是基礎；「止」是終極點，也是目標；而「先後」則是其中的過程、階段。

> 知此三者，然後可說獲得了全部的「知」（當就一事一物言）。否則，仍是殘缺不全的「知」，不能說是「知之至也」㊵。

可見就一事一物而言，「格」、「致」之說，實已具備於《大學》的本文裡，這可說是從「偏」（局部）的觀點來看的。

「格物」、「致知」既是從「偏」的觀點來看，當然會有向「全」（至善）的境界逐步提昇的無限空間，也就是說，「格物」與「致知」兩者有著互動、循環而提昇的關係。唯有如此，才有可能由偏而全地邁向最終目的。

從《大學》古本來梳理「格」、「致」之意，大略是如此，而朱熹與王陽明卻都從「全」處著眼，以致有不同的訓釋，朱熹在其《大學章句》裡說：

> 致，推極也；知，猶識也；推極吾之知識，欲其所知無不盡也。格，至也；物，猶事也；窮至事物之理，欲其極處無不到也㊶。

而王陽明在其《大學問》裡則以爲：

> 致知云者，非若後儒所謂充廣其知識之謂也，致吾心之良知焉耳。良知者，孟子所謂是非之心，人皆有之也；是非之心，不待慮而知，不待學而能，是故謂之良知，是乃天命之性，吾心之本體自然靈昭明覺者也。……然欲致其良知，亦豈影響恍惚而懸空無實之謂乎？是必實有其事矣，故致知必在於格物。物者，事也，凡意之所發，必有其事，意所在之事，謂之物。格者，正也，正其不正，以歸於正之謂也。正其不正者，去惡之謂也；歸於正者，為善之謂也；夫是之謂格㊷。

在這裡，先就朱子之說來看，他以「窮至事物之理，欲其極處無不到也」來訓釋，實在有些問題，故高師仲華先生說：

> 依朱子的訓釋，「知識」包括天地間全部的知識，如「身心性命之德、人倫日用之常……以至天地鬼神之變，鳥獸艸木之宜」（見朱子《大學經筵講義》格致節），不但要知之周徧，毫無遺漏，而且要知之精切，毫不含糊。試問：這樣的「致知」是可能的嗎？我想，世界上任何一位最偉大的學者都不敢說，能做到這樣的「致知」。如果真照著去做，其結果一定是「博而寡要，勞而無力」，誠如陸象山所譏「支離事業竟浮沉」了。雖然朱子自辯，他不「以徇外誇多為務」，而「以反身窮理為主」（兩語均見《朱子語類》）；但是，

「反身窮理」是否需要將天地間全部知識都推而至於極處，這實在是一問題㊸。

除此之外，又實在無法切合古本《大學》的原文，所以將經一章（依朱熹《章句》，下併同）中緊接著「其所厚者薄」三句而來的「此謂知本，此謂知之至也」十字移後，置於第五章，以爲「此謂知本」是「衍文」，而「此謂知之至也」上「別有闕文」，於是「竊取程子之意」而補了一段「格致」的傳㊹，這顯然是從「全」的觀點來看待「格致」的結果。

而王陽明以「正意所在之事（物）」來訓釋，也至少有兩點是值得商榷的：其一是王陽明的原意，應該是「正其意」，而非「正其事（物）」，這樣在訓詁上，是很難說得過去的；其二是「正其意」以去惡爲善，很難不和「致知」之後的「誠意」混爲一談。關於這一點，唐君毅先生說：

> 《大學》立言次序，要是先格物、次致知、次誠意、次正心。《大學》言物格而後知至，知至而後意誠，而未嘗言意誠而後知至，知至而後物格。如依陽明之說，循上所論以觀，實以致「知善知惡，好善惡惡」之知，至於真切處，即意誠。意誠然後方得為知之至。又必意誠而知至處，意念所在之事，得其正，而後可言物格。是乃意誠而後知至，知至而後物格，非《大學》本文之序矣㊺。

可見王說也是不無問題。

不過，值得注意的是，「在表面上，朱子訓『知』爲『知識』，是遍布於外，學而後得的，與陽明訓『知』爲『良知』，是本有於內，不學而致的，似乎落落難合。而實際上，朱子所謂的『知』，如同陽明，也是根於心性來說的，試看他在所補的〈格致傳〉裡說：

> 蓋人心之靈，莫不有知；而天下之物，莫不有理。惟於理有未窮，故其知有不盡也。是以大學始教，必使學者凡天下之物，莫不因其已知之理，而益窮之，以求至乎其極。至於用力之久，而一旦豁然貫通焉，則眾物之表裡精粗無不到，而吾心之全體大用無不明矣。

可見朱子也認爲『知』（智）原本就存於人的心靈之內，是人人所固有的；只不過須藉事物之理，由外而內地使它顯現罷了。因此，他和陽明的不同，並不在它的根源處，而是在從人的途徑上。朱子由於側重人類人爲（教）的一面，主張『道問學』，所以要人採『自明誠』的途徑，藉『窮至事物之理』來『推極吾之知識』，以『一旦豁然貫通焉』（將粗淺的外在知識提昇爲純淨的內在睿智），而收到『吾心之全體大用無不明』的效果。而陽明由於側重人類天賦（性）的一面，主張『尊德性』，所以要人循『自誠明』的途徑，藉正『意之所發』來『致吾心之良知』，以期『吾良知之所知者，無有虧缺障蔽，而得以極其至』，而達到『吾心快然無復餘憾而自慊』（《大學問》）的地步。他們兩人的主張，如就整個人類『盡性』的過程上來看，雖都各有其價值，卻也不免各有所偏，可說皆著眼於『偏』而忽略了『全』，因爲天賦（性）與人爲（教），是交互爲用」㊻，而形成螺旋關係的。

次以「致知」與「誠意」而言，《大學》的經一章說：

欲誠其意者，先致其知。

又說：

知至而後意誠。

可知「致知」是「誠意」的先決條件，而究竟在「誠意」前，要「知」什麼呢？朱熹以爲「推極吾之知識，欲其所知無不盡也」，這是就人爲教育（自明誠）的終點而言，而不是針對其起點或過程的「此謂知本，此謂知之至」來說。而王陽明則以爲是「致吾心之良知焉耳」，這是就天然性體（自誠明）的呈顯而言，而不是針對「博學可以爲政」（鄭玄《三禮目錄》㊼）來說。所以他們所說雖各卓識㊽，卻未必悉合《大學》作者原本的意思。其實，朱熹在解釋「毋自欺」一語時說：

> 自欺云者，知為善以去惡，而心之所發者，有未實也[49]。

在這裡，他提出了人要「知爲善以去惡」，這正是人在能辨別善惡後所該「勉强而行之」的事。《中庸》第二十章說：

> 誠身有道，不明乎善，不誠乎身矣。

說的也是這個道理，只不過把《大學》的「誠意」拓爲「誠身」而已。而這種善惡的辨別，不就是靠一事一物以至於多事多物所獲得的統整之「知」（知至），由外而內地呈現相應的「良知」來達成的嗎？這樣說來，顯然和朱熹「吾心之所知無不盡」然後「意可得而實」[50]、王陽明「爲善去惡」（格物）然後「致吾心之良知」的說法，是有所差別的。

但這種差別，卻反而使人意識到「致知」與「誠意」原就存有著互動、循環而提昇，由「偏」而趨於「全」的無限空間；甚至於也可由此類推，使人意識到「誠意」與「正心」、「正心」與「修身」（明明德於身），都有著這種空間；不僅如此，就連「修身」與「齊家」（明明德於家）、「齊家」與「治國」（明明德於國）、「治國」與「平天下」（明明德於天下），也一樣形成螺旋式的緊密關係。《論語．子張》載子夏的話說：

仕而優則學，學而優則仕。

這顯然可用以解釋這種關係。朱熹注此說：

仕與學，理同而事異。然仕而學，則所資其事者益深；學而仕，則所以驗其學者益廣⑤①。

而趙順孫《四書纂疏》引胡寅說：

仕與學理同者，皆所當然也；事異者，有治己治人之別也。學以為仕之本，仕以見學之用，特治己治人之異耳。以理言，則學其本也；以事言，則當其事者，隨所主而為之緩急⑤②。

所謂的「本」，是指「治己」，即「明明德」（明明德於身）之事；所謂的「用」，是指「治人」，即「親民」（明明德於家、國、天下）之事。而「本」和「用」，從偏全的觀點來看，是一直維持著互動、循環而提昇的螺旋關係的。

這樣看來，「明明德」（本）多少，就可以相應地「親民」（用）多少；同理，「親民」（用）多少，也可以相應地反過來帶動「明明德」（本）更上一層樓，以求「至乎其極」而後已。

四、從「天」與「人」看

《中庸》的作者一開始就說：

> 天命之謂性（誠），率性之謂道（自誠明），修道之謂教（自明誠）。道也者，不可須臾離也，可離非道也；是故君子戒慎乎其所不睹，恐懼乎其所不聞，莫見乎隱，莫顯乎微，故君子慎其獨也（自明誠）。喜怒哀樂之未發，謂之中；發而皆中節，謂之和。中也者，天下之大本也；和也者，天下之達道也（盡己之性以盡人之性——誠）。致中和，天地位焉，萬物育焉（盡物之性以贊天地之化育——明）。

這段文字的篇章結構，如用表來呈現，是這個樣子的：

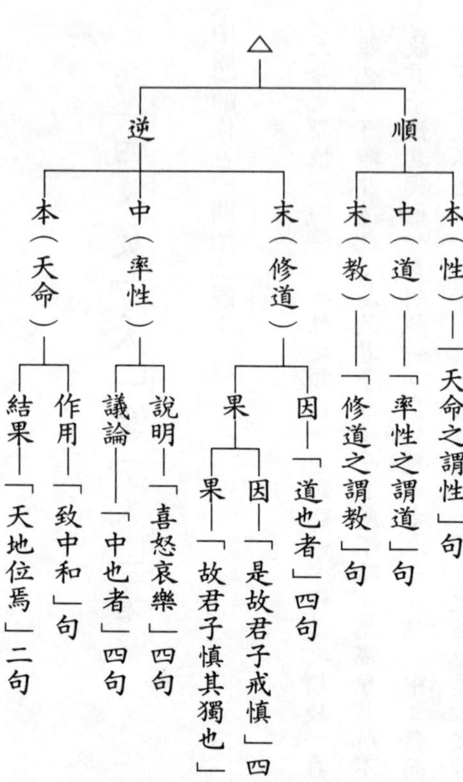

配合右表來看，本段文字的內容，可大別爲兩部分：

第一部分爲「順」，自篇首至「修道之謂教」止。「這三句話『一氣相承』，乃《中庸》一書之綱領所在。作者在此，很有次序地，先由首句點明人性與天道的關係，用『性』字把天道無息之

『誠』下貫爲人類天賦『至誠』（包括『誠』與『明』）的隔閡衝破；再由次句點明人道與人性的關係，用『道』字把人類（聖人）天賦之『誠』通往天賦之『明』（自誠明）的過道打通，而與人類人爲之『誠』與『明』套成一環；然後由末句點明教化與人道的關係，用『教』字把人類（學者）人爲之『明』邁向人爲之『誠』（自明誠）的大門敲開，而與人類天賦之『誠』與『明』融爲一體。這樣由上而下地逐層遞敍，既爲人類天賦之『誠』、『明』尋得了源頭，也爲人爲之『誠』、『明』找到了歸宿。[53]」

第二部分爲「逆」，自「道也者不可須臾離也」至末。「《中庸》的作者在這兒，首先承上一部分的『修道之謂教』句，闡明修道之要領就在於『慎獨』，以扣緊『不可須臾離』之『道』，爲『自明誠』（擇善固執）以『致中和』之「教」奠好鞏固的基礎。接著承上個部分的『率性之謂道』句，就喜怒哀樂未發之『性』，說『中』，說『大本』；就喜怒哀樂『發而中節』之『情』，說『和』，說『達道』，以間接表明『慎獨』的目的（修道的內在目標），就在於保持性情的『中和』（盡性）而堅實地爲『自誠明』之『性』架好了一座『復其初』的橋梁。然後承篇首之『天命之謂性』句，直接指出『致中和』之目的（修道的外在目標），就是使『天地位焉，萬物育焉』，以確切地肯定人類『盡性』以『贊天地化育』的天賦能力，爲人類的『誠』、『明』開拓了無限向上的道路。顯然地，這樣自下而上地由『慎獨』而『盡性至命』（王陽明語，見《傳習錄．上》），則正如第三十二章所說『唯天下至誠，爲能經綸天下之大經（和——情），立天下之大本（中——性），知天地之化育』，不但可以成己，而且也是足以成物的」[54]。

雖然這段文字，側就「全」的觀點來立論，無論是「順」（由本而末）或「逆」（由末而本），可說全是終極的境界；然而就「偏」的觀點而言，則「率性」與「修道」，甚至「盡性至命」都存有互動、循環而提昇的緊密關係。而促成此種關係的樞紐，就在於「性」。《中庸》的作者找到了這個樞紐，來打通「天」與「人」之隔閡，而最後融合爲一，是極具智慧的。徐復觀先生說：

孔子所證知的天道與性的關係，乃是「性由天所命」的關係。天命於人的，即是人之所以為人之性。這一句話，是在子思以前，根本不曾出現過的驚天動地的一句話。「天生蒸民」、「天生萬物」，這類的觀念，在中國本是出現得非常之早。但這只是泛泛地說法，多出於感恩的意思，並不一定會覺得由此而天即給人與物以與天平等的性。有如人種植許多生物，但這些生物，並不與人有什麼內在的關連。所以在世界各宗教中，都會認為人是由神所造。但很少能找出神造了人，而神即給人以與神自己相同之性的觀念，說得像《中庸》這樣的明確㊺。

又說：

即為一超越而普遍性的存在；天進入於各人生命之中，以成就各個體之特殊性。而各個體之特殊性，既由天而來，所以在特殊性之中，同時即具有普遍性。此普遍性不在各個體的特殊性之外，所以此普遍性即表現而為每一人的「庸言」、「庸行」。各個體之特殊性，內涵有普遍性之天，或可上通於有普遍性之天，所以每一人的「庸言」、「庸行」，即是天命的呈現、流行[56]。

可見《中庸》的作者，已經由「性」，將「天」與「人」從內在打成一片了。而這個「性」，究竟有什麼內涵呢？《中庸》第二十五章說：

> 誠者，非自成己而已也，所以成物也。成己，仁也；成物，知也；性之德也，合外內之道也。

朱熹釋此云：

> 誠雖所以成己，然既有以自成，則自然及物，而道亦行於彼矣。仁者，體之存；知者，用之發；是皆吾性之固有，而無內外之殊[57]。

在此，朱熹以爲「仁」和「知」（智），雖有體用之分，卻皆屬「吾性之固有」，是沒有什麼內外之別的。關於這點，王夫之在其《讀四書大全說》裡，也做了如下的闡釋：

有其誠，則非但成己，而亦以成物矣；以此誠也者，足以成己，而無不足於成物，則誠之而底於成，其必成物審矣。成己者，仁之體也；成物者，知之用也；天命之性、固有之德也。而能成己焉，則仁之體立也；能成物焉，則知之用行也；仁知咸得，則是復其性之德也。統乎一誠而已，物胥成焉，則同此一道，而外內固合焉㊽。

可見「仁」和「知」（智），都是「性」的真實內容，而「誠」則「是人性的全體顯露，即是仁與知（智）的全體顯露」㊾。如此說來，在《中庸》作者的眼中，「性」顯然包含了兩種能互動、循環而提昇的精神潛能：「一是屬『仁』的，即仁性，乃人類與生俱來的一種成己（成德）力量；一是屬『知』的，即知性，爲人類生生不已的一種成物（認知）動能。前者可說是『誠』的動力㊿，後者可說是『明』的泉源；兩者非但爲人人所共有，而且也是交相作用的，也就是說：如果顯現了部分的仁性（誠），就能連帶地顯現部分的知性（明）；同樣地，顯現了部分的知性（明），就能連帶地顯現部分的仁性（誠）。正由於這種相互的作用，有先後偏全之差異，故使人在盡性上也就有了兩條內外、天人銜接的路徑：一是由誠（仁性）而明（知性），這是就先天潛能的提發來說的；一是由明（知性）而誠（仁性），這是就後天修學的努力而言的61。所以《中庸》第二十一章說：

> 自誠明，謂之性；自明誠，謂之教；誠則明矣，明則誠矣。

從這幾句話裡，我們可以曉得，人能由誠而明，乃出於人性天然的作用，而由明而誠，則是成自後天人爲的教育62，而這種「天然」（性）與「人爲」（教）的兩種作用，如能互動、循環而提昇不已，使天人融合無間，則所謂「誠則明矣，明則誠矣」，必臻於亦誠亦明的至誠境界。而這種由偏而全的作用，可用上圖來表示：

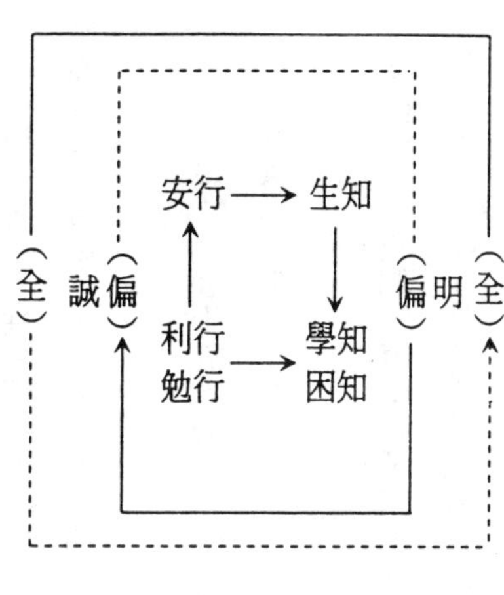

這個圖的虛線代表天賦——「性」，實線代表人爲——「教」。外圈指「全」，屬聖人；內圈指「偏」，屬常人。藉此可辨明「誠」與「明」、天賦與人爲的交互關係，那就是：「先由明善（生知——知止）而存誠（勉行、利行），再由存誠（安行）而明善（困知、學知），透過人力與天功，互相銜接起來，圍成一個圓圈。人就這樣的，自明而誠，自誠而明，循環推進，使自己的知性與德性，由偏而全的，逐漸發揮它們的功能，最後臻於『從心所欲，不踰矩』的最高境界⑥③。」到了此時，「誠」與「明」便合而爲一，統於「至誠」了。

這種「天」（性）與「人」（教），經由互動、循環而提昇的螺旋作用，而臻於「至誠」的圓滿境界，可由孔子成聖的歷程加以證明。《論語·爲政》載：

子曰：「吾十有五而志於學，三十而立，四十而不惑，五十而知天命，六十而耳順，七十而從心所欲、不踰距。」

從這段話裡，我們知道：孔子在十五歲時，便開始立志學聖，到了三十而邁上了「立」的階段。這所謂的「立」，據〈季氏〉篇載伯魚引述孔子的話說：

不學禮，無以立。

又於〈堯曰〉篇載孔子的話說：

> 不知禮，無以立也。

可知它是指學禮、知禮而言的。孔子就在這十五至三十的頭一個階段裡，正如《荀子・勸學》所言：

> 始乎誦經，終乎讀禮[64]。

用了十五年的時間，不斷地在「文」（《詩》、《書》）內「誦經」、「讀禮」，以熟悉往聖先賢的思想與經驗的結晶，而達於「知禮」的境地，即一面做爲日常行事的準則，以「克己復禮」，又一面引爲推求未知的依據，一以知十。如此以已知（「文」內）推求未知（「文」外），過了十年，便人我內外，於「禮」無不「豁然貫通」[65]，而順利達於「不惑」的階段。到了這時，梗塞於心目之間的認知障礙，自然就完全消去，達到不迷不眩而能直探本原的地步，所以朱熹在「四十而不惑」下注說：

> 於事物之所當然，皆無所疑[66]。

這樣對個別事物之理，也就是「禮」[67]，皆無所疑，而逐次地將「知」累積、貫通、提昇，經過十載，則所謂「知極其精」[68]，便對本原的天理人情能了然於胸，這就進入了「知天命」的階段了。這所謂的「知天命」，據邢昺是如此解釋的：

> 命，天之所稟受者也。孔子四十七學《易》，至五十窮理盡性，知天命之終始也[69]。

而朱熹則以爲：

> 天命，即天道之流行，而賦於物者，乃事物所以當然之故也[70]。

由邢、朱兩人的解釋看來，其最大不同，只是前者偏就「稟受者」（性）來說明[71]，而後者則偏就「賦予者」（命）來闡述罷了。這樣著眼之處雖有不同，但說的無非是天理人情，而此天理人情，正是「禮」之所由出。《左傳．昭公二十五年》載子產的話說：

> 夫禮，天之經也，地之義也，民之行也[72]。

又《荀子・樂論》也說：

禮也者，理之不可易者也⑬。

而《禮記・坊記》則說：

禮者，因人之情而為之節文⑭。

又《遼史・禮志一》更進一步說：

理自天設，情由人生⑮。

可見「知天命」，講得淺一點，即知天理人情，是就「文」（《詩》、《書》）外來指「知禮」的。如此知既極其精，又極其大，於是再過十年，對「禮」（理）便到了「聲入心通」⑯的「耳順」階段。此時就像陸隴其所言：

> 聞一善言，見一善行，若決江河，此聲之善者；詖、淫、邪、遁，知其蔽、陷、離、窮，此聲之不善者，皆一入便通[77]。

可以說已充分地發揮了內在的睿智，把知識的領域開拓到了極度，達於「至明」的境地。修學至此，所謂「誠（仁）則明（智）矣，明則誠矣」[78]，經過了人爲（自明誠）與天賦（自誠明）的最高一層融合，那麼到了七十，自然就可以「從心所欲，不踰矩」，而臻於「不勉而中（誠——仁），不思而得（明——智）[79]的「至誠」境界了。

就在這段孔子所自述的成聖歷程裡，凡所「學」、所「立」、所「不惑」、所「知」、所「耳順」、所「不踰矩」者，無非是「禮」。而在「耳順」之前，雖無可例外地，都偏向於「智」（明）來說，但在每層階段裡，皆是「知」（博文）中有「行」（約禮）、「明」（智）裡帶「誠」（仁）的。因爲每個階段，都包含有修學過程中的許多層面，而這修學的每個層面，是一點也少不了「由知（智）而仁」的「學之序」的。打從「志於學」開始，可以說即靠著這種「學之序」，才能在知行、天人的交互作用下，一環進一環、一層進一層地，由「約」而日趨於「不約」，逐步遞升，邁過「耳順」，直至「從心所欲，不踰矩」的至聖領域。否則，至聖之境既無由造，而「知」（智）與「仁」也不能由偏而全地在最後統之於至誠而洽爲一爐了[80]。

孔子之聖德是如此，故《中庸》的作者在第三十章讚美他說：

仲尼祖述堯舜，憲章文武（成己——仁）；上律天時，下襲水土（成物——智）；辟如天地之無不持載，無不覆幬，辟如四時之錯行，如日月之代明；萬物並育而不相害，道並行而不相悖，小德川流，大德敦化，此天地之所以為大也（配天、配地）。

對這段話，王夫之在《讀四書大全說》裡曾總括起來解釋說：

小德、大德，合知仁勇於一誠，而以一誠行乎三達德者也⑧¹。

而唐君毅先生也說：

所謂「萬物並育而不相害，道並行而不相悖。小德川流，大德敦化，此天地之所以為大也。」一切宗教的上帝，只創造自然之萬物。而中國聖人之道，則以贊天地化育之心，兼持載人文世界，人格世界之一切人生。故曰「大哉聖人之道，洋洋乎發育萬物，峻極于天。悠悠大哉，禮儀三百，威儀三千，待其人而後行。」因中國聖人之精神，不僅是超越的涵蓋宇宙人生人格與文化，而且是以贊天地化育之心，對此一切加以持載。故不僅有高明一面，且有博厚一面。「高明配天，博厚配地。」「崇效天，卑法地。」高明配天，崇效天者，仁智之無所不覆也。博厚配地，卑法地者，禮義自守而尊人，無所不載也㉜。

可見孔子的偉大，就在於「好學」不已，經由「仁」與「智」、「天」與「人」的互動、循環而提昇的螺旋作用，終於合「仁」與「智」於「一誠」，而達於配天配地（與天地參）的境界，這是令後人十分「心嚮往之」㉝的。

所以「天」與「人」的關係，極其密切，是不斷地由互動、循環而提昇，發揮螺旋式的作用，而最後臻於「至誠」境界的。

五、結語

經由上文的探討，可知在儒家思想的體系裡，無論是「仁」與「智」、「明明德」（格物、致知、誠意、正心、修身）與「親民」（齊家、治國、平天下），甚至於最根本的「天」（自誠明——性）與「人」（自明誠——教），都不斷地維持著互動、循環而提昇的作用，而形成螺旋結構。這樣顧及本末、往復、偏全來看待它們，似乎比較周密一些。

註釋

①見《教育大辭典》（上海教育出版社，一九九〇年六月一版一刷），頁二七六。

②《簡明國際教育百科全書》：「螺旋式循環原則（Principle of Spiral Circulation）排列德育內容原則之一，即根據不同年齡階段（或年級）遵循由淺入深，由簡單到複雜，由具體到抽象的順序，用循環往復螺旋式提高的方法排列德育內容。螺旋式亦稱圓周式。」新華書局北京發行所，一九九一年六月一版一刷，頁六一一。

③見朱熹《大學章句》，《四書集註》（學海出版社，民國七十三年九月初版），頁三。

④參見拙作〈孔子的仁智觀〉（民國八十五年九月《國文天地》十二卷四期），頁八～十五。

⑤見《十三經注疏・論語》（藝文印書館，民國五十四年六月三版），頁一四一。

⑥錢穆先生曾舉《論語》「樊遲問仁」（〈顏淵〉篇）與「以德報怨」（〈憲問〉篇）章說明「直」與「仁」的關係說：「孔子言舉直錯諸枉，而子夏卻以舉皐陶、伊尹而不仁者遠釋之。可見枉即是不仁者，而直即是仁者也。……以直道報怨者，其實則猶以仁道報怨也。以人與人相處之公道報怨也。我雖報吾之私怨，而使旁人不責我為過分，而公認我之報之為正當焉，是即直道矣。報德可過分，而報怨不可以過分，此亦道也。若人有怨於我，而我報之以德，是未免流於邪枉虛偽，於仁為遠，故孔子不取。」見《論語要略》，《四書釋義》（臺灣學生書局，民國六十七年七月再版），頁八十五。

⑦陳大齊先生：「此中所云『學文』，可說即是讀書。讀書安排在『行有餘力』的時候，幾乎等於業餘的工作，可見其與正業的『入則孝』等不具有同等的重要性。」見《孔子學說》（正中書局，民國五十二年夏），頁六十四。

⑧見《四書集註》，同註③，頁五十七。

⑨同註⑧。

⑩《論語》這一章論爲學之目標、依據與過程。所謂「志於道」，是說立定志向，把「仁且智」以成己成物的聖道做爲一生的終極目標，這和孟子以「仁義」（即道）爲「尚志」（見《孟子．盡心》上）的說法，十分接近。如此「心存於正而無他」（朱注），乃爲學之首務。所謂「據於德」，是說「德」是所據以邁向目標的源頭力量，孔子說：「天生德於予。」（〈述而〉二十二）可知「德」是天所賦的，雖然對它的內容，孔子沒做解釋，但由《禮記．中庸》「成己，仁也；成物，知也；性之德也，合外內之道也」的進一步說明看來，它該有「仁之德」與「智（知）之德」兩種，這是人無限向上進德修業的原動力，如果不據於此，那就無法來成己又成物了。所謂「依於仁」，是說不違仁道，要做到「無終食之間違仁，造次必於是，顛沛必於是」（〈里仁〉五）的地步，這可說是偏就「仁之德」向外發揮以成己的過程來說的。所謂「游於藝」，是說要游習六藝，《禮記．少儀》說：「士游於藝。」又〈學記〉說：「不興其藝，不能樂學。」可見古代對游藝的重視，此乃因六藝「皆至理之所寓，而日用之不可闕者也。朝夕游焉，以博其義理之趣，則應物有餘，而心亦無所放矣」（朱注）。這可說是偏就「智之德」向外發揮以成物

的過程來說的。這樣舉出四端，將孔門教育的目標、依據和過程，一一交代清楚，眞是「本末兼該，內外交養」（朱注），周備至極。參見拙編《中國文化基本教材》㈠（三民書局，民國八十七年九月），頁四十～四十一。

⑪同註⑧，頁九十六。

⑫見《中庸》第二十章（依朱熹《章句》），同註⑧，頁三十六。

⑬同註⑤，頁五十五。

⑭同註⑧，頁九十三。

⑮見《論語正義》（臺灣商務印書館，民國五十七年三月臺一版）卷八，頁四十八。

⑯見《中國思想史論集》（臺灣學生書局，民國六十四年五月四版），頁二三六。

⑰見《新編中國哲學史》第一卷（三民書局，民國七十三年一月增訂初版），頁一一二。

⑱同註⑧，頁一一一。

⑲同註⑱。

⑳牟宗三先生：「孔子以仁爲主，以『仁者』爲最高境界。此時仁的意義最廣大，智當然藏於仁之中，一切德亦藏於其中。孟子仁義禮智並舉，這是說我們的心性。說『仁且智，聖也』，實亦賅括義與禮。這是自表現我們的心性說。並舉仁與智，就是爲了特注重智對仁的扶持作用。這樣說時，仁的涵義不得不收窄一點。仁與智並講，顯出仁智的雙成。」見《中國哲學的特質》（臺灣學生書局，民國六十五年十月四

版），頁廿六。

㉑同註⑧，頁七十四。

㉒參見拙作〈從偏全的觀點試解讀四書所引生的一些糾葛〉（民國八十一年四月《中國學術年刊》第十三期），頁十四～十六。

㉓同註⑧，頁一三九。

㉔見朱熹《中庸章句》，同註⑧，頁三十五。

㉕同註⑦，頁一八〇。

㉖同註⑦，頁一八二～一九八。

㉗同註⑦，頁一七〇。

㉘參見拙作〈談《論語》中的義〉（民國八十六年六月《高中教育》第六期），頁四十四～四十九。

㉙同註⑧，頁三。

㉚見拙作〈學庸導讀〉，《國學導讀》㈡（三民書局，民國八十三年九月），頁五〇六。

㉛這裡所謂的「明明德」，指的正是「知」的「明德」（知性）與「仁」的「明德」（仁性）的發揮。而「親民」，則顯然是「明明德」的進一層說法，這可從下文「欲明明德於天下者」這句話獲知消息，因爲《大學》的作者既把「平天下」說成「明明德於天下」，那麼，「修身」就是「明明德於其身」，而「齊家」、「治國」就是「明明德於其家」、「明明德於其國」了；可見在「齊家」、「治國」、「平

天下」這段「親民」的過程裡，仍然是以「明明德」貫通於其間的。至於「止於至善」，則更是「明明德」的再進一層說法，因爲《大學》的「止於至善」章明說：『爲人君，止於仁；爲人臣，止於敬；爲人子，止於孝；爲人父，止於慈；與國人交，止於信。』可見「仁」、「敬」、「孝」、「慈」、「信」，都是「至善」，而這些又何嘗不都是人類的「明德」呢？所以大學的「止於至善」，說的也不過是「明明德」三個字而已。參見拙作〈學庸的價值要旨及其實踐工夫〉（民國六十七年六月《中國學術年刊》第二期）頁十二～十三。

㉜所謂「親民」，孔穎達疏云：「親愛於民。」而程頤則云：「親，當作新（朱熹《大學章句》引）。」兩人說法雖不同，卻各有所本。如《大學》第三章說：「君子賢其賢而親其親，小人樂其樂而利其利。」而九章說：「民之所好好之，民之所惡惡之，此之謂民之父母。」又《尙書・堯典》說：「克明峻德（明明德），以親九族；九族既睦，平章百姓；百姓昭明，協和萬邦（親民）；黎民於變時雍（止於至善）。」這些都足以證明「親愛於民」的解釋，是有其依據的。而《大學》第二章所引〈湯盤〉「苟日新」、〈康誥〉「作新民」及《詩經》「其命維新」等句，全以「新」爲詞，且《尙書・金縢》記成王迎周公之辭云：「今天動威，以章周公之德，惟朕小子其新迎，我國家禮亦宜之。」顯然地把「新」通作「親」；這些都足以證明「親當作新」的說法，並不是沒有來由的。既然兩說都有根據，那麼究竟以何者爲正確呢？答案是兩者都對，只是「親民」是就起點說，而「新民」是就結果說，先後有別而已。參見拙作〈論恕與大學之道〉（民國八十八年三月《中國學術年刊》第廿期），頁七十七～七十八。

㉝同註⑧，頁三。

㉞同註㉝。

㉟同註㉝。

㊱同註⑧，頁四。

㊲同註㊱。

㊳同註㊱。

㊴見《十三經注疏‧禮記》，同註⑤，頁九八四。

㊵見《高明文輯》(上)(黎明文化公司，民國六十七年三月初版)，頁二四八。

㊶同註⑧，頁四。

㊷見《王陽明全書》(一)(正中書局，民國六十八年十月臺六版)，頁一二二。

㊸同註㊵，頁二四三～二四四。

㊹同⑧，頁七～八。

㊺見《中國哲學原論》「導論篇」(人生出版社，民國五十五年三月)，頁二九三。

㊻同註㉒，頁十三。

㊼孔穎達《禮記正義》引，同註㊴，頁九八三。

㊽牟宗三先生：「朱子說：『《大學》格物知至處，便是凡聖之關。物未格，知未至，如何殺，也是凡人。

須是物格知至，方能循循不已，而入於聖賢之域。縱有敏鈍遲速之不同，頭勢也都自向那邊去了。今物未格，知未至，雖是要過那邊去，頭勢只在這邊。如門之有限，猶未過得在。……某嘗謂物格知至後，雖有不善，亦是白地上黑點。物未格，知未至，縱有善，也只是黑地上白點』。又說：『格物是夢覺關，誠意是善惡關』。（《朱子語類》卷第十五）。這是朱子自格物窮理，致知誠意，以言內聖之工夫。朱子之系統，就內聖工夫言。雖不無可批評處，然畢竟亦是內聖工夫之重要部分。故說『格物是萬覺關，誠意是善惡關』。總之是聖凡分別關。故云『物格知至後，雖有不善，亦是白地上黑點。物未格，知未至，縱有善，也只是黑地上白點』。『黑地上白點』，即是生命幽昧混沌，根本是在夢中。『如何殺，也只是凡人』。此即上面所說，光只認眞去做事，並不表示眞能淸澈生命之渣滓。內聖的工夫即是先要使我們的生命變成『白地』，此即所謂『覺』也。」又：「象山『尊德性』，『先立乎其大者』，首著重開悟本心。陽明將心轉爲良知，以良知指導人之生活行爲；易言之，必將心轉爲良知，始可連結於人之實際生活。如眼前有黃金萬兩，依良知，此若非我之所有，我之良知自知不當取之；但人之私念，則常是想貪非分之財。此即所謂『有善有惡意之動』。良知駕臨乎意念之上，自知其爲善抑爲惡。故陽明特別提出『致』字。唯致良知，始可全心之德、心之理。良知知事之當做與不當做，是人心中之定盤針。人心中有此定盤針，心德之實現才得到保證。」同註⑳，頁七十四～七十五、七十一～七十二。

㊾同註⑧，頁八。

㊿同註㊾。

(51)同註⑧，頁一八七。

(52)見《四書纂疏．論語》（文史哲出版社，民國七十五年十月再版），頁一四九二～一四九三。

(53)同註㉚，頁五〇九～五一〇。

(54)同註㉚，頁五一〇～五一一。

(55)見《中國人性論史》（臺灣商務印書館，民國六十一年十月四版），頁一一七。

(56)同註(55)，頁一一九。

(57)同註⑧，頁四十二。

(58)見《讀四書大全說》（河洛圖書出版社，民國六十三年五月臺景印初版），頁二九九～三〇〇。

(59)徐復觀先生：「誠是實有其仁；『誠則明矣』（二十一章），是仁必涵攝有知；因爲明即是知。『明則誠矣』（同上），是知則必歸於仁。誠明的不可分，實係仁與知的不可分。仁知的不可分，因爲仁知皆是性的眞實內容，即是性的實體。誠是人性的全體顯露，即是仁與知的全體顯露。因仁與知，同具備於天所命的人性、物性之中；順著仁與知所發出的，即成爲具有普遍妥當性的中庸之德之行；而此中庸之德之行，所以成己，同時即所以成物，合天人物我於尋常生活行爲之中。」同註(55)，頁一五六。

(60)中庸之誠，有就全、就終而言者，必涵攝智與仁，如「唯天下至誠」就是；亦有就偏、就始而言者，指的是「實有其仁」，如「自誠明」或「自明誠」之誠便是。參見拙著《中庸思想研究》（文津出版社，民國六十九年三月），頁一二三。

(61)同註(60)，頁一〇八～一〇九。

(62)唐君毅先生：「《中庸》謂此性爲天命之性。至於就此性之表現言，則有二形態：其一形態爲直承其爲絕對之善，而自然表現爲一切善德善行。此即吾人於〈原心篇〉下所謂直道的順天德、性德之誠，以自然明善，其極爲不思而中，不勉而得，至誠無息之聖境，是所謂自誠明、謂之性也。至誠無息者，其生心動念，無不爲此能自誠之性之直接表現，而『明著於外者。』《中庸》於此乃更不言心不言意念，而只言明。明即心知之光明，人至誠而無息，則其心知即只是一充內形外之光明，以表現此自誠之性，此外即更無心可說。是謂由誠而明。另一形態爲人之未達至誠，而其性之表現，乃只能通過間雜之不善者，而更超化之，以去雜成純，以由思而中、勉而得。此即吾人於〈原心篇〉，所謂由擇乎正反兩端，以反反而成正之工夫。人在此工夫中，乃以心知之光明開其先，而歷曲折細密之修養歷程，以至於誠。即所謂『自明誠，謂之教』，『致曲』以『有誠』也。」見《中國哲學原論》「原性篇」（新亞書院研究所，民國五十七年二月），頁六十三～六十四。

(63)見拙作〈淺談自誠明與自明誠的關係〉（民國六十五年九月《孔孟月刊》十五卷一期），頁十四～十五。

(64)見《新編諸子集成》二《荀子集解》（世界書局，民國六十七年七月新三版），頁七。

(65)同註⑧，頁八。

(66)同註⑧，頁六十一。

(67)《禮記．仲尼燕居》：「子曰：禮也者，理也；樂也者，節也；君子無禮不動。」同註㊴，頁八五四。

⑥⑧同註⑥⑥。

⑥⑨同註⑤，頁十六。

⑦⓪同註⑥⑥。

⑦①徐復觀先生：「以『天命』爲即是人之所以爲人的性，是由孔子在下學而上達中所證驗出來的。孔子的五十而知天命，實際是對於在人的生命之內，所蘊藏的道德性的全般呈露。此蘊藏之道德性，一經全盤呈露，即會對於人之生命，給予以最基本的規定，而成爲人之所以爲人之性。這即是天命與性的合一。孔子是在這種新地人生境界之內，而『言性與天道』。因爲這完全是新地人生境界，所以子貢才嘆爲『不可得而聞』。子貢之所以不可得而聞，亦正是顏子感到『仰之彌高，鑽之彌堅；瞻之在前，忽焉在後』（《論語．子罕》）的地方。但在學問上，孔子既已開拓出此一新的人生境界，子貢雖謂不可得而聞，而實則已提出了此一問題。學問上的問題，一經提出以後，其後學必會努力予以解答。『天命之謂性』，這是子思繼承曾子對此問題所提出的解答；其意思是認爲孔子所證知的天道與性的關係，乃是『性由天所命』的關係。」同註⑤⑤，頁一一六～一一七。

⑦②見楊伯峻《春秋左傳註》（下）（源流出版社，民國七十一年四月再版），頁一四五七。

⑦③同註⑥④，頁二五五。

⑦④同註③⑨，頁八六三。

⑦⑤見《遼史》（鼎文書局，民國六十四年十月初版），頁八三三。

⑯同註⑯。

⑰引自徐英《論語會箋》（正中書局，民國五十四年三月臺三版），頁十八。

⑱見《中庸》第二十一章，同註⑧，頁四〇。

⑲同註⑧，頁三十八。

⑳參見拙著《中庸思想研究》，同註⑳，頁一四六～一六四。

㉑同註㊿，頁三三一。

㉒見《人文精神之重建》（新亞研究所，民國四十四年三月初版），頁二二八。

㉓見《史記．孔子世家贊》，《史記會註考證》（萬卷樓圖書公司，民國八十二年八月初版），頁七六五。

（原載民國八十九年六月《國文學報》二十九期）

談忠恕在儒學中的地位

一、前言

忠恕二德，自古以來，人們都往往把它們一併隸屬於「誠」或「仁」下，當成學者下學之事看待，以爲皆非道體之本然，只是「入道之門，求仁之方」（見朱熹〈答柯國材書〉）而已，譬如有人問程子：

> 吾道一以貫之，而曰：忠恕而已矣，則所謂一者，便是仁否？

程子答道：

固是只這一字，須是仔細體認。（見《二程子全書》）

朱子解《論語》「參乎」章則說：

忠恕本是學者事，曾子特借來形容夫子一貫道理。（見《朱子全書》）

而真德秀在答人「忠恕」之問時也說：

孔子告曾子一貫之理，本是言誠；曾子恐門人理會未得，故降下一等，而告之以忠恕。（見《真西山集》）

很明顯的，他們都將「忠恕」由「上達」的本體「降下一等」，完全看作是「下學」的道德實踐論。到了民初，有些學者，則更從道德的實踐論轉進到知識的方法論，認爲「忠恕」同是推求事理的方法，譬如章太炎先生說：

心能推度曰恕，周以察物曰忠。故夫聞一以知十，舉一隅而以三隅反者，恕之事也；周以

察物，舉其徵符，而辨其骨理者，忠之事也。（〈訂孔〉）

而胡適之先生也說：

我的意思，以為孔子說的「一以貫之」，和曾子說的「忠恕」，只是要尋出事物的條理統系，用來推論，要使人聞一知十，舉一反三，這是孔門的方法論，不單是推己及人的人生哲學。（《中國古代哲學史》）

從這些賢哲的幾段話裡，我們可清晰地看出：他們是一律把「忠恕」局限在「人爲」的範圍內加以闡釋的，這是否完全符合孔聖與曾子的原義？抑或只偏於一面，倒因爲果，而貶低了「忠恕」的地位呢？那就恐怕有待我們從「忠恕」本身的意義與它們和知行的關係上，作更進一層的探討了。

二、忠恕的意義

「忠恕」這個詞，在《論語》一書裡，僅一見於〈里仁〉篇，乃出於曾子之口，原文是：

> 子曰：「參乎！吾道一以貫之」，曾子曰：「唯」。子出，門人問曰：「何謂也？」曾子曰：「夫子之道，忠恕而已矣」。

而《中庸》，也只在第十三章（依朱子《章句》，下倂同）出現過一次，爲孔子之言：

> 忠恕違道不遠；施諸己而不願，亦勿施於人。

可惜的是：孔子和曾子在這裡，對於這兩字的真正意義，除了孔子爲實際需要，特別著重在「君子之道」上，用「施諸己而不願，亦勿施於人」兩句，補充說明「忠恕之事」（見朱子《章句》，王船山說：「章句云忠恕之事，一事字顯出在事上合」，見《讀四書大全說》），以生發下文外，都未曾作整體性、直接性的明確訓釋；而後來加以注解的雖多，卻大都又似乎一概不分偏全本末，只一味的在偏處、末處繞圈，如孔穎達說：

> 忠者，內盡於心；恕者，外不欺物。恕，忖也；忖度其義於人。（《禮記正義》）

邢昺說：

忠，謂盡中心也；恕，謂忖己度物也。（《論語疏》）

朱熹說：

盡己之謂忠，推己之謂恕。（《論語集註》）

真德秀說：

忠者，盡己之心也；恕者，推己之心以及人也。（《真西山集》）

這些解釋捨句式而外，無論在詞面或意義上來說，都是非常相近的；他們同樣的在「中心」、「己心」、「心」或「己」這個實體上，加一個性屬動詞的「盡」、「忖」或「推」字，看來所著重的是「事」而非「體」，似乎都不免帶有喧賓奪主和「勉强」的意味，這是他們固執的僅著眼於人爲（教）而忽略天賦（性）來訓釋所導致的偏差。有了這種偏差，那就無怪會有許多學者一直把「忠恕」認作是成德或求知的方法，而非本體了。

其實，忠恕二字，是大可不必「實」上帶「虛」的添加「盡」、「推」等字以顯其義的；只須就字的形體看，便知「忠」就是「中心」（不偏之心）的意思，而「恕」則是「如心」（無私之心）的意思（見賈公彥《周禮疏》），顯而易見的，它們的主體是「心」，而「中」與「如」（均平的意思，見《廣雅》），則是屬於限制性、形容性的兩個附加詞。這種解釋，可謂直截了當，一眼即可領會，比起孔、朱等人的「增字爲訓」來說，無疑的要好得多、準確得多了。

既然「忠恕」是直貼心體而言的「中心」和「如心」，那麼與《中庸》所說的「中和」（性情），關係是至爲密切的，《中庸》首章說：

> 喜怒哀樂之未發，謂之中；發而皆中節，謂之和。中也者，天下之大本也；和也者，天下之達道也。致中和，天地位焉，萬物育焉。

這裡所謂的「喜怒哀樂之未發」，指的是「天命」之性（就心之理而言）；所謂的「發而皆中節」，說的是「率性」之情（中節是善，即恕；不中節，是惡，即不恕）；而所謂的「中」、「和」，則是就心之境而言的，若改就心之體來說，那就是「忠恕」了。因此，忠恕既可以上通於天道，與誠、仁同源，「一以貫之」；也能夠下貫於人道，與孝、慈共脈（《論語・爲政》篇說：「孝、慈則忠」），「違道不遠」；可以說是徹上徹下，通內通外，合天人而爲一的，所以顧亭林說：

夫子之道，忠恕而已矣；忠也者，天下之大本（中）也；恕也者，天下之達道（和）也。

（《日知錄》）

而呂維祺也說：

天地聖賢夫婦，同此忠恕耳。天地為物不貳，故元氣流行，化育萬物，此天地之忠恕，即天地之貫也；聖人至誠不息，故盡人盡物，贊化育，參天地，此聖人之忠恕，即聖人之貫也；賢人亦此忠恕，但或勉強而行，未免有作輟純雜之不同，故有貫有不貫，而其貫處即與聖人同；即愚夫婦亦此忠恕，但為私欲遮蔽，不能忠恕，即不能貫，或偶一念之時亦貫，而其實處亦即與聖人同。……忠恕只是一箇心，實心為忠，實心之運為恕，即一也。

（《伊洛大會語錄》）

可見忠恕既屬下學之事，亦是上達之事；既屬學者之事，亦是聖人之事；是不宜單從學者下學一面來看的，否則，內外上下，就無法「一以貫之」了。

三、忠恕與知

我們都知道，自然生人，即賦人以性。這個「性」，依其「从心生聲（生亦義）」的造形來看，顯然是指人類與生俱來、生生不已的精神動能而言的。這種精神的動能，照《中庸》第二十五章「成己，仁也；成物，知也；性之德也，合外內之道也」的說法，種類可大別爲二：一是屬「仁」的，即仁性，乃人類「真實」的成德力量；一是屬「知」的，即知性，爲人類「無妄」的認知潛能。前者可說是「誠」（行）的動力，統攝著人倫道德，而上接於精神性的天道，以引導人類邁向「成己」、「盡人之性」（引發精神動力，建立人倫社會）的目標；後者可說是「明」（知）的泉源，關照著事理物理，而上通於物質性的天道，以推動人類完成「成物」、「盡物之性」（引發物質動力，改善天然環境）的天職。這兩種「性」，不單單是人人所共有，而且是互爲影響的，也就是說：人如果呈顯了部分的「仁性」（誠——行），必能連帶的呈顯部分的「知性」（明——知），這是就天賦——「性」來說的；同樣的，如果呈顯了部分的「知性」（明——知），也必能連帶的呈顯部分的「仁性」（誠——行），這是就人爲——「教」來說的。人就這樣的在「知」與「行」、「天賦」（自誠明）與「人爲」（自明誠）的交互作用下，由偏而全的把仁性與知性發揮出來，最後臻於「從心所欲不踰矩」（《論語・爲政》篇）的「至誠」（也是至明)的境界。

而忠恕，既如上文所述，盤根於心體之內，自然的對仁性與知性的發揮有著莫大的關係；就以知性的發揮來說吧!《中庸》曾明白的告訴我們：

自誠明，謂之性。(二十一章)

誠者，不勉而中(行)，不思而得(知)。(二十章)

足見人是可以藉著天賦的力量，由發揮「仁性」(誠)而呈顯「知性」(明)的。也幸好人人都能局部的呈顯深植「中心」的天賦力量——「誠」，以發揮局部「如心」的功能，才有進一步認知的可能；不然，人為的「自明誠」(即教，見《中庸》第二十一章)便不能落腳在天賦的心性上，而將成為空中樓閣，虛而不實了。《大學》第九章說：

心誠求之，雖不中，不遠矣。

這片「誠心」，亦即所謂的「中心」，正是格物致知、明善辨惑的一個基石。歷代聖哲教人為學，必先存誠、立大本，即是此意。因爲人若能存藏「中心」，以守住這份「誠」，便能無私而不欺己；這樣，他才能發揮「如心」的功能，使喜怒哀懼愛惡欲之情，「發而皆中節」；能發揮「如心」的功能，使喜怒哀懼愛惡欲之情發而皆中節，自然的，在他心目之間就不會形成任何認知上的障礙，而對真僞善惡也就能一一辨明，不致陷入迷惑了。《論語・顏淵》篇載子張、樊遲問「辨惑」，孔子答子張說：

> 愛之欲其生、惡之欲其死；既欲其生，又欲其死，是惑也。

答樊遲說：

> 一朝之忿，忘其身以及其親，非惑與？

可知「惑」起自過當的愛惡與忿懥之情——不恕，其實，豈止是愛惡忿懥而已，其他的種種情感，如奪於私欲，無法發揮「如心」的功能，發而不中節時，也照樣的，都會使人在認知的過程中犯上偏差的毛病。就像《大學》第七章所說的，一個人在其所發忿懥、恐懼、好樂、憂患之情過正時，心就「不得其正」（正即中）；心既「不得其正」，則必然蒙蔽人的認知能力——知性，這樣，當然就難免會「心不在焉，視而不見，聽而不聞，食而不知其味」了。《大學》的第八章也說：

> 人之其所親愛而辟（偏私之意）焉，之其所賤惡而辟焉，之其所畏敬而辟焉，之其所哀矜而辟焉，之其所敖惰而辟焉，故好而知其惡，惡而知其美者，天下鮮矣；故諺有之曰：「人莫知其子之惡，莫知其苗之碩」。

這種因心有所偏（不忠）、情有所蔽（不恕），而導致認知上的偏差：但見一偏，而不見其全——好而不知其惡、惡而不知其美，甚至產生錯覺，顛倒是非，如孟子所謂「安其危，而利其菑，樂其所以亡者」（〈離婁〉上），便是由於內心不忠不恕，無以去私的緣故。人患了這種弊病，不僅將害人害己，且又要爲禍社會國家；孟子從前所以要大聲疾呼：「我亦欲正人心，息邪說，距詖行，放淫辭」（〈滕文公〉下），就是看出了這種禍害的重大啊！

因此，人在求知之時，如果不能先保有中心（中）、如心（和），以存誠立本，使志氣清明，義理昭著，則必爲外誘所惑，而犯下誤圓爲方，以美爲惡的錯誤，終至產生偏激、邪惡的思想。由此可知忠恕乃認知之本，是一點兒也忽視不得的。

四、忠恕與行

人類的活動。衆所周知，是離不開「知」與「行」的。而一切的知行活動，其表象雖複雜萬分，但本源卻異常簡易，完全受著人類性情（忠恕）的支配。性是天命的，其種類，依據上述，可分爲「知性」與「仁性」兩者，「知性」乃「知」的活動的本源，是「行」的指針；「仁性」係「行」的活動的動力，爲「知」的實踐。這兩種天命之性，誰都曉得是粹然至善的，按理說，植本於此的知行活動，原該没有一絲一毫的偏差才對；但由於人都不免或多或少的困於一己的氣稟（先天）與私欲（後天），使得天命之性受到了蒙蔽，遂致心體爲之失中，無法發揮功能，以時時有效的從根本上來約束喜怒哀樂之情，使之中節，而做到「恕」的地步，於是「知」既有了障礙，會誤假爲真，以非爲是；而「行」亦難脫偏激，將循私縱欲，時踰準繩了。就像上引的《大學》第八章裡所謂的「人之其所親愛（賤惡、畏敬、哀矜、敖惰）而辟焉」，說的便是人在行爲上的偏差。人的行爲一旦有了這種偏差，修身已不可得，更不用說是齊家、治國、平天下了。因此，聖人出來設教興學，就是想藉著後天教育之功來激發人類天賦的潛能——「性」，以恢復忠恕的心體，使人的知行能毫無偏差的合而爲一，達到「成己」、「成物」的終極目標。

就先拿「成己」來說吧！《中庸》第十三章說：

> 忠恕違道不遠；施諸己而不願，亦勿施於人。君子之道四，丘未能一焉：所求乎子以事父，未能也；所求乎臣以事君，未能也；所求乎弟以事兄，未能也；所求乎朋友先施之，未能也。

從這段文字裡，我們可得知「恕」的表現是可分爲兩類的：一是消極性的，那就是「施諸己而不願，亦勿施於人」；一是積極性的，那就是「所求乎子以事父」、「所求乎臣以事君」、「所求乎弟以事兄」、「所求乎朋友先施之」。由於這兩種「恕」，並立根於「忠」（就情就和來說是恕，如就性就中來說則是忠），兼及「施」與「勿施」，牢籠既周徧，植基亦深厚，所以自然就成了羣德的總匯（安行忠恕是仁，利行、勉強行忠恕是義），試看所謂的「所求乎子以事父」，既是恕，也是孝；所謂的「所求乎臣以事君」，既是恕，也是敬（《大學》第三章說：「爲人臣止於敬」）；所謂的「所求乎弟以事兄」，既是恕，也是悌；所謂的「所求乎朋友先施之」，既是恕，也是信。而「施諸己而不願，亦勿施於人（父、君、兄、朋友）」，固然是恕，又何嘗不是孝？不是敬？不是悌？不是信呢？可見同樣的一個恕「藏乎身」，是可隨著所待對象的不同而衍生出各種不同的道德行爲來的。因此，如果有一個人，他的天命之性（包括知性與仁性）能夠發揮它的功能，而保有「中心」，那麼一旦受到了刺激，變「性」（中）爲「情」（和）、轉「忠」爲「恕」，則必能化消形氣之私，使自己的喜怒哀樂之情，在知性（明）與仁性（誠）的引導下，發而皆中節，達到「至善」的境界；用此種心境（和）、心體（恕）來待人，自然就能做到孝、敬、悌、信的地步。不僅是孝、敬、悌、信而已，其他的種種德行，以此類推，也同樣的，全可成自這麼一個「忠恕」的心體，源於這麼一個中和的心境。所以不單單是修身、齊家的根本在此，即連治國、平天下的基石也立於此，《大學》第九章說：

> 君子不出家，而成教於國。孝者，所以事君也；弟者，所以事長也；慈者，所以使眾也。

說的便是這個意思。

成己是如此，其實，成物又何能例外，而不立根於忠恕呢？《中庸》第二十二章說：

> 唯天下至誠，能為盡其性；能盡其性，則能盡人之性（成己——仁）；能盡人之性，則能盡物之性；能盡物之性（成物——知）；可以贊天地之化育，則可以贊天地之化育，則可以與天地參矣。

這一章由「成己」的「盡其（己）性」、「盡人之性」，以推演至「成物」的「盡物之性」、「贊天地之化育」，而探本尋源，一歸之於「至誠」的發揮，可以說已「合外內之道」而「一以貫之」，堅實的肯定了人類成德與認知的潛在能力，爲人類「成己」（發展人文科學）、「成物」（發展自然科學）的目標開啓了一條無限向上的大道。而這所謂的「至誠」（亦是至明，《中庸》第二十一章說：「誠則明矣，明則誠矣」），若換個詞來說，則不外是「至忠」、「至恕」罷了，因爲忠恕本來就是繫諸心體而言的，如果它們貼於內在的心之理來說，既是成己的憑藉——仁（誠），若開向外在的物之理來說，則又是成物的依據——知（明）了。《中庸》第二十五章說：

> 誠者，非自成己而已也，所以成物也。成己，仁也；成物，知也；性之德也，合外內之道也；故時措之宜也。

說的不正是這種上下一貫、物我一體的道理嗎？

因此，人在踐行時，如能保有「中心」、「如心」，以呈顯天賦的潛能——「誠」，那麼，久而久之，會合大衆之力量，以提高人類知行活動的層面，不僅可在「成己」方面，「盡人之性」，以發揮精神動能，來純化人倫園地；而且也可在「成物」方面，「盡物之性」，以利用物質力量，來改善物質世界，使人類過著真正幸福美滿的生活。

五、結語

經過這番探討，我們不難看出忠恕在孔學上地位的重要。也唯其地位重要如此，所以從前曾子才會百中選一的用來解釋孔子一貫之道。曾子在孔門中，是被公認爲能得心傳的一位傳道之儒，他這樣做，無疑的是有他精深的義理在的。就是撇開這點不論，單就字形表面的意義來看，他選上「忠恕」兩字，也的確比「仁義」、「直道」或「信」、「禮」、「道」等來得明確、直接，且又能不離「道體之本然」，而收一目「理會」之效。當然，同一個詞，在古人用來，是未必完全一致的，如「道」字，有時是指天理來說的，而有時則就人事而言；即以「忠」字爲例，孔子也往往把它與「信」字同舉，目爲羣德之一。可見同一個詞，經人用起來，其涵義原本就是上下游移、偏全不一、本末相雜、大小不定的；不過，上是可以貫下的，全是可以概偏的，本是可以統末的，大是可以包小的，而小、末、偏、下卻往往不足以涵容大、本、全、上。因此，我們根據「忠恕」的意義以及它們與知行的關係，再證以曾子「夫子之道，忠恕而已矣」的古訓，試著恢復它們原本的地位，以與「仁義」、「性情」、「中和」甚至「誠」（也是明）並繫於心體上，該不會太過離譜吧？

（原載民國六十七年十一月《幼獅月刊》四十八卷五期）

從修學的過程看智仁勇的關係

一、前言

智仁勇三德，在我國先秦儒家的典籍裡，分開來談的多，而合論的少，即以現存的十三經而論，把三者「相提並論」，且又未雜以其他德目的，僅一見於《論語》、三見於《禮記》。見於《論語》的是：

子曰：知者不惑，仁者不憂，勇者不懼。（〈子罕〉）

見於《禮記》的，則依次是：

（孔子曰：）用人之知，去其詐；用人之勇，去其怒；用人之仁，去其貪。（〈禮運〉）

（子曰：）知仁勇三者，天下之達德也。（〈中庸〉）

子曰：好學近乎知，力行近乎仁，知恥近乎勇。（同上）

這幾句話，皆出自孔聖一人之口，雖然所說的無非是智仁勇之事，但很明顯的，涵義卻各有所限，是不盡相同的。它們之間究竟是彼此矛盾？抑或互相一致？而所謂的智仁勇三者，其地位又是否僅止於平行？還是有著本末先後的關係？對於這些問題，由於孔子並未直接作進一層的說明，而後儒的注釋，又每每只顧一偏，語焉不詳，如鄭玄說：

有知，有仁，有勇，乃知修身；則修身以此三者為基。（《禮記注疏》卷五十二）

而邢昺則說：

知者明於事，故不惑亂；仁者知命，故無憂患；勇者果敢，故不恐懼。（《論語注疏》卷

九）

他們顯然都說得太籠統、太簡略了，實在無法藉以推知整個答案，因此，想要求得全盤的了解，便只有從修學的過程上去探看一番了。

二、從修學的初程看

人類的活動，是離不開「知」與「行」的；而一切的知行活動，其表象雖千變萬化，複雜到了極點，但是本源卻異常簡易，完全受著人類性情的支配。性是「天命」的，由它從心生聲（生亦義）的造形上看來，知是指人類與生俱來、生生不已的精神動能而言的。而這種精神的動能，照《中庸》第二十五章：「成己，仁也；成物，知也；性之德也，合外內之道也」的說法，可以大別爲兩類：一是屬「仁」的，即仁性，乃人類上貫於精神性天道的成德（成己）力量；一是屬「知」的，即知性，爲人類上通於物質性天道的認知（成物）潛能。前者係行（誠）的活動的根本，爲知（明）的實踐；後者是知（明）的活動的泉源，爲行（誠）的依據。這兩種性，非但爲人人所共有，而且是相互影響的，也就是說：如果呈顯了部分的仁性（誠），必能連帶的呈顯部分的知性（明），這是就人類先天潛能的作用來說的；同樣的，如果發揮了部分的知性（明），也必能連帶的發揮部分的仁性（誠），這是就人類後天修學的功效來說的。人就這樣的藉著後天修學的努力以觸發先天精神的潛能，再由先天潛能的提發來促進後天修學的效果，循環的在天賦（自誠明）與人爲（自明誠）力量的交互作用下，由偏而全的把知性與仁性發揮出來，最後臻於「至誠」（也是至明）的境界，所以《中庸》在篇首即開宗明義的說：

天命之謂性（天賦），率性之謂道，修道之謂教（人為）。

而於第二十一章（依朱子《章句》，下併同）也說：

自誠明，謂之性（天賦）；自明誠，謂之教（人為）；誠則明矣，明則誠矣。

此乃孔門對修學的一貫主張，可以說徹上徹下，通內通外，是合天人、知行而爲一的。

當然，這種「至誠」的境界，絕不是一蹴可幾的，而是必須經由後天的努力，毫不懈怠的踏上修學的漫長歷程，以逐漸的誘發天賦的潛能，才有到達的一天的。就以修學的初程來說吧！由於人類在生下之後，往往爲「氣稟所拘，人欲所蔽」（朱子《大學章句》），使知性與仁性都不免「有時而昏」（見同上），以致無法時刻發揮其全體功能，有效的從根本上來約束喜怒哀樂之情，使之發而皆中節，於是在「知」的方面，既有了障礙，會誤圓爲方，以非爲是；而在「行」的方面，亦難脫偏激，將循私縱欲，時踰準繩了。聖人有見於此，遂出來設教興學，想透過後天教育之功來激發天賦的潛能，以提高知行活動的層面，逐步邁向「至善」的目標。就在這修學的起始階段裡，因爲未能收到後天教育的功效，自然的，一般人在知行上便極易形成或大或小的偏差；即使是靠著部分先天潛能的提發，能好知、好仁或好勇，也往往會犯上顧此失彼、過與不及的毛病，如《論語．陽貨》篇記載孔子的一段話說：

> 好仁不好學，其蔽也愚；好知不好學，其蔽也蕩；好信（仁之一目）不好學，其蔽也賊；好直（亦仁之一目）不好學，其蔽也絞；好勇不好學，其蔽也亂；好剛（為勇之體，見朱子《章句》）不好學，其蔽也狂。

足見人「不好學」，換句話說，就是在未學或學而未見效果之前，雖能好「仁」（包括信、直）、「好知」、「好勇」（包括剛），卻不免都「各有所蔽」（朱子《章句》），而犯下種種的偏差。人有了這種偏差，則其所好（動機）與所爲（結果），就勢必南轅北轍了。

先以「仁」而言，一個人如果不能藉「學」以呈顯知性，明辨是非，則非但採擷不到「仁」的純美果實，甚且還有陷於「不仁」的危險。就像一般父母之於子女，雖完全出於一片仁（愛）

心，但在須管教時，所謂的「其蔽也愚」、所謂的「人莫知其子之惡」（《大學》第八章，依朱子《章句》，下併同），只曉得一味地加以縱容、溺愛，而不能及時的使他們遷善，以致最後害了他們。這樣，當然不能不說是已犯下了「愚」的過失，但是若從其動機來看，則仍是不失其為仁的，所以《論語．里仁》篇說：

> 子曰：人之過也，各於其黨；觀過，斯知仁矣。

對於這幾句話，朱子在他的《論語集註》裡曾引程子和尹氏的話說：

> 程子曰：人之過也，各於其類，君子常失於厚，小人常失於薄；君子過於愛，小人過於忍。尹氏曰：於此觀之，則人之仁、不仁可知矣。

可知人若「過於愛」，就其出發處來說，還是可以稱為仁的。然而，如持以嚴格，就其終極處（後果）而論，則有了這種過失，豈只是「其仁不足稱」（《禮記．檀弓》下）而已，就是目為不仁，也是不為過的。

次以「知」而言，如果一個人的智慧，僅僅凝自一己之經驗及冥想，而不能經由廣泛的學習來發揮的話，則他在日常所累積的知識，無疑的，大多將是有所偏差，且膚泛無根的。因爲以個人的經驗來說，它經常會受到自身「形氣之私」的影響，以造成錯誤的累積，而導致他在知行上的種種偏差，譬如《大學》第九章說：

> 人之其所親愛而辟（偏私之意）焉，之其所賤惡而辟焉，之其所畏敬而辟焉，之其所哀矜而辟焉，之其所敖惰而辟焉，故好而知其惡，惡而知其美者，天下鮮矣。

其中所謂的「人之其所親愛（賤惡、畏敬、哀矜、敖惰）而辟焉」，說的正是人由偏私經驗所累積而成的行爲上的偏差；而鮮能「好而知其惡，惡而知其美」，則指的是人由偏私經驗所累積而成認知上的過失。人一旦有了這種偏私，如不能以「存誠」、「博學」來作根本上的補救，則久而久之，將只有至於孟子所謂「安其危，而利其菑，樂其所以亡者」（〈離婁〉上）的地步而後已了。而以個人的冥想來說，它與繼「博學」、「審問」而作的「慎思」，是全然不同的。慎思可說是辨別是非善惡的一個必經階段，而冥想，則由於無「學」作爲階梯，勢將憑空「窮高極廣，而無所止」（朱子《論語集註》），這樣，就是再如何的努力，也「終卒不得其義」而「徒使人精神疲勞倦殆」（邢昺《論語疏》）而已，所以孔子說：

思而不學則殆。（《論語．為政》）

由此可見，人在未學之前，或於修學的初期，單憑個人經驗與冥想所凝成的「知」（就內言是睿智，以外言爲知識），往往是有偏差的，是「危而不安」（朱子《論語集註》）的。

終以「勇」而言，一個人如果未經修學的努力，打好「知言」、「持志」、「養氣」（見《孟子．公孫丑》上）的根基，則所發之「勇」，大抵皆不出類似「撫劍疾視」的「小勇」、「匹夫之勇」（見《孟子．梁惠王》篇）而已。而這種「小勇」、「匹夫之勇」，由於未能立根於「中和」（以性言爲中，就情言是和）的心境，直接繫諸知性與仁性的約束之下，所以也和「仁」與「知」一樣，是時時會導向偏差的。爲此，古聖先賢曾留下了不少的訓言，譬如：

勇而無禮，則亂。（《論語．泰伯》）

君子義以為上；君子有勇而無義為亂，小人有勇而無義為盜。（《論語．陽貨》）

好勇鬬狠，以危父母，五不孝也。（《孟子．離婁》下）

> 勇而不中禮，謂之逆。（《禮記·仲尼燕居》）
>
> 勇敢強有力而不用之禮義戰勝，而用之於鬥爭，則謂之亂人。（《禮記·聘義》）

足見「勇」若不能透過修學，在根本的心性上用力，而配之以「禮義」，則必將成爲亂逆之源，是萬萬不可取的。

由此看來，智仁勇三者，若單就個人修學的初程（包括未學）看，由於在源頭上未予溝通，使得彼此只有「各自爲政」，而少協調、輔成的作用，以致經常形成「愚」、「蕩」、「亂」等等的偏失，所以與完美無缺的「大智」、「大仁」、「大勇」，可謂相去絕遠，是根本不能混爲一談的。試看《禮記·樂記》篇云：

> 知者詐愚，勇者苦怯，疾病不養，老幼孤獨不得其所（當指仁者言），此大亂之道也。

又《論語·陽貨》篇說：

> 惡徼（伺察之意）以為知者，惡不孫以為勇者，惡訐以為直者（即仁者，參見錢賓四先生

《論語要略》第五章）。

這裡所謂「知者」、「勇者」以及「直者」（仁者），與真正的「直者」（仁者）、「勇者」和「知者」，不單單是有別而已，簡直已是完完全全的「背道而馳」了。因此，這類所謂的智仁勇，如就個人來說，僅來自於一點先天潛能的發揮，既沒有緊密的連鎖關係，而且也是或多或少的帶有缺憾。

三、從修學的中程看

智仁勇在修學的初程裡，既然或多或少的帶有缺憾，那麼，加以謀求補救，乃屬教育上刻不容緩之事，而思加以補救，則捨加緊修學，增進人為效果（自明誠），以求進一層的激發先天潛能（自誠明）而外，實在別無良途。而儒家在這方面的主張，如眾所知，可謂兼顧了知行與天人，是既踏實而又完密的，譬如《大學》在篇首即云：

古之欲明明德於天下（平天下）者，先治其國；欲治其國者，先齊其家；欲齊其家者，先修其身；欲修其身者，先正其心；欲正其心者，先誠其意；欲誠其意者，先致其知；致知在格物。

而《中庸》第二十章亦云：

在下位，不獲乎上，民不可得而治矣；獲乎上有道，不信乎朋友，不獲乎上矣；信乎朋友有道，不順乎親，不信乎朋友矣；順乎親有道，反諸身不誠，不順乎親矣；誠身有道，不明乎善，不誠乎身矣。

又云：

誠之者，擇善而固執之者也：博學之，審問之，慎思之，明辨之，篤行之。

若將這三段話略作分析，便可清楚的看出：《大學》所謂的「明明德於天下」、「治國」、「齊家」、「修身」及「正心」、「誠意」，說的是「仁」的明德（知性）的發揮，也就是「誠」（行）的過程；所謂的「致知」、「格物」，指的是「知」的明德（仁性）的發揮，也就是「明」（知）的工夫。而《中庸》所謂的「治民」、「獲上」（相當於大學之治國、平天下）、

「信友」、「順親」（相當於《大學》之齊家）、「誠身」（相當於《大學》之修身、正心、誠意）與「固執」（篤行），說的便是仁性的發揮，即「誠」（行）；所謂的「明善」（相當於《大學》之致知、格物）與「擇善」（博學、審問、愼思、明辨），指的則是知性的發揮，即「明」（知）。顯然的，《大學》要人由「格物」、「致知」（明），而「誠意」、「正心」、「修身」、「齊家」、「治國」，「平天下」（誠）；而《中庸》則主張由「明善」（擇善——明），而「誠身」、「順親」、「信友」、「獲上」、「治民」（固執——誠），所循的正是同樣的一條「自明誠」的路，這是聖人教人化私盡性的唯一途徑，是本末分明、先後有序的。

人在修學的過程裡，如果能由此循序漸進，透過後天人爲的努力——「教」（自明誠），以觸發先天不息的精神動能——「性」（自誠明），那麼「從心所欲不踰矩」（《論語．爲政》篇）的「至善」、「至誠」境界，在人爲與天賦力量的循環作用下，是能有到達的一天的。這種合天人、知行而一的道理，除了見於上引的《中庸》首章及第二十章外，尚可從下段文字裡獲得更進一層的了解：

或生而知之，或學而知之，或困而知之；及其知之，一也。或安而行之，或利而行之，或勉強而行之；及其成功，一也。

這段文字的涵義，原是可分天賦的差異與修學的層次兩方面來加以說明的，惟前者不在本文討論的範圍內，故在此僅就後者予以探討；那就是說：在「知」的方面，一個人能增進知識，有的是憑藉天生的悟力，有的是經由後天的學習，有的則透過困苦的嘗試，難易固然不同，卻可以得到一致的結果；在「行」的方面，一個人能踐行道理，有的是成於天賦的力量，有的是基於受利的觀點，有的則出於畏罪的心理（說本孔穎達《禮記正義》），情形雖然各異，卻可以獲致同樣的成效。這是針對個人的知與行，把天賦與人為併在一起來談的；假如反過來，根據個人的天賦與人為，將知與行合併起來說的話，則屬天賦的，是「生而知之」與「安而行之」；屬人為的，是「學而知之」、「困而知之」和「利而行之」、「勉強而行之」。而在人為（教）的範圍裡，經過後天修學的努力，由「困知」、「學知」（明）來帶動「勉行」、「利行」（誠），以預為天賦的「安行」蓄力，這就是所謂的「自誠明」啊！至於在天賦（性）的範圍內，藉著人為教育效果的推動，由「安行」（誠）而至於「生知」（明），以呈顯部分的仁性與知性，來帶領人為的「困知」、「學知」升高至另一層面，這就是所謂的「自明誠」啊！如此一環又一環的，由人為而天賦，由天賦而人為，不停的向上推展，自然的就可以由偏而全的把「性」的功能發揮到極致了。

說到這裡，或許有人要問：談了半天的「明」和「誠」，究竟與智仁勇有什麼關係呢？這恰可拿朱子注釋「知仁勇」的一段話來作個媒介，他說：

明足以燭理，故不惑；理足以勝私，故不憂；氣足以配道義，故不懼；此學之序也。（《論語集註》）

在這裡，他把智仁勇看作是有先後關係的「學之序」，識見是極高的。透過這句話，很輕易的，智仁勇便與那繫於「教」而言的「自明誠」完全的會歸在一起了。十分明顯的，以「學之序」來說，所謂的「智」，指的就是「明」；而所謂的「仁」，指的便是「誠」；至於「勇」，則可說是人在認知（明）、成德（誠）上不可或缺的一種助力，是原本就伴隨著智（明）與仁（誠）而存在的。所以《中庸》的作者在介紹入手的工夫時說：

好學近乎知，力行近乎仁，知恥近乎勇。（二十章）

所謂的「知恥」，由詞意看來，明明是關涉著知與行的，而《禮記・祭統》篇也說：

其祖先無美而稱之，是誣也；有善而弗知，不明（即不智）也；知而弗傳，不仁也；此三者君子之所恥也。

如把這段話移就修學來說，則「知恥」（勇）不正成了使人「好學」（知）以知善、「力行」（仁）以傳善的一種內在推力嗎？因此朱子說：

此三近者，勇之次也。（《中庸章句》）

又說：

困知、勉行者，勇也。（同上）

可見勇與仁、智（知行）是不可分割的。其關係密切如此，那就無怪勇雖無時無刻而「藏乎身」，卻每每的要被併入智（明）裡、仁（誠）裡而不名了。從入手處看是如此，以終極處言，又何嘗不如此？譬如《孟子．公孫丑》篇載子貢之言云：

學不厭，智也；教不倦，仁也；仁且智，夫子既聖矣。

類似這種仁智並舉而略去勇的例子，在儒家經典裡，可謂隨處可見，是極爲普遍的。

在通常，勇雖併於智、仁，而不列於「學之序」中，卻一點兒也無損於它的存在與重要。我們都知道，在先秦孔門的賢哲中，講勇講得最起勁、最徹底的，要推孟子，他曾告訴公孫丑說：

我知言，我善養吾浩然之氣。（〈公孫丑〉上）

這所謂的「知言」，照孟子自己的解釋是：

詖辭，知其所蔽；淫辭，知其所陷；邪辭，知其所離；遁辭，知其所窮。（同上）

從這段話裡，很清晰的可看出：他所說的「知言」，就是「不惑」的意思，亦即知性的高度發揮；關於這點，朱子就曾說：

知言則義精而理明，所以能養浩然之氣；知言正是格物、致知。（《語類》五十二）

可見「知言」與「格物」、「致知」（大學），與「明善」、「擇善」（中庸），可說是義出一貫的。而所謂的「善養吾浩然之氣」，則屬「養勇」的另一說法，在這方面，孟子曾有一段精闢的說明：

志，氣之帥也；氣，體之充也。夫志，至焉；氣，次焉，故曰：持其志，無暴其氣。（《公孫丑》上）

透過這番說明，可知「養勇」的根本就在於「持志」。如說得徹底一些，則完全有待於仁性的發揮——「仁」（亦即要在性上作工夫）。等到知、仁之性發揮了，那麼，所養之氣——「勇」，便能「至大至剛」，能「配義與道」，使人在「成己」和「成物」兩方面都能「止於至善之地而不遷」（朱子大學章句）。這種由「知言」（智）而「持志」（仁），然後養「浩然之氣」（勇）的修養工夫，與智仁勇的「學之序」，可以說是完全一致的。

由此看來，智仁勇三者，在學者從「入德」（偏）到「成德」（全）前的這段修學歷程裡，雖然由於勇，經常的，或處於低一層面，藉以推動高一層的智與仁，使之繼續向上開展；或處於同一層面，以融合智與仁，卻略而不名，以致不免使人產生些微錯亂的感覺，然而它們在人爲的「教」上，若完全全的固定在同一層面來說，則是一直有著先後的緊密關係的。王船山說：

知仁勇三德，或至或曲，固盡人而皆有之。（《讀四書大全說》卷三）

若單以常人而論，想要藉著修學，由「曲」（偏）而至於「至」（全），那自然就少不了層進而循環不已的智仁勇的一貫工夫了。固然在這段循環推進的過程裡，由於智仁勇皆未完全達於「至」的境地，有時也難免會像先前一樣，形成種種的偏失，不過，它們在程度上將日益輕微，而在次數上也會日趨減少，是必然的結果。

四、從修學的終程看

如上所述，人果能毫不懈怠的經由後天修學的努力，以不斷的激發先天的源源潛能，那麼，久而久之，必定可使智仁勇三德由「曲」而「至」的邁向旅程，而達於「至誠」（也是至明）的境界。《中庸》第三十一章說：

> 唯天下至聖，為能聰明睿知，足以有臨也；寬裕溫柔，足以有容也；發強剛毅，足以有執也；齊莊中正，足以有敬也；文理密察，足以有別也。

這段話若與至誠與智仁勇作個對照，顯然的，所謂「至聖」，說的便是至誠；而所謂的「聰明睿知」，則是就知性的完全發揮，亦即大智而言的，所以朱子注說：

聰明睿知，生知之質。

而王船山也說：

聰明睿知，以至誠之本體言，誠則明矣，明非但知之謂也，或問兼安行言之，為盡其義；如大學之言明德，該盡緝熙敬止、恂慄威儀，具眾理萬事者，統以一明，與致知之知，偏全迥別耳。無所蔽其聞之謂聰，無所蔽其見之謂明，思無所蔽其覺之謂睿，心無所蔽其知之謂知。人欲淨盡，天理流行，則以之知，不待困學；以之行，不待勉強也。（《讀四書大全說》卷三）

足見「聰明（耳目）睿知（心體）」，乃屬智的全德，是合外內而爲一的。其次所謂的「寬裕溫柔」，是就仁性的完全發揮，亦即大仁而言的，所以趙順孫引陳氏說：

寬裕溫柔，仁之質也。（《中庸纂疏》一五八）

又《禮記．儒行》篇云：

溫良者，仁之本也；寬裕者，仁之作也。

可知「寬裕溫柔」，乃屬仁的全德，是合體用而爲一的。再其次所謂的「發强剛毅」，是就成自仁知之性的精神力量，亦即大勇而言的，所以《禮記．聘義》說：

所貴於勇敢者，貴其敢行禮義也；故勇敢強有力者，天下無事，則用之於禮義；天下有事，則用之於戰勝；用之於戰勝，則無敵；用之於禮義，則順治；外無敵，內順治，此之謂聖德。

而《禮記．樂記》篇則云：

臨事而屢斷（足以有執之執，即決斷之意，見孔疏），勇也。

可見「發强剛毅」，乃屬勇的全德，是合禮義而爲一的。至於「齊莊中正」和「文理密察」，則是就「形於外」的勇與智來說的，所以王船山說：

文理密察，原以晰事之知言，自與睿知之知不同。（《讀四書大全說》卷三）

而「齊莊中正」，指的雖是禮、是敬，但其根本卻在於仁，故仲弓問仁，孔子首先便答說：

出門如見大賓，使民如承大祭。（《論語．顏淵》）

孔子這樣說，很明顯的，乃是要人「敬以持己」（朱子《集註》），做到「心廣體胖，動容周旋中禮」（程子語，見同上）的意思。可知「齊莊中正」和「文理密察」，說的就是「形於外」的智仁勇（略去勇），而「聰明睿知」、「寬裕溫柔」和「發强剛毅」說的則是「誠於中」的智仁勇；三者這樣的通內通外，到了最高的境界，自然便可一統之於「至聖」（至誠）了。

這種由修學以躋至於合智仁勇三德而爲一的「至誠」（至聖）境界，是可借孔子成聖之歷程來獲致更進一步的了解的。《論語．爲政》篇云：

子曰：吾十有五而志於學，三十而立，四十而不惑，五十而知天命，六十而耳順，七十而從心所欲、不踰矩。

從這段裡，我們知道：孔子在十五歲時便開始立志學聖，到三十而邁向了「立」的階段，這所謂的「立」，據《論語．季氏》篇載伯魚引述孔子的話說：

不學禮，無以立。

又於〈堯曰〉篇說：

不知禮，無以立也。

可知它是指學禮、知禮而言的，孔子就在這十五至三十的頭一階段裡，正如荀子所言：

始乎誦經，終乎讀禮。

用了十五年的時間不斷的「誦經」、「讀禮」，以熟悉往聖的思想與經驗，而達於「知禮」的境地，既一面作爲日常行事的準則，又一面引爲推求未知的依據。如此以已知推求未知，過了十年，便人我內外「豁然貫通」（借前賢證自天理天心的寶貴經驗來呈顯自家的內在睿智），而順利的達於「不惑」的階段；到了這時，梗塞於心目間的認知障礙，自然就完全消去，達到不迷不眩而能直探本真的地步，所以朱子在「四十不惑」句下注説：

於事物之所當然，皆無所疑。（《論語集註》）

這樣，對個別事物之理「皆無所疑」，而逐次的將「知」累積、貫通、提昇，經過十載，則所謂「知極其精」（朱子《章句》），便對本體的「天命」能了然於胸，這就進入了「知天命」的階段了。知既極其精，又極其大，於是再過十年，便到了「聲入心通」（朱子《集註》）的「耳順」階段，此時，就像陸隴其所言：

聞一善言，見一善行，若決江河，此聲之善者；詖、淫、邪、遁，知其蔽、陷、離、窮、此聲之不善者，皆一入便通。（徐英《論語會箋》卷二引）

可以説已充分的發揮了內在的睿智，把知識的領域開拓到了極度，達於「至明」的地步。進學至此，所謂「誠則明矣，明則誠矣」，經過了人爲（自明誠）與天賦（自誠明）的最高一層融合，那麼到了七十，自然就能「從心所欲不踰矩」，而臻於「不勉而中（誠），不思而得（明）」

(《中庸》二十章)的至誠境界了。

雖然，由表面上看來，在這段孔子所自述的成聖歷程裡，自十五至六十的幾層進學階段，所謂「志於學」、「立」(知禮)、「不惑」、「知天命」與「耳順」，無可例外的，都針對著「知」(明)來說，但無疑的，在每一階段裡，皆是「知」中有「行」、「明」裡帶「誠」的。因爲每個階段所代表的無非是修學過程中的一個層面，而這修學的每個層面，如前所述，是一點也少不了智仁勇的「學之序」的。打從「志於學」開始，可以說即靠著這種智仁勇的修學次第，才能在知行、天人的交互作用下，一環進一環、一層進一層的向上遞升，邁過「耳順」，直達「從心所欲不踰矩」的至聖領域，否則，至聖之境既無由造，而智仁勇也不能由「曲」而「至」的在終程統之於「至聖」而治爲一爐了。

由此看來，智仁勇三者，經過修學的不斷努力，便自然的合歸一處，而凝爲「至誠」(至聖)，與天合其德了。所以《中庸》的作者在第三十章讚美孔子的聖德說：

> 仲尼祖述堯舜，憲章文武(成己——仁)；上律天時，下襲水土(成物——智)；辟如天地之無不持載，無不覆幬，辟如四時之錯行，如日月之代明；萬物并育而不相害，道并行而不相悖，小德(智)川流，大德(仁)敦化，此天地之所以為大也。

對於這段話，王船山曾總括起來解釋說：

小德、大德，合知仁勇於一誠，而以一誠行乎三達德者也。（《讀四書大全說》卷三）

可見「合知仁勇於一誠」，乃人類修學的終極目標，我們不僅要「心嚮往之」，且須是以日新又新的實踐工夫努力以赴的。

五、結語

經過這番探討，我們足以看出：智仁勇三德是隨修學過程的不同，而有偏全先後的差異的。以修學的初程言，由於人未收修學的效果，以致仁知之性不能發揮密切影響的功能，來共同主宰人的知行活動，所以智仁勇也就往往「各行其是」而形成種種的偏差。而入了中程，則因爲修學的效果已著，使得智仁勇成了有先後層進關係的「學之序」，大大的增强了彼此的聯繫與影響作用，因而雖也不免偶爾導向偏差，但在程度與次數上，卻要一天比一天的輕微、減少了。這樣日益「寡過」，走上了終程，智仁勇便融成一體，歸於「至誠」，到了這時，所謂「從心所欲不踰矩」，當然就不會有任何的偏失了。由此可見智仁勇三達德，就個人修學的過程來說，是有著先後偏全的不同的，是不容我們混爲一談的。

（原載民國六十八年八、九月《孔孟月刊》十七卷十二期、十八卷一期）

《學》、《庸》導讀

一、《學》、《庸》的價值

《大學》和《中庸》，原是《禮記》裡的第四十二與三十一篇。自漢儒從中先抽出了《中庸》，著《中庸說》二篇；宋朝的司馬光又取出了《大學》，撰《大學廣義》一卷；再經程、朱把它們併在一起，配以《論語》、《孟子》，而合稱「四書」，於是又另成兩部爲大衆所熟知的書了。這兩部書所以命名爲《大學》與《中庸》，照漢代鄭玄的解釋，《大學》是「以其記博學可以爲政」，《中庸》是「以其記中和之爲用」（見《三禮目錄》，孔穎達《禮記正義》引）。單從這名義上看來，兩者似乎毫不相關；其實，只要我們從思想內容上去稍作認辨，便不難知悉《大學》的「博學」，說的正是「明」的工夫；《中庸》的「中和」，指的就是「誠」的境界；所謂的「誠則明矣，明則誠矣」（《中庸》第二十一章，依朱子《章句》，下併同），其關係是至爲密切的。而我們如今讀這兩部書，也的確可以很容易的發現，它們所談的都不外是明德親民、成己成物的一貫道理；所不同的，只是前者僅著眼於「下學」的人道，而後者則推本尋原，更進一層的探討了「上達」的天道罷了。蔣中正先生在《中庸要旨》一文裡說過：

《大學》、《中庸》二書是不可分的。《中庸》是「本體論」，而《大學》是「方法論」。

真可說是一語道破了它們的關係。也就是由於這兩本「不可分」的書，一對「下學」的人道提示了修學的具體門徑，一在「上達」的天道尋得了人倫的堅實根源，既爲儒學建立了完整的思想體系，更替人生開闢了無限的向上道路。因此自古以來，一直受到許多學者的特別重視，且贏得了極高的評價，譬如程子說：

《大學》，孔氏之遺書，而初學入德之門也；於今可見古人為學次第者，獨賴此篇之存。（朱子《章句》引）

徐復觀先生在其〈中庸的地位問題〉一文中說：

> 《中庸》提出道德的最高境界與標準，指出人類可由其德性之成就，以與所居住之宇宙相調和，並進而有所致力。（《民主評論》七卷五期）

《大學》與《中庸》在古今學者心目中的地位與價值，由此可見一斑。以下就綜合這些前賢與時哲的意見，並附上自己膚淺的一些看法，從學術思想（書的本身）與實際功用（人的踐行）上，進一層的來看看《學》、《庸》兩書的價值所在。

㈠從學術思想上看

《大學》與《中庸》在學術思想上的成就，既高且廣，殆非三言兩語所可說得明白，因而在此僅能就下學與上達兩方面，略述它們在先秦儒學上的一些貢獻，以見兩書在儒家學說中的地位與價值。

1.在下學方面

《大學》與《中庸》，經過古今學者一再的辨證，以爲皆出自孔門，已可說是毋庸置疑的事實。而孔門的經典，在《學》、《庸》成書以前，針對著下學的人道來立教，成就最高，影響力最大，而被學者奉爲圭臬的，厥惟《論語》。《論語》一書，大家都曉得，記載著許多有關孔子對人格修養、社會倫理與國家政治的寶貴教訓，而這些教訓，泰半可說是傳諸百世而無疑、放諸四海而皆準的。只可惜書屬語錄形式，編次的體例既未曾預定，而篇章的先後也缺乏關連；再加上孔子教人，又往往因材施教，變化無方，因而使得學者難於直接從書中辨明各個部分、各個章節彼此的關係，以了解整個思想的體系，進而由根本上去掌握修學的方法、次第與目標。舉個例來說，書裡散亂的提到了「仁」、「孝」、「弟」、「直」、「忠」、「恕」、「敬」、「信」、「禮」等種種德目，這些確是在修己治人上人人所不可或缺的美德，但是它們彼此的關係若何？根源何在？想要呈顯這些德性，將從那裡著手？方法怎樣？最後的歸趨又如何？這一連串的問題，實在無法令人直接在書上找到一個確切明晰的答案。而這些答案卻非常完整而有系統的展現在《學》、《庸》兩書上面。它們在篇首便分別拈出了「明德」與「中和」（誠），以經綸萬彙、統攝衆德。就拿「孝」、「弟」、「敬」、「慈」、「信」來說吧！如果一個人能發揮光明的德性，也就是說能使自己與生俱來的精神動能——「誠」引發出來，那麼他必定可以去除私欲，隨時保持情性之正，而享有「中和」的心境，以此「中和」的心境去待人接物，自然就將無往而不宜。譬如，他所待的對象是父母，那就可以做到「孝」的地步；若是兄弟，那就可以做到「弟」的地步；若是長上，那就可以做到「敬」的地步；若是子女，那就可以做到「慈」的地步；若是朋友，那就可以做到「信」的地步。不僅是孝、弟、敬、慈、信而已，其他種種的德性，由此類推，同樣的也都可以成自這麼一個「中和」的心境，源於這麼一個「明德」或「誠」的作用。所以不單單是修身齊家的根本在此，就連治國平天下的基石也立於此。《大學》第九章（依朱子《章句》，下併同）說：

> 君子不出家，而成教於國。孝者，所以事君也；弟者，所以事長也；慈者，所以使眾也。

便是這個道理。既然經綸萬彙、統攝衆德的是「明德」，是「誠」，那麼要如何入手才能由偏而全的做到「明明德」，臻於「誠」的地步呢？關於這點，《大學》與《中庸》分別在首章與二十二章明白的告訴了我們，要先從「格物致知」，也就是「明善」（《大學》的格致義與《中庸》的明善相通，說詳載君仁先生《梅園雜著》首章）做起，等到「格物致知」使「知性」（睿智）引發至一定程度，足以「明善」了，再由勉行而安行，自明而誠的把「仁性」發揮出來。這一段的工夫歷程，《大學》是循「誠意」、「正心」、「修身」（明明德於其身），而至於「齊家」（明明德於其家）、「治國」（明明德於其國）、「平天下」（明明德於天下）；而《中庸》則由「誠身」（相當於《大學》之誠意、正心、修身）、「順親」、「信友」（相當於《大學》之齊家），而至於「獲上」、「治民」（相當於《大學》之治國、平天下）；就這樣，由內而外，由偏及全，一步進一步的循環推展，最後達於「至善」、「與天地參」（致中和之終極目標）的境界；可以說把修己治人的次第與目標有條不紊的交代得一清二楚。尤其是《大學》，更以整整一部書從頭到尾將這種道理一層又一層的反覆推闡，使得後人不但有具體的門徑可循，並且也有至高的標準可資指引。這對儒學，甚至整個學術，不能不說是一大貢獻；它所加惠於後學的，無論是在認知或踐行上而言，都是相當大的。

2.在上達方面

如衆所知，下學的人道若未能在上達的層面尋出其根源與依據，以暢通生機，使物我內外渾然連成一體，那就如同無根之木一樣，是絕對無法長久生存的。因此《論語》與《大學》，既在下學的層面爲儒家開闢了一片廣大的園地，並且種下了欣欣向榮的種子，則在其理論的背後，早已存有頗爲完密的天道觀念，以作爲支柱，是極爲自然的事；所差的，只不過是未同時把它們形諸文字罷了。要說在先秦儒家的典籍裡，正式把這種天道觀念「筆之於書」的，首先得推那相傳是由孔子作的《易傳》，其次則是經太史公指明係子思寫的《中庸》。這兩部著作，從古以來就被認定彼此的血緣極近，在對天道的看法上有著許多雷同的地方，就拿最基本的觀念來說吧！兩書的作者同樣都認爲天道的本體是神而不秘、作用是生生不息的；在他們看來，天道即寓於生生之理中，而當它把生生之理賦予萬物時，也把自己融入了萬物，所以萬物的生生不已，正是天道的生生之德，這可說是儒家天道觀念的一大特色，也是《易傳》和《中庸》的血脈所在（說本吳怡，詳吳怡先生《中庸誠字的研究》第四章）。不過，對於這個特色，兩者立論之依據，無可否認的，卻又稍有不同，因爲在《易》傳作者的眼裡，道就是一陰一陽的變化，萬物的化生既是由於這種陰陽的作用，而天道所賦予萬物的生生之理，也不外是這一陰一陽的兩個動力而已；因此在整個變化的過程中，全由陰陽生生不已的支配著一切，能順應這種變化的是「善」，而禀受這種動力、促成這種變化的則是「性」了，所以《易上傳》第五章說：

生生之謂易。

又說：

一陰一陽之謂道，繼之者善也，成之者性也。

顯然的，這是就物象與陰陽上來立論的，所持的可說是偏向於物質性的天道觀。而《中庸》則不然，它已進一層的在物質的另一面找到了完整的精神世界。它的作者在篇首即開宗明義的說：

天命之謂性。

他把「性」一直接的貼緊天理天心，以作爲人類成己成物上生生不息的精神動力；接著在二十五章說：

> 成己，仁也；成物，知也；性之德也，合外內之道也。

透過這幾句話，他將「性」這種精神的動能大別爲「仁」與「知」兩類，由仁性來統攝人倫道德，以上接於精神性的天道，爲人類「成己」、「盡人之性」（引發精神動力，建立倫理社會）的目標，鋪設一條康莊的大道；由知性來燭照物理事理，以上通於物質性的天道，爲人類「成物」、「盡物之性」（引發物質動力，改善自然環境）的努力，敲開一扇永恒的大門。最後，他從形而下的人道裡提煉出一個代表人性「真實無妄」（《中庸》第十二章朱子〈章句〉）的「誠」字來，憑仗著「誠者，天之道也；誠之者，人之道也」（《中庸》第二十章）兩句話，由「誠」帶著「無息」、「不貳」（見《中庸》第二十六章）的動力，融合仁性與知性，如火箭般的從「人道」升空，射入天體。這樣，徹上徹下，通內通外，合天人而爲一，不但使一個空泛、冷靜而神秘的形上境界真實化、道德化，也把人類由明而誠的觀念奠下了形而上的堅固基礎。這種置重於精神而又不自外於物質的天道觀，比起《易傳》來，無疑的是要嚴密、周延得多了。

(二)從實際功用上看

《學》、《庸》的價值，除了它們在學術思想上有著極高的成就，能使我們了解先秦儒家對天人的看法外，更重要的是，它們的理論是直接建立在「真實無妄」的精神與物理世界的，所以能夠毫無障礙的運用到人的身上來，在精神方面獲致啓迪知性、呈顯仁性的成果，在生理方面獲致增進健康、延長壽命的效益。茲分述如次：

1.在精神方面

自然生人，即賦人以性。這個「性」，雖然在《易》傳裡曾把它繫屬陰陽，看作是物質性的力量；但是如就它从心生聲（生亦義）的字形上來看，則知原是指人類與生俱來、生生不息的精神動能而言的。《中庸》的「性」，即承襲這種造字的本義而未改，與《大學》的「明德」，除了一是就賦予、一是由承受上來說，以致名稱各異而外，事實上是沒有什麼兩樣的。它的種類，就像上文所說的，可依《中庸》第二十五章「仁」與「知」皆「性之德」的說法，把它析分爲二：一是屬知的，即知性，爲人類生生不已的一種認知動能；一是屬仁的，即仁性，爲人類與生俱來的一種成德力量。前者可說是「明」的泉源，後者可說是「誠」的動力，兩者非但爲人人所共有，而且是交互作用的，也就是說，如果顯現了部分的「仁性」（誠），就能連帶的顯現部分的「知性」（明）；同樣的，顯現了部分的「知性」（明），就能連帶的顯現部分的「仁性」（誠）。正由於這種相互的作用有先後偏全的差異，故使人在盡性上也有了兩種不同的路徑：一是由「誠」而「明」，這是就先天動能的提發來說的；一是由「明」而「誠」，這是就後天修學的效果而言的。由於我們人類在生下之後，往往爲「氣稟受拘，人欲所蔽」（《大學》經一章朱子《章句》），使「知性」與「仁性」都不免「有時而昏」（見同上），無法時時刻刻、完完全全、毫無偏差的提發出來，因此就必須先藉後天的教育措施來觸發先天的精神動能（自明誠——人爲），再由先天動能的提發來促進後天修學的效果（自誠明——天然），讓人在人爲與天然力量的交互作用下，由偏而全的把「知性」與「仁性」發揮出來，最後臻於「至善」、「至誠」的境界。《大學》首章說：

> 物格而后知至（啟迪知性），知至而后意誠，意誠而后心正，心正而后身修（呈顯仁性——內），身修而后家齊，家齊而后國治，國治而后天下平（呈顯仁性——外）。

而《中庸》主張由「明善」（啓迪知性）而「誠身」（呈顯仁性——內）而「順親」、「信友」、「獲上」、「治民」（呈顯仁性——外），並且進一層的說：

> 自誠明，謂之性；自明誠，謂之教。誠則明矣，明則誠矣。（第二十一章）

所說的無非是這一番道理。因此我們若能即知即行，按照《學》、《庸》所提示的方法與目標，繼續不斷的做去，則必定可以使自己的知性與仁性生生不已的依循天心天理而無限的向上開展，逐漸的「復其初」（《大學》經一章朱子《章句》），而收到精神永久和諧的圓滿效果。

2.在生理方面

一個人如果能明其明德，也就是說「能盡其性」的話，那麼，他必可脫開氣禀與人欲的枷鎖，隨時保持精神的和諧，使自己喜怒哀樂之情，「發而皆中節」（《中庸》首章），做到「無入而不自得」（《中庸》第十四章）的地步，從而促進身體的健康，延長個人的壽命。《大學．誠意》章說：

富潤屋，德潤身，心廣體胖（胖，音盤，安舒之意）。

《中庸》第十七章也說：

大德必得其位，必得其祿，必得其名，必得其壽。

所謂的「心廣體胖」，所謂的「大德必得其壽」，說的正是這個意思。而醫家自來也有這種說法，譬如唐朝的孫思邈在他的《千金要方》一書裡說：

養性者，欲所習以成性；性自為善，不習無不利也。性既自善，內外百病皆悉不生；禍亂

災害，亦無由作，此養性之大經也。（卷二十七〈養性〉篇）

又說：

人之壽夭，在於搏節，若消息得所，則長生不死；恣其情慾，則命同朝露也。（見同上）

可見人的生理與精神本來就是密不可分的，如果想要有健全的生理，便得先有健全的精神，而健全的精神則又須植根於「中和」的心境。所以人果能由窮天理（明）而盡人性（誠），化消形氣之私，保持心境的中和，與宇宙巨大的中和本體相感相應，互通生息，則久而久之，自然能引發體內潛能，彌補先天缺陷，增進一己之健康，改變個人之命運，而獲得延年益壽的效果。說到這裡，或許會有人覺得這種「大德必得其壽」的說法，只不過是空洞的理論罷了，與事實是未必相符的，因爲在這世上，不論古今中外，儘多是「好人」早夭、壞人「長壽」的例子。其實，這是由於人們對「大德」與「壽」的觀念有著些許偏差的緣故。先以「大德」來說吧！《中庸》裡的「大德必得其壽」這句話，本是專對舜帝而言的，舜帝可以說是位「大知」（明）「大仁」（誠）的聖人，所以《中庸》的作者分別在第六與十七章特以「大知」和「大孝」（孝爲仁本）來讚美他，這就正好給了我們一個啓示，那就是：大德乃是指一個能發揮自己的知性與仁性，隨時保有內在的睿智與中和心境的仁者、智者而言，與一般未能把所謂的「道德」（離開睿智沒有真正的道德）建立在睿智之上，以致時常無知的傷害自己，「好心」的去傷害別人的「好人」，是不能放在同一天秤之上相提並論的。因此，「好人」早夭的事實，若從這角度看，與「大德必得其壽」的說法，是不會起什麼衝突的。至於「壽」字，本是「久」的意思（見《說文》），引申開來，則凡是指「年齒」、「天年」（常人的天年皆久長）的，都可以說是「壽」。《正字通》說：

凡年齒皆曰壽。

而《呂氏春秋．尊師》篇「以終其壽」句下高誘的注也說：「壽，年也。」可知「壽」不一定是要指七八十以上的歲數來說的，只要是盡了個人的天年，那就可以稱做「壽」了。大家都曉得，每個人在出生之際所受自自然（生理）的，剛柔厚薄，都不免各有不同，也因此便限定了個人在一生當中或一段時間（通常以四十不惑、不動心爲一大轉關）內發展的最大極限，一般人所謂的「命」就是指此而言的。現在假設有這麼一個人，他得自先天（生理）的非常厚，但卻不曉得珍惜它，使自己順利的踏上「尊德性而道問學」（《中庸》第二十七章）的人生坦途；反而盡情的放縱自己，作自身私欲的奴隸，以致殘害了自己的身心，結果就像孫思邈在《千金要方》裡所告誡的：

> 勿汲汲於所欲，勿悁悁懷忿恨，皆損壽命。（卷二十七〈養性〉篇）

不但不能「終其壽」，且又縮短了自己的人生旅程；這樣，他即使是活了七八十歲，還是不能算是「得壽」的。反過來說，如果有一個人，得自先天的並不好，但他勇於向命運挑戰，堅決的憑後天修學的努力，使自己由明而誠的引發先天的精神動能——知性與仁性，以擺脫形氣的桎梏，孕育「中和」的心境，使自己就像孫思邈所說的：

> 道德日全，不祈善而有福，不求壽而自延。（見同上）

不僅得盡天年，甚且還延益了年壽；那麼，他就是只活了四五十歲，仍然可以說是「得壽」的。由此看來，儘管世上多的是「好人」早夭、惡人「長壽」的實例，但是一點也掩蓋不了「大德必得其壽」這句古訓的光輝的。因此我們如能讀《學》、《庸》而行《學》、《庸》，以成就「大德」，則由「體胖」而「得其壽」，可以說是必然的結果，只是在時間與程度上，早晚長短，不免因人而異罷了。

二、《學》、《庸》的篇章

《學》、《庸》的篇章，各家都不盡相同，它們正如所持訓詁與所見義理有所不同一樣，都足以影響我們探討其內容要旨的結果，因此在介紹讀法，探明要旨之前，實有一辨它們篇章的必要，茲分開略述如左：

㈠《大學》的篇章

《大學》一書，在宋以前，只通行著所謂的「古本」，即今所見到的「注疏本」。它一直收在《禮記》裡，並未單行，唐開成石經和宋刻《禮記注疏》中的《大學》，就是這種本子。它的經文，除了爲注疏的方便，曾被前後截成兩半外，並沒有留下任何分章分節的痕跡。毛奇齡說：

> 鄭注、孔疏不分章節，但以「大學之道」起至「止於信」為一截，「子曰聽訟」起至末為一截，此亦不得已而為署注之地，蓋分注非分節也，與兩截分章不同。（《大學證文》）

見解是非常精到的。到了宋朝，程顥和程頤以爲《大學》有錯簡，雖皆各憑己意加以改定，但也未明顯地分了章節。及至朱熹著《大學章句》，這纔首次正式的明定了章次。他在這本章句裡，依程頤的《大學》定本次序略予改易（將《詩》云「瞻彼淇澳」一節由第六章移至第三章）；並認定「此謂知之至也」句上「別有闕文」，遂「竊取程子之意」，補了一百三十四字的格、致傳文；然後把全篇別為經一章、傳十章：

經一章　截古本「大學之道」起至「未之有也」共二百五字成章。

傳首章　截古本「此以没世不忘也」句下至「湯之盤銘」句上共二十六字成章。

傳二章　截古本「皆自明也」句下至「《詩》云邦畿千里」句上共四十字成章。

傳三章　先截古本「是故君子無所不用其極」句下至「子曰聽訟」句上共七十八字，再截「故君子必誠其意」句下至「康誥曰克明德」句上共一百二十五字成章。

傳四章　截古本「止於信」句下至「所謂修身在正其心者」句上共三十六字成章。

傳五章　截古本「未之有也」句下至「所謂誠其意者」句上共十字成章，以為上四字為衍文，後六字為結語，而其上則「別有闕文」。

傳六章　截古本「此謂知之至也」句下至「《詩》云瞻彼淇澳」句上共一百十八字成章。

傳七章　截古本「大畏民志此謂知本」句下至「所謂齊其家在修其身者」句上共七十二字成章。

傳八章　截古本「此謂修身在正其心」句下至「所謂治國必先齊其家者」句上共九十二字成章。

傳九章　截古本「此謂身不修不可以齊其家」句下至「所謂平天下在治其國者」句上共二百七十一字成章。

傳十章　截「此謂治國在齊其家」句下至末共五百四十六字成章。

他把經一章看作是一書的總綱，以傳十章來依次解釋「明明德」、「新民」、「止至善」、「本末」、「格物致知」、「誠意」、「正心修身」、「修身齊家」、「齊家治國」、「治國平天下」；並且總結起來說：

（傳）前四章，統論綱領指趣；後六章，細論條目工夫。其第五章乃明善之要，第六章乃誠身之本。（見《章句》）

這個本子出現以後，在元仁宗皇慶二年，經欽定爲科舉出題的用書（見《元史．選舉志》），而明清兩代也相沿不改，於是就成了最爲流行的定本了。

《大學》的篇章，經明道一改，伊川二改，朱子三改，結果並沒有完全饜服人心。後儒提出異議，而接踵改易的，可說爲數不少。照毛奇齡《大學證文》所記，在朱子之後提出改本的，有王柏、季本、豐坊、高攀龍與馬寅亮等人；除此之外，據《經義考》所載，尚有劉宗周、郁文初、陸深、林希元、史朝富、李材、羅大紘、區大倫、顧憲成、程智……等人，也各有改本。改本既如此之多，究竟有那一種是確切不可移易，能獲得大家公認的呢？很遺憾的，並沒有一本，因爲他們都沒有確實的證據，只是各憑己意加以猜測罷了。這樣，無怪乎明代的王陽明要振臂高呼，以「古本」爲倡了。說實在的，古本確也沒有不經改易即不可通的缺憾，這點，毛先舒說得好：

> 余讀《大學》古文，而知元無闕文，無衍文，亦未嘗顛倒錯亂。三代人文章，或顯或隱，或錯綜或整次，不拘一方，所以為妙。「致知」置在「誠意」章中（這點值得商榷），所謂「隱」也。「誠意」自應置在「明德」、「新民」、「止至善」諸說後，與「正心」、「修身」一串說去；乃先說「誠意」，而中間將「明德」、「新民」、「止至善」諸旨，隨意縱筆，錯落而言之，然後乃及「正心」、「修身」，此所謂「錯綜敘法」也。「所謂修身」……以後至末，則「整次敘法」也。此等文章，先秦西京固多有之，至韓愈猶存遺法，政不必如後儒操觚，勻齊方板耳。奈何輒為易置而增刪之，遂使古人失其本也哉！（見《聖學真語》）

他的識見是高於常倫的，而高仲華先生也說：「我嘗取注疏本《大學》往復誦讀，潛心體味，深覺《大學》全文是完整的一篇，乃出自一人之手，並無所謂經、傳之分」（見《禮學新探・大學辨》），並且認爲「原文雖不分章節，但亦自成六個段落」（見同上）：

自「大學之道」至「未之有也」，接「此謂知本，此謂知之至也」，這是第一段。總述「大學之道」，提明「三綱領」、「八條目」，而「格物」、「致知」之說即具備其中。自「所謂誠其意者」至「故君子必誠其意」，接「《詩》云瞻彼淇澳」至「此以沒世不忘也」，接「〈康誥〉曰克明德」至「皆自明也」，接「湯之盤銘」至「是故君子無所不用其極」，接「《詩》云邦畿千里」至「止於信」，接「子曰聽訟」至「此謂知本」，這是第二段，補充第一段的意思，先闡述「誠意」的重要；復由「誠於中，形於外」之義，引〈淇澳〉等詩，以證其皆由修學而致效果；更以「〈康誥〉」、「湯之盤銘」、「《詩》云邦畿」三小節，分別闡發補充「明明德」、「親民」、「止至善」的涵義，以說明大學的修學之道；終以「子曰聽訟」一小節，闡述「明明德」、「親民」而「止於至善」，必有待於「誠意」。這裡用「此謂知本」作結，上與第一段「此謂知本」句相呼應。上段「此謂知本」，明指「本」是「修身」，此段「此謂知本」，所指為「誠意」（此處鄭注即說：「本，謂誠其意也」）；但此正可見「誠意」即是「修身」的工夫，所以下一段即接著

> 「所謂修身在正其心者」，這一段正如毛氏所說，是「錯綜敘法」。古人常用這種敘法，即如《周禮》敘「六詩」，《詩．大序》講「六義」，都是先說「風」，次說「賦」、「比」、「興」三者，再次說「雅」，說「頌」；「賦」、「比」、「興」是《詩》的作法，「風」、「雅」、「頌」是《詩》的體裁，於「風」錯綜敘以三種作法，則「雅」、「頌」亦用此三種作法可知。《大學》於「誠意」下錯綜敘其與「明明德」、「親民」、「止至善」三綱領之關係，則其他條目與三綱領之關係亦可知。以下「所謂修身在正其心者……」、「所謂齊家在修其身者……」、「所謂治國必先齊其家者……」、「所謂平天下在治其國者……」四段，都是繼續補充並發揮第一段的意思，這又正如毛氏所說，是「整次敘法」；而在「所謂平天下在治其國者」一段裡，又錯綜敘臨民、用人、生財之道，終於暗示出「明明德」、「親民」、「止至善」的真理，這又是於「顯」中有「隱」，於「整次」中有「錯綜」了。（見同上）

經過高先生這一番詳細的分析說明之後，我們可以很清楚的看出：《大學》的篇章本來就十分完整，既無闕文，亦無錯簡，是不需要把「三綱領」、「八條目」一一的依次分章解釋的。

(二)《中庸》的篇章

《中庸》的篇卷，在《禮記》裡原僅一篇，到後來則說法趨於歧異，有一卷、二卷、二篇、三卷、五卷、十二卷、十三卷、十七卷，甚至四十七篇與四十九篇的不同。不過，其中的一卷如梁武帝的《中庸講疏》、二卷如戴顒的《禮記中庸傳》（以上見《隋書．經籍志》）、二篇如漢儒的《中庸說》（見《漢書．藝文志》）、三卷如趙順孫的《中庸纂疏》、五卷如游酢的《中庸解義》（以上見《宋史．藝文志》）、十二卷如吳應賓的《中庸釋論》（見《明史．藝文志》）、十三卷如陳堯道的《中庸說》（見《宋史．藝文志》）、十七卷如夏良勝的《中庸衍義》（見《明史．藝文志》），可說都是加上疏解文字後所得的篇數、卷數，在原文本身上並沒有什麼長短多寡的差異；而李翺《復性書》所謂有四十七篇與《孔叢子．居衞》篇所稱有四十九篇的兩個說法，也由於一無確證，一屬僞書，無法令人採信。所以我們只能根據《禮記》，承認《中庸》是一篇，這是最妥當的。

至於《中庸》的章節，正如同《大學》，原先也是沒有分開的。但是後來卻爲了疏解的方便，曾由孔穎達大略的分爲兩卷三十三截。到了朱熹著《中庸章句》，則又依據它的內容組織，重新析爲三十三章。這三十三章，照朱子的注釋看來，似又可綜合爲四大段落：

第一段　僅一章，「天命之謂性」起至「萬物育焉」。朱子說：「右第一章，子思述所傳之意以立言。首明道之本原出於天而不可易，其實體備於己而不可離，次言存養省察之要，終言聖神功化之極；蓋欲學者於此，反求諸身而自得之，以去夫外誘之私，而充其本然之善，楊氏所謂一篇之體要是也。其下十章，蓋子思引夫子之言，以終此章之義。」

第二段　包括第二「仲尼曰」至「小人而無忌憚也」、第三「子曰中庸其至矣乎」至「民鮮能久矣」、第四「子曰道之不行也」至「鮮能知味也」、第五「子曰道其不行矣夫」、第六「子曰舜其大知也與」至「其斯以爲舜乎」、第七「子曰人皆曰予知」至「而不能期月守也」、第八「子曰回之爲人也」至「而弗失之矣」、第九「子曰天下國家可均也」至「中庸不可能也」、第十「子路問强」至「强哉矯」、第十一「子曰素隱行怪」至「唯聖者能之」凡十章。朱子於第二章下說：「此下十章，皆論中庸，以釋首章之義，文雖不屬，而義實相承也」，於第十一章下說：「子思所引夫子之言，以明首章之義者止此，蓋此篇大旨，以知仁勇三達德爲入道之門，故於篇首即以大舜、顏淵、子路之事以明之。舜，知也；顏淵，仁也；子路，勇也。三者廢其一，則無以造道而成德矣。餘見第二十章。」

第三段　包括第十二「君子之道費而隱」至「察乎天地」、第十三「子曰道不遠人」至「君子胡不慥慥爾」、第十四「君子素其位而行」至「反求諸其身」、第十五「君子之道辟如行遠」至「父母其順矣乎」、第十六「子曰鬼神之爲德」至「誠之不可揜如此夫」、第十七「子曰舜其大孝也與」至「故大德者必受命」、第十八「子曰無憂者」至「無貴賤一也」、第十九「子曰武王周公」至「治國其如示諸掌乎」、第二十「哀公問政」至「雖柔必强」凡九章。朱子於第十二章下說：「子思之言，蓋以申明首章道不可離之意也。其下八章，雜引孔子之言以明之。」於第二十章下說：「此引孔子之言，以繼大舜、文、武、周公之緒，明其所傳之一致，舉而措之，亦猶是耳。蓋包費隱、兼小大，以終十二章之意。篇內語誠始詳，而所謂誠者，實此篇之樞紐也。」

第四段 包括第二十一「自誠明」至「明則誠矣」、第二十二「唯天下至誠」至「則可以與天地參矣」、第二十三「其次致曲」至「唯天下至誠爲能化」、第二十四「至誠之道」至「故至誠如神」、第二十五「誠者自成也」至「故時措之宜也」、第二十六「故至誠無息」至「純亦不已」、第二十七「大哉聖人之道」至「其此之謂與」、第二十八「子曰愚而好自用」至「吾從周」、第二十九「王天下有三重焉」至「而蚤有譽於天下者也」、第三十「仲尼祖述堯舜」至「此天地之所以爲大也」、第三十一「唯天下至聖」至「故曰配天」、第三十二「唯天下至誠」至「其孰能知之」、第三十三「《詩》曰衣錦尚絅」至末凡十三章。朱子於第二十一章下說：「右第二十一章，子思承上章夫子天道、人道之意而立言也。自此以下十二章，皆子思之言，以反覆推明此章之意。」於第三十三章下說：「右第三十三章，子思因前章極致之言，反求其本，復自下學爲己謹獨之事，推而言之，以馴致篤恭而天下平之盛，又贊其妙，至於無聲無臭而後已焉。蓋舉一篇之要，而約言之，其反復丁寧示人之意，至深切矣，學者其可不盡心乎！」

對於這種分法，朱熹在他的〈書中庸後〉一文中還作了一個總的說明：

> 右《中庸》一篇三十三章，其首章，子思推本先聖所傳之意以立言，蓋一篇之體要；而其下十章，則引先聖之所嘗言者以明之也；至十二章，又子思之言，而其下八章，復以先聖之言明之也；二十一章至卒章，則又皆子思之言，反覆推說，互相發明，以盡所傳之意者也。某嘗伏讀其書，而妄以己意分其章句如此。

宋元及以後儒者如宋之饒魯、元之許謙、明之景星、清之李光地，皆墨守著朱子三十三章的分法，而大的段落，則各憑己意，分爲六節、四節、五節、十段，不盡與朱熹相同；當然，也有部分的學者在分章分節上，與朱子相異的，如程伊川的三十七節、晁說之的八十二節和黎立武的十五章便是；至於懷疑書中有錯簡，而擅予改易的，也大有人在，如王柏、楊守陳、管志道與周從龍便是。以上諸家，或定章，或正簡，都不免過於主觀，實在無法悉稱人意。高仲華先生嘗著〈中庸辨〉一文，依據舊本，將全篇析爲七章四十五節，並分別揭明各章各節的大意，最易於使人掌握要領，了解到《中庸》的作意。茲分章簡介於後，以供參考：

第一章　包括第一「天命之謂性」至「修道之謂教」、第二「道也者」至「故君子慎其獨也」、第三「喜怒哀樂之未發」至「萬物育焉」共三節。高先生説：「以上第一章，總説本篇的要旨；以後各章節皆是闡發、補充這一章的。這一章首先揭出『修道』（即是『教』）的本原、要領和目標。就其本原説，所脩之道出於天命之性；就其要領説，脩道之事無一刻可以鬆懈；就其目標説，要達到「致中和」；使『天地位』、『萬物育』，宇宙間事物無一而不得其所。」

第二章　包括第四「仲尼曰君子中庸」至「小人而無忌憚也」、第五「子曰中庸其至矣乎」至「民鮮能久矣」、第六「子曰道之不行」至「道其不行矣夫」、第七「子曰舜其大知也與」至「其斯以爲舜乎」、第八「子曰人皆曰予知」至「而不能期月守也」、第九「子曰回之爲人也」至「而弗失之矣」、第十「子曰天下國家可均也」至「中庸不可能也」、第十一「子路問强」至「强哉矯」、第十二「子曰素隱行怪」至「察乎天地」共九節。高先生説：「以上第二章，承首章『致中和』，雜引孔子的話，以闡發中庸的理論。由君子行『中庸』與小人不同説起，慨歎於『中庸』之美而能行者之少；接著舉舜、顏回、子路，闡明知、仁、勇與中庸的關係，亦以見行中庸的不易；最後，孔子自言其依中庸而行，並力贊中庸之道的精微和博大。」

第三章　包括第十三「子曰道不遠人」至「小人行險以徼幸」、第十四「子曰射有似乎君子」至「父母其順矣乎」、第十五「子曰鬼神之爲德」至「誠之不可揜如此夫」、第十六「子曰舜其大孝也與」至「故大德者必受命」、第十七「子曰無憂者」至「無貴賤一也」、第十八「子曰武王周公」至「治國其如示諸掌乎」共六節。高先生説：「以上第三章，承上章講『中庸』的理論之後，更講『中庸』的實踐，先由『修身』說到『齊家』，對父母的喪祭之禮說得尤爲詳切。『齊家』以盡孝爲先，盡孝須本於『誠』，所以特舉舜的『大孝』和武王、周公的『達孝』爲證，以明『繼志』、『述事』的重要。」

第四章　包括第十九「哀公問政」至「不可以不知天」、第二十「天下之達道五」至「及其成功一也」、第二十一「好學近乎知」至「則知所以治天下國家矣」、第二十二「凡爲天下國家有九經」至「懷諸侯也」、第二十三「修身則道立」至「懷諸侯則天下畏之」、第二十四「齊明盛服」至「所以懷諸侯也」、第二十五「凡爲天下國家有九經」至「道前定則不窮」共七節。高先生說：「以上第四章，續由『修身』說到『治國』、『平天下』。說『修身』須『知人』、『知天』，因『知人』而說到『五達道』、『三達德』，因『知天』而說到『生知』、『學知』、『困知』、『安行』、『利行』、『勉强行』的區別，並以歸趨相同，勉勵天賦較差的人。說『修身』爲『治國』、『平天下』的根本後，接著就說到『九經』的名目、效果、方法和實行的共同條件，皆是從『人治』、『治人』來說的。」

第五章　包括第二十六「在下位不獲乎上」至「不誠乎身矣」、第二十七「誠者天之道也」至「擇善而固執之者也」、第二十八「博學之」至「雖柔必强」、第二十九「自誠明」至「明則誠矣」、第三十「唯天下之至誠」至「則可以與天地參矣」、第三十一「其次致曲」至「唯天下至誠爲能化」、第三十二「至誠之道」至「故至誠如神」、第三十三「誠者自成也」至「故時措之宜也」、第三十四「故至誠無息」至「純亦不已」共九節。高先生説：「以上第五章，闡明『誠』字。將『誠』分爲天賦和人爲的兩種。發揮天賦的『誠』，在『盡性』；發揮人爲的『誠』，在『致曲』；達到極處，都能合乎中庸，成己、成物，與天地參。」

第六章　包括第三十五「大哉聖人之道」至「至道不凝焉」、第三十六「故君子尊德性」至「敦厚以崇禮」、第三十七「是故居上不驕」至「其此之謂與」、第三十八「子曰愚而好自用」至「烖及其身者也」、第三十九「非天子不議禮」至「亦不敢作禮樂焉」、第四十「子曰吾説夏禮」至「吾從周」、第四十一「王天下有三重焉」至「蚤有譽於天下者也」共七節。高先生説：「以上第六章，説明君子行聖人之道，必須合於中庸，非適時適位，不敢制作；如有所作，必有徵信，確是不可移易的。」

第七章　包括第四十二「仲尼祖述堯舜」至「此天地之所以爲大也」、第四十三「唯天下至聖」至「故曰配天」、第四十四「唯天下至誠」至「其孰能知之」、第四十五「《詩》曰衣錦尚絅」至末共四節。高先生説：「以上第七章，以讚美孔子的偉大作結，而《中庸》一篇的最高理想也在這裡表現出來了。」

三、《學》、《庸》的讀法

《大學》和《中庸》所談的，不外是千古不易的人性與天理罷了，本來只要我們直接以心去證「心」，以今去證「古」也就夠了，是無需講究任何方法的。不過，它們畢竟距離我們這個時代已有兩千多年了，社會背景既不同，而用語與表達的方式也各異，以致使人不易直接透過「言簡」的表面探悉「意賅」的內涵；因此一般讀者，尤其是初學的人，想要掃除閱讀的障礙，睹見《學》、《庸》的真面目，實有求津於前人經驗的必要。惟各人的學識、閱歷、胸襟，廣狹深淺，互不相同，則其所見自必有所差異，而所用的方法也就難求一致，所以在這裡僅能略介一些基本的讀法，俾供初學者參考。

(一)稽考訓詁

詞句是文章最基本的單位，它的意義不能辨明，則一節一章，甚至全篇的意旨也將無法探知了。所以我們初讀一本古書，便得先行稽考前人或今人有關的訓詁，從中尋得或推求出最適當的解釋來。讀一般古書須如此，讀《學》、《庸》也不能例外。在《學》、《庸》兩部書裡，曾經引起聚訟的訓詁，為數不少，譬如：

1.《大學》首章的「親民」，孔穎達釋作「親愛於民」（見《禮記正義》），程顥則以爲「親，當作新」（先子《章句》引），說法雖不同，卻各有所本。如《大學》第三章說：

> 君子賢其賢而親其親，小人樂其樂而利其利。

第九章說：

> 民之所好好之，民之所惡惡之，此之謂民之父母。

又《尚書．堯典》說：

> 克明峻德（明明德），以親九族；九族既睦，平章百姓；百姓昭明，協和萬邦（親民），黎民於變時雍（止至善）。

這些都可以證明「親愛於民」的解釋，是有其根據的，因此王陽明就採納了這種說法。而《大學》第二章所引湯盤「苟日新」、〈康誥〉「作新民」及《詩》「其命維新」的句子，全以「新」爲詞；

且《尚書・金縢》篇記成王迎接周公之辭說：

> 今天動威，以章周公之德，惟朕小子其新逆，我國家禮亦宜之。

顯然的把「新」通作「親」；這些都可以證明「親當作新」的說法，並不是完全武斷的，因此朱熹就採納了這種解釋。既然兩說都有根據，那麼究竟以何者爲正確呢？對於這個問題， 蔣公中正先生在〈讀王陽明大學問的幾點意見〉一文中曾經作了精闢的說明：

> 〈大學問〉中，陽明所謂「親吾之父，以及人之父，以及天下人之父」一段，乃以吾之父、人之父、天下人之父而為一體，謂如是而後「孝之明德始明」。其說近於「愛無差等」，而與「親親而仁民，仁民而愛物」推及之意不侔。且以一人親吾之父，以及天下人之父，不惟不近人情，而亦事理所不許。余意如以此處「親民」之親，作親近民眾，施以感化，亦使其能如我之孝父者，以孝其父也，則孝之明德自明，而新民之意，亦即在其中矣。蓋天下之人，未必人人皆能孝弟，故須以吾之明德修身，以身作則，而感化之，以使之孝弟，此即「新民」之道也；不過新民必自親民始耳。（見《科學的學庸》附錄三）

這樣，既把兩種說法合理的溝通在一起，也將大家對《大學》本文「前後不照」的懷疑整個消除了。

2.《大學》首章的「致知在格物」，前儒對此有許多不同的解釋，其中爭論得最激烈的，要算是朱熹和王陽明兩人的說法了。朱子說：

致，推極也；知，猶識也；推極吾之知識，欲其所知無不盡也。格，至也；物，猶事也；窮至事物之理，欲其極處無不到也。（《大學章句》）

而王陽明則說：

致知云者，非若後儒所謂充廣其知識之謂也，致吾心之良知焉耳。……物者，事也；凡意之所發，必有其事；意所在之事，謂之物。格者，正也；正其不正以歸於正之謂也。（〈大學問〉）

在表面上看來，朱子訓「知」爲「知識」，是偏布於外，學而後知的，與陽明訓「知」爲「良知」，是本有於內，不學而知的，好像無法相容；其實，朱子所謂的「知」，如同陽明，也是根於心性來說的，他在〈格致傳〉裡便曾明白的說：

> 蓋人心之靈，莫不有知；而天下之物，莫不有理；惟於理有未窮，故其知有不盡也。

可知他認爲「知」原本就存於人的心靈之內，是人人所固有的，只不過須藉外物之理來使它顯現罷了。因此他和陽明的不同，並不在它的根源處，而是在門徑上。朱子由於側重人類人爲（教育）的一面，所以主張採「自明誠」的路徑，藉「窮至事物之理」來「推極吾之知識」，以期「一旦豁然貫通焉」（將粗淺的外在知識提昇爲純淨的內在睿智），而收到「吾心之全體大用無不明」（〈格致補傳〉）的效果；陽明由於側重人類天賦的一面，所以主張循「自誠明」的路徑，藉「意之所發」來「致吾心之良知」，以期「吾良知之所知者，無有虧缺障蔽，而得以極其至」，而達到「吾心快然無復餘憾而自慊」（〈大學問〉）的地步。這兩種主張，若從個人的盡性上著眼，雖都各有價值，卻也不免各有所偏，因爲天賦與人爲是交互爲用，缺一不可的；若從《大學》的本義上來看，則朱子的說法，似乎要比陽明的符合得多了。

3.《中庸》第十一章「素隱行怪」的「素隱」，鄭玄注說：

> 素，讀如攻城攻其所傃之傃；傃，猶鄉也；言方鄉辟害隱身，而行詭譎，以作後世名也。

延平周氏說：

無功而祿，謂之素餐；無德而隱，謂之素隱。（衛湜《禮記集說》引）

朱熹說：

素，按《漢書》當作索，蓋字之誤也。索隱行怪，言深求隱僻之理，而過為詭異之行也。（《中庸章句》）

而倪恩則說：

素，平常也；言以隱居為常，而不知變通者也。（《中庸集義》，翟灝《四書考異》引）

以上數說，對於「隱」字，除了朱子係解作「隱僻之理」外，都一致當作「隱居」、「隱身」來講。若把他們的解釋，與下文「君子遵道而行，半塗而廢，吾弗能已矣；君子依乎中庸（見用則仕，拂逆則隱），遯世不見知而不悔，唯聖者能之」數句合併起來看，很明顯的，把「隱」字當作「遯世」解，比起「隱僻之理」的說法，更能照應前後文，以維持上下一致的意思。至於「素」字，則解作「鄉」（向）、「無」（空），都不夠明確妥當；而朱子據《漢書》改「素」爲「索」，以「素隱」爲「深求隱僻之理」，既與前後文義不能相應，又與《易．繫辭》以「探賾索隱」爲聖人之學的古訓，也不能相合，因此在上述幾種說法當中，只有倪恩的說法是最能符合《中庸》原義的。

4.《中庸》第十二章的「費而隱」，對於這句話的解釋，有顯著不同的是鄭玄和朱熹，鄭玄說：

> 言可隱之節也，費猶佹也。道不費（拂逆之意）則仕。（《禮記注》）

而朱熹則說：

> 費，用之廣也；隱，體之微也。（《中庸章句》）

在這兩種解釋裡，究竟是那一種比較正確呢？對於這點，高仲華先生在他的〈中庸辨〉一文中曾分析得相當明白，他說：

朱子《章句》說：「費，符味反。費，用之廣也。隱，體之微也。」以為「費」之與「隱」是「體」與「用」的對立，也是「廣」（大）與「微」（小）的對立，這實在是一種傅會的說法。朱子釋「費」為「用之廣」，似乎本之說文：「費，散財用也。」但《中庸》全篇沒有再見第二個「費」字，就是朱子所說的「以下八章」包費隱的，也從未講到「散財用」的事。對於朱熹所強調的這一大關目，我們在《中庸》裡竟然不易找出它的蹤跡，豈非怪事？朱子大約是把「散財用」的「費」字，變解為「用之廣」，又把「財用」之「用」變為「功用」之「用」，這樣地一變再變，「費」字的涵義便完全不同了，這真可說是一種「偷天換日」的訓詁法。可惜他忘記了：自古以來，只有「財用」散得多叫「費」，沒有「功用」廣大而叫「費」的。訓詁也要根據前人使用這字義的習慣，而不能隨意附會，自我作古的呀！鄭玄注「君子之道費而隱」說：「言可隱之節也。費猶佹也。道不佹則仕。」意思本來說得很明白。陸德明《經典釋文》說：「費，本文作拂，同扶弗反，徐音弗。」說得更明白了。費與拂都從「弗」得聲，原是相通的。「君子之道費而隱」是說：君子之道，遭遇拂逆，就隱居遯世了。這正是從上文「君子依乎中庸，遯世不見知而不悔，唯聖者能之」而下的結語。

這樣看來，朱子對「費而隱」的解釋，確實是無法站得住腳的。

諸如此類的不同解釋，無疑的，都會對全篇旨意產生或多或少的影響，因此我們須特別留意，詳予考辨，以確定正誤。這樣，我們才能開始對《學》、《庸》作進一步的探討與體味。

(二)貫穿文意

詞句的意義辨明了，便得進一層的探究它與前後文各語句、各節段的關係，從而把前後有關部分的意脈一一貫穿起來，以預爲辨明篇旨作好鋪路的工作。譬如：

1.《大學》古本的「誠意」段，在說到「誠於中，形於外」之後，引了一段《詩經》的文字來闡發它的精義，原文是：

> 瞻彼淇澳，菉竹猗猗。有斐君子，如切如磋，如琢如磨；瑟兮僩兮，赫兮喧兮；有斐君子，終不可諠兮。

對於這節文字，《大學》的作者還逐句加以解釋說：

> 如切如磋者，道學也；如琢如磨者，自修也；瑟兮僩兮者，恂慄也；赫兮喧兮者，威儀也；有斐君子，終不可諠兮者，道盛德至善，民之不能忘也。

這裡所謂的「道學」、「自修」，是針對著「誠於中」來說的，說的正是首章「明明德」（格物、致知、誠意、正心、修身）的工夫；所謂的「恂慄」、「威儀」，是針對著「形於外」來說的，說的就是首章「親民」（齊家、治國、平天下）的表現；所謂的「盛德至善（誠中），民之不能忘也（形外）」，是針對著「誠中形外」的終極目標來說的，說的則是首章「止至善」的效果。明白了這層關係，不但可以了解《大學》作者所以把「明明德」、「親民」、「止至善」三節安排在這段引文之後的原因，而且對於「明明德」、「親民」、「止至善」與其他條目的關係，也可由此推知了。

2.《大學》的末章論治國平天下，以爲最要緊的是「君子有絜矩之道」，這「絜矩之道」，據《大學》本文的解釋是：

> 所惡於上，毋以使下；所惡於下，毋以事上；所惡於前，毋以先後；所惡於後，毋以從前；所惡於右，毋以交於左；所惡於左，毋以交於右。

照這個解釋看來，所謂的「絜矩之道」，說的就是上章所謂「君子有諸己而后求諸人，無諸己而后非諸人」的「恕」道。這個「恕」道，不僅是修身齊家的動力，足以使人端正身心，免於犯上「人莫知其子之惡，莫知其苗之碩」（《大學》第八章）的偏差；更是治國平天下的一個根本力量。所以《大學》的作者在解釋「絜矩之道」後，便接著引證說：

> 《詩》云：「樂只君子，民之父母」，民之所好好之，民之所惡惡之，此之謂民之父母。《詩》云：「節彼南山，維石巖巖，赫赫師尹，民具爾瞻」，有國者不可以不慎；辟，則為天下僇矣。《詩》云：「殷之未喪師，克配上帝，儀監于殷，峻命不易」，道得眾則得國，失眾則失國。是故君子先慎乎德，有德此有人，有人此有土，有土此有財，有財此有用。

這裡所謂的「先慎乎德」之「德」，說的便是「恕」的本原，乃是就「誠於中」的「恕」，亦即「明德」來說的；所謂的「民之所好好之，民之所惡惡之，此之謂民之父母」、「得眾則得國」、「有德此有人，有人此有土，有土此有財，有財此有用」，說的便是「恕」的具體表現與效果，乃就是「形於外」的「恕」，亦即「親民」來說的；至於所謂的「辟（偏私不恕）則爲天下僇矣」、「失衆則失國」，則是就不行「絜矩之道」，亦即不能「明明德」以「親民」的後果來說的了。《大學》此章所談的無非是這番道理，與其他各章，可說脈息相通，是一點也不能割開的。

3.《中庸》第十章說：

忠恕違道不遠，施諸己而不願，亦勿施於人。君子之道四，丘未能一焉：所求乎子以事父，未能也；所求乎臣以事君，未能也；所求乎弟以事兄，未能也；所求乎朋友，先施之，未能也。

從這段話裡，我們可以曉得「恕」可以分爲兩類：一爲消極性的，那就是「施諸己而不願，亦勿施於人」；一是積極性的，那就是「所求乎子以事父」、「所求乎臣以事君」、「所求乎弟以事兄」、「所求乎朋友先施之」。這兩種「恕」，兼顧了「施」與「勿施」，周密而完備，可以說是羣德的一個總匯，因爲所謂的「所求乎子以事父」，是「恕」，也是「孝」；所謂的「所求乎臣以事君」，是「恕」，也是「敬」（《大學》第三章說：「爲人臣，止於敬。」）；所謂的「所求乎弟以事兄」，是「恕」，也是「悌」；所謂的「所求乎朋友先施之」，是「恕」，也是「信」。而「施諸己而不願，亦勿施於『父』」、「施諸己而不願，亦勿施於『君』」、「施諸己而不願，亦勿施於『兄』」、「施諸己而不願，亦勿施於『朋友』」，既是「恕」，又何嘗不是「孝」？不是「敬」？不是「悌」？不是「信」呢？可見同樣的一個「恕」「藏乎身」是可隨著對象的不同而衍生出各種不同的道德行爲來的。「恕」所以能如此，追根究柢的說，乃是由於它緊緊的立根於源源不斷的一個力量泉源——「忠」的緣故。「忠」，從字形上看，是「中心」的意思，這與首章「喜怒哀樂之未發」的「中」，同樣是繫於天命之「性」來講的。假定說，一個人的天命之「性」（包括知性與仁性）能夠發揮它的功能，那麼，一旦受到了刺激，變「性」（中）爲「情」（和）、轉「忠」爲「恕」，則必能化消形氣之私，使自己的喜怒哀樂之情，在知性與仁性的導引下，「發而皆中節」，達到「至善」的境界（宋儒主張要在「性」上作工夫，原因在此）；存著此種心境（和）、心理（恕）來待人接物，自然就能做到「孝」、「敬」、「悌」、「信」（盡己之性），甚至「盡人之性」、「盡物之性」（「恕」的根源，落於內在的心之理來說，是「仁」；如開向外在的物之理來說，則是「知」）的地步。這樣看來，從前曾子所以用「忠恕而已矣」一句話來解「一貫」之「道」（見《論語・里仁》篇），是有著精深的道理在的。

4.《中庸》第二十章說：

> 或生而知之，或學而知之，或困而知之，及其知之，一也；或安而行之，或利而行之，或勉強而行之，及其成功，一也。

對於這段文字，我們可以從人類天賦的差異與個人修學的層次兩方面來加以探討。以人類天賦的差異而言，在「知」的方面，要了解一個同樣的道理，有的人只須憑藉天生的悟力，有的人則要經由後天的學習，更有的人得透過困苦的嘗試，難易雖然不同，卻能得到一致的結果；在「行」

的方面，要踐行同樣的一個道理，有的人是發於天賦的德性，有的人乃基於受益的觀點（以爲對人我都有好處），更有的人則出於畏罪的心理（說本《禮記》孔疏），情形雖然不同，卻能獲致同樣的成效。這給資質較差的人帶來了無限向上的希望，《中庸》的作者所以在本章的末節特別的强調：

> 人一能之，己百之；人十能之，己千之。果能此道矣，雖愚必明（以知言），雖柔必強（以行言）。

也就是由於這個緣故。以個人修學的層次而言，在「知」的方面，一個人如要收到積學的效果，就得先由「困知」、「學知」的人爲努力，在知識的領域裡覓得一立足點，使自己的「已知」到達一個基準，然後才能由外而內的激發「生知」的天賦力量，憑藉「已知」來推求「未知」，把瑣碎、粗淺的「知」提昇爲完整、純淨的「知」（把得自「困知」、「學知」與「生知」的知識冶爲一爐），以呈顯內在的睿智（明）；在「行」的方面，則緊承「知」，在「睿智」（知性）的指引下，經由「勉强而行之」、「利而行之」，直接用行爲去印證所得的「知」（事物的原理），再逐漸的邁入「安行」（誠）的地步（把「勉强行」、「利行」與「安行」連成一體），從而激發更多更大的天賦力量——仁性（誠），以帶領「困知」、「學知」和「生知」（明）升高至另一層面，如此一層進一層的推展，把「性」的功能發揮至極致，而臻於「至誠」（也是「至明」）的境界。《中庸》第二十一章說：

> 自誠明（安行→生知），謂之性（天賦）；自明誠（困知、學知→勉強行、利行），謂之教（人為）；誠則明矣，明則誠矣。

單從個人修學的一面來看，說的就是這番道理吧？

5.《中庸》第二十章說：

> 不明乎善，不誠乎身矣。

又說：

> 誠之者，擇善而固執之者也。

《中庸》的作者在此既云「明善」、「擇善」，可見在他的眼裡，是有「不善者」存在的。對於這個問題，我們可以從「物」與「人」兩方面加以探討。以「物」而言，它雖是「誠」所化生的（《中庸》第二十五章說：「誠者，物之終始，不誠無物。」），而且也帶有「無息」的動力（《中庸》第二十六章說：「至誠無息。」），但卻往往受到本身與外來種種因素的影響，無法發揮原有的功能，以致產生了種種「不善」（不正常）的現象（天然現象不是完全可法的），譬如朱熹在他的《中庸章句》第十二章所謂的「覆載生成之偏，及寒暑災祥之不得其正」，就是舉其大者來說的。《中庸》的作者所以要說「天地之大，人猶有所憾」（第十二章），並且主張人要「成物」（見第二十五章），要「盡物之性」（見第二十二章），也就是由於這個緣故。以「人」而言，人人雖然生來就具備了天命之性（誠），卻不免時受「氣禀」、「人欲」（即形氣之私）的影響，也與「物」一樣，無法發揮它全體的功能，以致在喜怒哀樂之情發出的時候，無法加以約束，使之「皆中節」（中節是善，不中節則是惡），因而在認知與踐行上都不免產生偏差，終於形成了「不善」的思想與行爲。《中庸》的作者所以主張人要「成己」（見第二十五章），要「盡其性」、「盡人之性」（見第二十二章），也就是由於這個緣故。因此一般人想要從紛紜的自然與人事現象當中，辨出、擇出「善」來，那就不得不謹慎的作一番「博學之，審問之，愼思之，明辨之」（《中庸》第二十章）的工夫了。

如果對各個部分的文意，能像這樣的把它們前後互相貫穿起來，審辨它們彼此的關係與蘊含的道理，那麼想要進一層的探明一篇的要旨，也就不是什麼太難的事了。

㈢辨明要旨

1.《大學》的要旨

如衆所知，人類的活動是離不開「知」與「行」的，而一切的知行活動，其表象雖複雜萬分，但本源卻異常簡易，完全受著人類性情的支配。性是「天命」的，分爲「知性」與「仁性」兩種，「知性」乃「知」的活動的泉源，是「行」的依據；「仁性」係「行」的活動的動力，爲「知」的實踐。這種天命之性，誰都知道是粹然至善的，按理說，植本於此的知行活動原該沒有一絲一毫的偏差才對，但由於人都不免或多或少的困於一己之氣稟（先天），役於一己之私欲（後天），使得天命之性受到蒙蔽，遂致無法發揮其全體功能，以時時有效的約束喜怒哀樂之情，使之中節，於是「知」既有了障礙，會誤假爲真，以非爲是；而「行」亦難脫偏激，將循私縱欲，時踰準繩了。《大學》第八章說：

> 人之其所親愛而辟（偏私之意）焉，之其所賤惡而辟焉，之其所畏敬而辟焉，之其所哀矜而辟焉，之其所敖惰而辟焉，故好而知其惡，惡而知其美者，天下鮮矣；故諺有之曰：「人莫知其子之惡，莫知其苗之碩。」

所謂的「人之其所『親愛』、『賤惡』、『畏敬』、『哀矜』、『敖惰』而辟焉」，説的正是人在行爲上的偏差；而鮮能「好而知其惡，惡而知其美」，以致「莫知其子之惡，莫知其苗之碩」，説的則是人在認知上的偏差。人有了這種偏差，修身已不可得，更不用説是齊家治國平天下了。而如果人又以此偏執或錯誤的「知」與「行」做爲依據，去求那無涯的「未知」、行那無盡的「未行」，那就勢必一偏再偏，一誤再誤，終至形成偏激、邪惡的思想與行爲，這不僅將誤人誤己，更足以危害社會國家，禍害可以説是比洪水猛獸還大的。聖人有見於此，遂設教興學，想藉後天教育之功來激發天賦的潛能，使人逐漸的「明」其「明德」，最後達於完全「復其初」的地步。《大學》首章説：

> 大學之道，在明明德，在親民，在止於至善。

僅僅四句話便直接把這種理想與目標説得極爲明白。這裡所謂的「明明德」，講的正是「知」的「明德」（知性）與「仁」的「明德」（仁性）的發揮。而「親民」，則顯然是「明明德」的進一層説法，這可從下文「欲明明德於天下者」這句話獲知消息，因爲《大學》的作者既把「平天下」説成「明明德於天下」，那麼，「修身」就是「明明德於其身」，而「齊家」、「治國」就是「明明德於其家」、「明明德於其國」了；可見在「齊家」、「治國」、「平天下」的這段

「親民」的過程裡，仍然是以「明明德」貫通於其間的。至於「止於至善」，則更是「明明德」的再進一層說法，因爲《大學》的「止至善」章明說：

> 為人君，止於仁；為人臣，止於敬；為人子，止於孝；為人父，止於慈；與國人交，止於信。

可見「仁」、「敬」、「孝」、「慈」、「信」，都是「至善」，而這些又何嘗不都是人類的「明德」呢？所以《大學》的「止於至善」，說的也不過是「明明德」三個字而已。既然「明明德」是「大學之道」的重心所在，那麼要怎樣才能收到圓滿的效果呢？它的途徑即「格物」、「致知」、「誠意」、「正心」、「修身」、「齊家」、「治國」、「平天下」，如借句《中庸》的話來說，那就是「自明誠」。《大學》首章說：

> 古之欲明明德於天下者，先治其國；欲治其國者，先齊其家；欲齊其家者，先修其身；欲修其身者，先正其心；欲正其心者，先誠其意；欲誠其意者，先致其知；致知在格物。

所謂的「明明德於天下」（平天下）、「治國」、「齊家」、「修身」、「正心」、「誠意」，說的是「仁」的「明德」的發揮，也就是「誠」的過程；所謂的「致知」、「格物」，說的是「知」的「明德」的發揮，也就是「明」的工夫。由「格物」、「致知」（明），而「誠意」、「正心」、「修身」、「齊家」、「治國」、「平天下」（誠），所依循的正是「自明誠」的路，這是聖人教人化私盡性的一條康莊大道，既平實可行，又歸趨遠大，程子把它看作是「初學入德之門」（朱子《大學章句》引），是一點也不會錯的。

2.《中庸》的要旨

我們在上文談過，人類與生俱來便稟有一種生生不息的精神動能——「性」，這個「性」，依據《中庸》第二十五章「成己，仁也；成物，知也；性之德也，合外內之道也」的說法，可以把它分爲兩類：一是屬「知」的，即「知性」，乃「明」的本原；一是屬「仁」的，即「仁性」、是「誠」的動力。這兩種性，關係密切，是互爲影響的，也就是說：如果發揮了仁性（誠），就必能發揮知性（明）；同樣的，發揮了知性（明），也必能發揮仁性（誠）。不過，由於這相互的作用有先後偏全的差異，以致使人在盡性上也就有了兩條不同的路徑：一是由「誠」而「明」，一是由「明」而「誠」；前者乃成自先天潛能的發揮，是「天道」，是「誠者」，是「性」；後者則出於後天修學的結果，是「人道」，是「誠之者」，是「教」。所以《中庸》第二十章說：

> 誠者，天之道也；誠之者，人之道也。

又第二十一章說：

> 自誠明，謂之性；自明誠，謂之教；誠則明矣，明則誠矣。

這第二十一章十分重要，因爲《中庸》的內容雖包羅「萬事」，異常複雜，但如能抽絲剝繭的予以尋繹探究，則不難發現全書所談的，不外是「自誠明」與「自明誠」六個字而已，而朱子也說這一章是：

> 承上章（〈哀公問政〉）夫子天道、人道之意而立言也。自此以下十二章（至篇末），皆子思之言，以反覆推明此章之意。（《中庸章句》）

這是不錯的。不過，須特別注意的是：《中庸》的作者在此，除了用「誠」與「明」的先後來說明天道（誠者）與人道（誠之者）的區別，以統攝下文之意而外，更再度的拈出了「性」與「教」兩字，以與本書篇首「天命之謂性，率性之謂道，脩道之謂教」三句遙遙呼應。篇首的這三句話，乃《中庸》一書的綱領所在，是任何讀過此書的人都曉得的；程子認爲此書：

始言一理，中散為萬事，末復合為一理。（朱子《中庸章句》引）

這確是「玩索而有得」的話。他所說的「始」與「末」，便是指這前後遙遙呼應的兩個部分而言。這兩個部分對「性」與「教」的說法，在表面上看，似乎各異，但實際上，所蘊含的道理卻是一致的。我們就先從繫於「教」而言的「自明誠」來看吧！《中庸》第二十章云：

在下位不獲乎上，民不可得而治矣；獲乎上有道，不信乎朋友，不獲乎上矣；信乎朋友有道，不順乎親，不信乎朋友矣；順乎親有道，反諸身不誠，不順乎親矣；誠身有道，不明乎善，不誠乎身矣。

又云：

誠之者，擇善而固執之者也。博學之，審問之，愼思之，明辨之，篤行之。

這裡所謂的「治民」、「獲上」、「信友」、「順親」、「誠身」與「固執」（篤行），說的便是「仁性」的發揮（行），即「誠」；所謂的「明善」與「擇善」（博學、審問、愼思、明辨），指的則是知性的發揮（知），即「明」。《中庸》的作者要人由「擇善」而「固執」，說得仔細一點，就是由「明善」而「誠身」、「順親」、「信友」、「獲上」、「治民」，循的正是「自明誠」的路，這與《大學》八條目所開示的爲學次第，可以說是大致相同的。人如果能由此循序漸進，透過後天人爲的力量——「教」（自明誠），來激發先天不息的動能——「性」（自誠明），那麼「從心所欲不踰矩」（《論語・爲政》篇）的「至誠」境界是能有達到的一天的。既然聖人設教，要從「明善」、「擇善」著手，以期有一天達於「至誠」的目標，那麼，這所謂的「善」，爲了達到使知性與仁性「復其初」的一致效果，便必須要有一個具體而客觀的依據與標準，這個依據與標準，就是「道」。「道」，抽象一點說，是日用事物之間當行之路（說本朱熹，見《中庸》章句）；具體一點說，則包含了一切的禮樂制度與行爲規範。而這些制度與規範，由於關係著個人、家國，甚至整個天下的安危，影響極其遠大，因此對它們的制作，自然就不能不格外的愼重，《中庸》第二十八章說：

雖有其位，苟無其德，不敢作禮樂焉；雖有其德，苟無其位，亦不敢作禮樂焉。

又第二十七章說：

大哉！聖人之道，洋洋乎發育萬物，峻極於天。優優大哉！禮儀（大儀則）三百，威儀（小儀則）三千，待其人而後行，故曰：苟不至德，至道（指禮儀與威儀）不凝焉。

從這兩節文字裡，我們很容易的即可讀出這份慎重來。說實在的，在這世上，也的確惟有身具「至德」的聖人，才有至高的睿智來凝就「質諸鬼神而無疑」、「百世以俟聖人而不惑」（《中庸》第二十九章）的「至道」，並且有效的把它們推行出來。因爲只有身具「至德」（誠）的聖人，才能由「誠」而「明」的完全發揮自己的知性（明），做到「大仁」（誠）、「大智」（明）的地步。自然的，以此「大仁」、「大智」來凝道設教，也就不難使人由「明善」而「盡性」（自明誠）了。《中庸》第二十二章說：

唯天下至誠，為能盡其性；能盡其性，則能盡人之性；能盡人之性，則能盡物之性；能盡物之性，則可以贊天地之化育；可以贊天地之化育，則可以與天地參矣。

從這段話裡，我們可以知道，「至誠」的聖人，不但能由「盡其性」（自誠明）而「盡人之性」

（自明誠），爲人類鋪就一條「成己」的大路，以引發精神的動力，建立倫理社會；並且也能進一步的「盡物之性」（以聖人之「明」誘發萬物之能量——「誠」），爲人類構築一座「成物」的橋梁，以引發物質的動力，改善自然環境。這種合外內、天人而一的思想，可以說是《中庸》一書的精義所在，因此《中庸》的作者在篇首便開宗明義的說：

天命之謂性，率性之謂道，脩道之謂教。

在這三句話裡，他很有次序的，先由首句點明人性（包括知性與仁性）與天理（包括物質與精神）的關係，用「性」把聖人或學者天賦之「誠」（安行天理）通往「明」（生知天理）的大門敞開；再藉次句點明人道與人性的關係，用「道」把聖人或學者天賦之「明」（生知天理）與學者人爲之「明」（困、學知天理）銜接起來，連成一體；然後由末句點明教化與人道的關係，用「教」把學者人爲之「誠」（勉行、利行天理）步向聖人或學者天賦之「誠」（安行天理）的道路打通（人人可爲堯舜）。這樣，聖人或學者天賦之「明」既有了來路，學者人爲之「誠」也找到了歸宿，而聖人或學者天賦的「自誠明」與學者人爲的「自明誠」亦緊緊的串聯在一起了。《中庸》的要旨如此，可以說徹上徹下，合天人而爲一，已嚴密的爲儒家建立了一個完整的思想體系。黃玉潤說：

《中庸》一書，六經之淵源也。（見《經書補註》）

黎立武也說：

《中庸》者，羣經之總會樞要也。（見《中庸指歸》）

凡是對儒家的學說能加以體會的人，都知道這決不是溢美的話。

㈣會通羣籍

自古以來，我國出現過不少的聖哲。他們爲了要知人、知天，肯定人生的價值，確立致力的方向，曾不斷的對有關人道與天道的種種問題作了既廣且深的探討。他們探討的結果，雖然在一些觀點（如從入的途徑和方法）上，不免或多或少的有所歧異，但是彼此指向的目標卻是一致的，那就是要從根本上發揮人類的潛在力量，把人類知行活動的層面提昇，以適應或改善人際關係及自然環境，使人類能過著幸福而有意義的生活。《易．繫辭》說：「天下同歸而殊塗，一致而百慮」，也就是這個意思。因此我們讀《學》、《庸》，爲求進一層的了解，自有會通羣籍的必要。以下就單以儒家的三部經典——《易經》、《論語》、《孟子》爲例，舉些《學》、《庸》與它們互相會通的所在，略予說明，以見一斑：

1.《易經》

《易經》是我國古聖研析自然與人事現象所作成的一份寶貴記錄。由於它是儒家在學術思想上的第一部寶典，因此對後世儒學的發展有著莫大的影響。即以《大學》和《中庸》而言，它的影響就特大，是可以很容易的從經文中讀出來的；尤其是《中庸》，更是如此。譬如《中庸》以「中」（就「性」而言是「中」，就「情」而言則爲「和」）爲學說的重心，而《易傳》裡言「中」而意思與《中庸》的「中」接近的，計有壹百零陸處，其中用得較多的是「中正」（十七處）、「得中」（十六處）、「剛中」（十二處）、「中行」（六處）、「正中」（五處）、「中道」（五處）以及「時中」、「中吉」、「中節」、「中直」、「不中」、「柔中」等詞。它們有一個共通的特點，那就是：凡是屬「中」的皆吉，而「不中」則凶了，所以錢基博先生說：

> 孔子贊《易》六十四卦，三百八十四爻，位當者言正，不當者非正；而言「中」也重於正。九三、六四，皆正也；三多凶，四多懼，以其不中也。九二、六五，皆非正也；二多譽，五多功，以其中也。（《四書解題及其讀法．中庸第四》）

又說：

《易》六十四卦三百八十四爻，一言以蔽之，曰：「中」而已矣。（見同上）

《中庸》與《易傳》血緣之近，由此可見。再如《易・繫辭》說：

一陰一陽，謂之道；繼之者，善也；成之者，性也。

又說：

成性存存（不已之意），道義之門。

《說卦傳》說：

昔者，聖人之作《易》也，將以順性命之理，是以立天之道，曰陰與陽；立地之道，曰柔與剛；立人之道，曰仁與義。

《觀卦・彖辭》說：

聖人以神道（即天道）設教，而天下服矣。

若把這幾節的話聯貫起來看，則與《中庸》「天命之謂性，率性之謂道，脩道之謂教」的總綱，道理可以說是相通的。

又如〈說卦傳〉說：

窮理盡性以至於命（合乎天道之意）。

〈乾卦・文言〉說：

閑邪（正面來說即明善）存其誠，善世而不伐，德博而化。

又說：

君子學以聚之，問以辨之，寬以居之，仁以行之。

〈大畜・卦象辭〉說：

君子多識前言往行，以畜其德。

這裡所謂的「窮理」、「閑邪」、「君子學以聚之，問以辨之」及「多識前言往行」，說的正是《中庸》的「明善」（博學、審問、慎思、明辨），亦即《大學》的「格物」、「致知」；而所謂的「盡性以至於命」、「存其誠，善世而不伐，德博而化」、「寬以居之，仁以行之」及「畜其德」，說的則是《中庸》的「誠身」、「順親」、「信友」、「獲上」、「治民」（篤行），亦即《大學》的「誠意」、「正心」、「修身」、「齊家」、「治國」、「平天下」。由這些例子看來，我們不難明白《易》與《學》、《庸》，關係是非比尋常的。

2.《論語》

《論語》是一部記載孔子言行的經書，而《大學》與《中庸》則並爲孔門流傳下來的典籍，因此它們的思想是一脈相承，彼此貫通的。舉個例來說，《論語·子罕》篇云：

子曰：知者不惑，仁者不憂，勇者不懼。

孔子這三句話，雖把知、仁、勇平列（就修學之境界言），但從「不惑」、「不憂」、「不懼」等辭意及排列的次序看來，它們卻有著層進的關係（就修學之次第言）；因爲這裡所謂的「知」（不惑），指的就是知性的發揮，與《大學》的「格」、「致」和《中庸》的「明善」（博學、審問、慎思、明辨），意義是相通的；所謂的「仁」（不憂），說的就是仁性的發揮，與《大學》的

「誠」、「正」、「修」（明明德）、「齊」、「治」、「平」（親民）和《中庸》的「誠身」、「順親」、「信友」、「獲上」、「治民」（篤行），道理是一貫的；而所謂的「勇」（不懼），則是發自「知」與「仁」的一種不息力量（此乃就終極處說，與《中庸》所謂「知恥近乎勇」之「勇」，就入手處來說，把它看成是求知求仁的一種動力的，大不相同），乃人類邁向「至善」（《大學》）、「至誠」（《中庸》）所不可或缺的憑藉。所以朱熹在《論語》這一章下注說：

明足以燭理，故不惑；理足以勝私，故不憂；氣足以配道義，故不懼；此學之序也。

可見《論語》這一章，與《大學》「大學之道，在明明德，在親民，在止於至善」及《中庸》「擇善而固執」（自明誠）的道理，是彼此相通的，只不過是沒有《學》、《庸》說得那麼具體而嚴密罷了。這種由「明」（知）而「誠」（仁——勇）的爲學次第，若再證以孔子「十有五而志於學，三十而立（可以獨立求知），四十而不惑，五十而知天命，六十而耳順（明之至），七十而從心所欲，不踰矩（誠之至）」的成聖歷程（六十耳順前，雖偏於「知」上來說，但「知」中有「仁」，只是未如七十時完完整整的渾然成爲一體而已），以及「修己」（即《大學》之「明明德」，《中庸》之「明善」、「誠身」）以安人（即《大學》之「親民」、「止於至善」，《中庸》之「順親」、「信友」、「獲上」、「治民」）（〈憲問〉篇）的說法，儘管詳略各有不同，但是道理還是一致的。可知此乃孔子一貫的主張，也是孔子教人化私盡性的唯一途徑。

3.《孟子》

《孟子》一書，在儒家的典籍裡占有一個很重要的地位。它對於儒家所涉及的幾個重要問題大致都談到了，譬如《大學》提出了「明德」（以承受言，是明德；以賦予言，則是善性），《中庸》也說「天命之謂性」（性即是天命，自然是善的），而《孟子》則進一步的「道性善」；又如《大學》和《中庸》並承《論語》的「默識」與「內省」而談「慎獨」，至《孟子》則更明顯而具體的主張「求放心」、「存心」、「養性」、「養氣」，可知《孟子》與《學》、《庸》的關係，亦如同《易傳》與《論語》一樣，是極其密切的。因此我們讀《學》、《庸》，也當然就非會通《孟子》不可了，就單拿「養氣」來說吧！孟子自己說能「四十不動心」（與孔子「四十而不惑」之意相通）的原因是：

> 我知言，我善養吾浩然之氣。（〈公孫丑〉上）

這所謂的「知言」，照孟子的說明是：

> 詖辭，知其所蔽；淫辭，知其所陷；邪辭，知其所離；遁辭，知其所窮。（見同上）

從這番說明裡，我們可以看出他所說的「知言」乃「不惑」的意思，亦即知性的高度發揮，這與《大學》的「格物」、「致知」和《中庸》的「擇善」（博學、審問、慎思、明辨），可以說是義出一貫的；而所謂的「善養吾浩然之氣」，則屬「養勇」的另一個說法，孟子自己說：

> 志，氣之帥也；氣，體之充也；夫志，至焉；氣，次焉；故曰：持其志，無暴其氣。（見同上）

透過這幾句話的解釋，可知「養勇」的根本在於「持志」，如果說得更徹底一點，則完全有待於仁性的發揮（亦即要在「性」上作工夫）。等到仁、知之性發揮了，那麼所養之氣，就能「至大至剛」，能「配義與道」，使人的「誠」、「正」、「修」、「齊」、「治」、「平」（固執——篤行）的工夫，都「止於至善之地而不遷」（朱子經一章《章句》）。這種由「知言」（知）而「持志」（仁），然後「養浩然之氣（勇）」的修學次序，顯然與《論語》的「知」、「仁」、「勇」，《大學》的「明明德」、「親民」、「止於至善」及《中庸》的「自誠明」，甚且《易傳》的「窮理盡性」，是互相貫通的。

除此而外，他如佛老，在某些看法上，和《學》、《庸》（以《中庸》爲然）也有著極其類似，甚至可以互通的地方。以「老」（莊）而言，它所謂的「道」，是玄妙莫測、自生生物、周行而不殆的，這與《中庸》「至誠」那種「如神」、「自成、成物」、「無息」的特性，在形而上的意義來說，是甚爲相似的（說本吳怡，詳《中庸誠字的研究》第七章）。以「佛」而言，佛法貴「智」（相當於《中庸》之「明」）、「信」（相當於《中庸》之「誠」）圓融，以爲利樂有情，始於由「智」生「信」，復終於由「信」生「智」，這與《中庸》「自誠明，謂之性」、「自明誠，謂之教」的說法，也是彼此相通的（說本錢基博，詳《四書解題及其讀法·中庸第四》）。因此我們讀《學》、《庸》，若能內貫儒家諸籍，並外參佛老及其他子書，則對《學》、《庸》的道理，相信是會獲得更深一層的了解的。

(五)篤行義理

我國的學問，特別是儒學，最重實踐。一個人如果對於所學，不能直接用「心」去作懇切的體認，以有效的將前人證自天理天心的寶貴經驗轉換成自家的生命經驗，那麼，他對前人（典籍）的一言一語、天理的一點一滴，就將疑是疑非，似懂非懂，無法產生「於我心有戚戚焉（《孟子·梁惠王》上）的親切感受，進而使它們跳動著生命的脈息。因此《大學》的作者在「格」、「致」之外，特別講求「誠」、「正」、「修」的工夫；而《中庸》的作者在「博學」、「審問」、「慎思」、「明辨」之外，主張要作「篤行」的努力，以使「知」與「行」合而爲一，也就是這個緣故。我們都知道，《大學》的「誠」、「正」、「修」與《中庸》的「篤行」，可以說是轉「知」為「德」（仁）的一大關口，乃工夫最吃緊處，是一點也疏忽不得的。所以我們讀《學》、《庸》，決不能把它們只當作「知識」看待，一讀即了，而須有日新又新的實踐工夫，才能即知而行，收到發揮知性、呈顯仁性、增進健康、延長壽命的效果。既然實踐是這般重要，那麼對一般人而言，究竟要怎樣去實踐才好呢？關於這點，《大學》和《中庸》都已明確的告訴我們，要先從「格」、「致」，亦即「明善」開始著手；說得明白一點，就是要藉知識領域的拓大（擴充聞見之知），以發揮我們先天的知性（呈顯德性之知）。對於這番工夫，自宋以來，就一直有人提出異議，以為「此路不可通」，因為在他們看來，「聞見之知，非德性之知」（程伊川語），人是絕對無法由此體貼出「天理」來的。其實，「聞見之知」之所以不能轉為「德性之知」，是另有緣故的，就以「知」的本身來說吧！我們都曉得，「知」雖有多種，但若分得大一點，則如《莊子》所謂的「大知閑閑，小知間間」（〈齊物論〉），只有「小知」與「大知」的區別而已。這所謂的「小知」，指的是瑣碎的、粗淺的知識，乃就一事一物而言的；而所謂的「大知」，指的是貫通的、純淨的知識，乃通萬事萬物而言的。當然，我們不能寄望於那種「間間」的「小知」來豁醒自己「知性」的蒙昧，因為它與「德性之知」的確拉不上直接的關係，更何況它又未必全是「真實無妄」、毫無偏差的呢（因為無論是人事或自然，由於物或人的內在潛能未能完全發揮出來，以致不免時有不善或不正常的現象產生，所以我們如果一不小心，那就要誤圓為方，以病態為正常了）！所以若從這個角度來看，「聞見之知」自然是「非德性之知」了。不過，「小知」在經過日積月累，將廣度及深度增至一個基準後，則無疑的，可以在人心上逐漸的提昇，凝爲「大知」。到了這個時候，所得的「知」，可以説已不再是瑣碎的、粗淺的外在知識，而是貫通的、純淨的內在睿智。《中庸》第三十章說：

> 唯天下至聖，為能聰明睿知，足以有臨也。

而朱熹注說：

> 聰明睿知，生知之質。

可見這種睿智是高於普通分別的「小知」，而繫之於心性，亦即「知性」來說的。人一旦呈顯了這份睿智，自自然然的就能瞭然於人我、物我之間的關係，從而體會出人類與宇宙內外「中和」的一體性，使自己由「知性」的發揮而及於「仁性」的發揮，儘量的調和一己內在的心性，以助成人類與自然的生機（中和），《中庸》第二十五章說：

> 誠者，非自成己而已也，所以成物也。成己，仁也；成物，知也；性之德也，合外內之道

也。

說的就是這個道理。由此看來，「聞見之知」又怎麼能說「非德性之知」呢？再以「人」的因素來說吧！《中庸》的作者在第二十一章特別强調：

自誠明，謂之性。

第二十章又說：

誠者，不勉而中（行），不思而得（知）。

就是要告訴我們：人是可以藉著天然的力量，由發揮「仁性」（誠），而呈顯「知性」（明）的（能自然發揮自己全部「知性」與「仁性」，時時都「從容中道」的，是「聖人也」；至於「日月至焉而已」、「告諸往而知來者」，只能發揮局部「知性」與「仁性」的，則是賢（常）人了），也幸好人人都能局部的發揮這種天然的力量——「誠」，才有進一步認知（明）的可能，不然，「自明誠」的路便不能落腳在人的心性上，而將成爲空中樓閣，虛而不實了。《大學》第九章曾說：

心誠求之，雖不中，不遠矣。

這份「誠心」，正是格物、致知，明善、辨惑的一個樞紐，歷代聖哲，教人爲學，必先存誠、立大本，即是此意。因爲人若能守住這份「誠」，便能無私而不欺己，這樣，他的喜怒哀懼愛惡欲之情才能「發而皆中節」；喜怒哀懼愛惡欲之情能「發而皆中節」，自然的，在他心目之間就不會形成任何認知上的障礙，而對是非善惡，也就能一一辨明，不致疑惑了。《論語．顏淵》篇記載子張、樊遲問「辨惑」，孔子答子張說：

愛之欲其生，惡之欲其死，既欲其生，又欲其死，是惑也。

答樊遲說：

一朝之忿，忘其身以及其親，非惑與？

可知「惑」起自過當的愛惡與忿懥之情，其實，豈止是愛惡與忿懥而已，其他種種的情感，如奪於私欲，發而不中節時，也照樣的都會使人在認知的過程中犯上偏差的毛病。就像《大學》第七章所說的，一個人在其所發忿懥、恐懼、好樂、憂患之情過正時，心就「不得其正」；心既「不得其正」，則必然影響人的認知能力——「知性」，這樣，當然就難免會「心不在焉，視而不見，聽而不聞，食而不知其味」了。《大學》的第八章也說：

> 人之其所親愛而辟焉，之其所賤惡而辟焉，之其所畏敬而辟焉，之其所哀矜而辟焉，之其所敖惰而辟焉，故好而知其惡，惡而知其美者，天下鮮矣；故諺有之曰：人莫知其子之惡，莫知其苗之碩。

這種因情有所蔽，而導致認知上的偏差：但見一偏，而不見其全——好而不知其惡、惡而不知其美，甚至產生錯覺，顛倒是非，如孟子所謂「安其危，而利其菑，樂其所以亡者」（〈離婁上〉），便是由於內心不誠，無以去私的緣故。人患了這種弊病，不僅將誤人誤己，且又必爲害社會國家，孟子從前所以要大聲疾呼：「我亦欲正人心，息邪說，距詖行，放淫辭」（〈滕文公下〉），就是看出了這種禍害的重大。因此人在求知時，如果不能先存有這片誠心，使志氣清明，義理昭著，則必爲外誘所惑，而犯下誤圓爲方，以美爲惡的錯誤。這樣，得來的「聞見之知」本身就已有了偏差，那當然是與「德性之知」扯不上關係了。所以我們要「格」、「致」以「明善」，便得先存誠，而思存誠，又須先「知止」而「志於道」，也就是說，我們在求知之前，首先要認清「至善」之所在，立下崇高的志向，以聖人爲榜樣，以聖道爲依歸，如此則所謂「先立乎其大者，則其小者不能奪也」（《孟子．告子》上），必能使「所適者正，而無他歧之惑」（見《論語．述而》篇「志於道」句下朱注），能「所適者正，無他歧之惑」，然後才能存誠去私，洞察事理，收到知行合一的效果。《論語．述而》篇載孔子的話說：

志於道（知止立本），據於德（存誠），依於仁（去私），游於藝（體道——知行合一）。

對這幾句話，朱熹曾作了一番精到的解釋：

此章言人之為學當如是也，蓋學莫先於立志，志道則心存於正而不他；據德則道得於心而不失；依仁則德性常用，而物欲不行；游藝則小物不遺，而動息有養；學者於此有以不失其先後之序，輕重之倫焉，則本末兼該，內外交養，日用之間，無少間隙，而涵詠從容，忽不自知其入於聖賢之域矣。

可見我們爲學的次序本就「當如是」；而《大學》首章也說：

> 知止（志道立本）而后有定，定而后能靜，靜而后能安（存誠去私），安而后能慮（明善——知），慮而后能得（體道——行）。

所謂的「止」，指的是「至善」（至道）的所在；所謂的「定」、「靜」、「安」，乃是存誠的工夫；所謂的「慮」，就是辨明「至善」的意思；所謂的「得」，則是體驗「至善」的另一種說法。所以我們要做實踐的工夫，一定要以聖道爲依歸，先立下大本，再藉讀書閱歷來儘量擴充知識，然後才由外而內的把「知」體貼到自家的生命上，並反尋出聖人的本心（天理），依此循環推展，以至於由偏而全的收到發揮知性與仁性的效果。如果我們能照著這個步驟，誠懇戒慎，自強不息的做去，那麼，「一旦豁然貫通焉」（朱熹〈格致補傳〉），不但能盡己之性，且對「盡人之性」（成己）、「盡物之性」（成物）的天職，也將能有所致力了。

四、重要參考書目

《大學》和《中庸》，由於同是儒家的重要經典，因而從來爲之作注立說的也就格外的多；自然，要一一加以閱覽，既不可能（有的書不是亡佚，就是不易尋得），也實在無此必要，所以在此僅僅列舉一些比較重要而又容易找到的參考書目，俾供初學者選擇參考：

(1)《科學的學庸》 蔣中正著 中央文物供應社

(2)《禮記正義》 鄭 玄注、孔穎達疏 藝文印書館

(3)《四書集註》 朱 熹集註 世界書局

(4)《朱子語類》 張伯行輯訂 商務印書館

(5)《大學問》（《王文成公全書》） 王守仁著 商務印書館

(6)《傳習錄》 葉鈞點註 商務印書館

(7)《禮學新探》 高 明著 香港中文大學聯合書院中文系

(8)《中庸誠字的研究》 吳 怡著 華岡出版部

(9)《大學中庸今釋》 陳 槃編釋 正中書局

(10)《四書道貫》 陳立夫撰 世界書局

(11)《六十年來之大學中庸》 林耀曾著 正中書局

(12)《大學今釋》 趙文龍講述 中央警官學校編譯委員會

(13)《大學翼真》 胡 渭撰 商務印書館

(14)《大學古本附旁釋及申釋》 王文祿申釋 商務印書館

(15)《中庸今釋》 趙文龍講述 中央警官學校編譯委員會

⒃《中庸直指》史德清著　香港佛經流通處

⒄《中庸本解》附題要　楊亶驊述　商務印書館

⒅《學庸章句義疏》朱沛霖疏、宋兆珩編　編者印行

⒆《學庸正說》趙南星著　商務印書館

⒇《四書因問》呂　柟著　商務印書館

(21)《讀四書大全說》王夫之撰　河洛圖書出版社

(22)《四書箋解》王夫之撰　廣文書局

(23)《四書纂疏》趙順孫撰　藝文印書館

(24)《四書經疑貫通》王充耘撰　商務印書館

(25)《四書解題及其讀法》錢基博著　商務印書館

(26)《讀經示要》熊十力著　樂天出版社

(27)《中國哲學原論》唐君毅著　新亞研究所

(28)《心體與性體》牟宗三著　正中書局

(29)《中國人性論史》徐復觀著　商務印書館

(30)《梅園論學集》戴君仁著　開明書局

（原載民國六十八年四月《國學導讀叢編》上冊）

《學》、《庸》的價值、要旨及其實踐工夫

一、《學》、《庸》的價值

《大學》和《中庸》，原是《禮記》裡的第四十二與三十一篇。自漢儒從中先抽出了《中庸》，著《中庸說》二篇①；宋朝的司馬光又取出了《大學》，撰《大學廣義》一卷②；再經程、朱把它們併在一起，配以《論語》、《孟子》，而合稱「四書」，遂又另成大家所熟知的兩部書了。這兩部書所以命名爲《大學》與《中庸》，據漢儒鄭玄的解釋，《大學》是以「以其記博學可以爲政」、《中庸》是「以其記中和之爲用」③。單從這名義上看來，兩者似乎毫不相關，其實，只要我們從思想內容上去稍作認辨，便不難知悉《大學》的「博學」，說的正是「明」的工夫；《中庸》的「中和」，指的就是「誠」的境界；所謂的「誠則明矣，明則誠矣」④，其關係是至爲密切的。而我們如今讀這兩部書，也的確可以很容易的發現：它們所談的，都不外是明德親民、成己成物的一貫道理；

所不同的，只是前者僅著眼於「下學」的人道，而後者則推本尋原，更進一層的探究了「上達」的天道罷了。蔣中正先生曾說：

> 《大學》、《中庸》二書是不可分的。《中庸》是「本體論」，而《大學》則是「方法論」。
> （《中庸要旨》）

真是一語道破了它們的關係。也正是由於這兩部「不可分」的書，一對「下學」的人道提出了具體的修學門徑，一在「上達」的天道尋得了堅實的人倫根源，既爲儒學建立了完密的思想體系，更替人生開啓了無限的向上道路。因此自古以來，一直都受到許多學者的特別重視，且贏得了極高的評價，譬如程子說：

> 《大學》，孔氏之遺書，而初學入德之門也；於今可見古人為學次第者，獨賴此篇之存。
> （朱子《章句》引）

徐復觀先生說：

> 《中庸》提出道德的最高境界與標準，指出人類可由其德性之成就，以與所居住之宇宙相調和，並進而有所致力。（〈中庸的地位問題〉，《民主評論》七卷五期）

《大學》與《中庸》在古今學者心目中的地位與價值，由此可見一斑。以下就綜合這些前賢與時哲的意見，再附上一些自己的膚淺看法，從學術思想（書的本身）和實際功用（人的踐行）上，進一層的來看看《學》、《庸》兩書的價值所在。

(一)從學術思想上看

《大學》與《中庸》在學術思想上的成就，既高且廣，殆非三言兩語即可說得明白，因而在此僅能就下學與上達兩方面，略述它們在先秦儒學上的一些貢獻，以見兩書在儒家學說中的地位與價值。

1.在下學方面

《大學》與《中庸》，經過古今學者一再的辨證，以爲皆出自孔門，已可說是毋庸置疑的事實。而孔門的經典，在《學》、《庸》成書以前，針對著「下學」的人道來立教，成就最高，影響力最大，而被學者奉爲圭臬的，厥惟《論語》。《論語》一書，大家都曉得，記載著許多有關孔子對人格修養、社會倫理與國家政治的寶貴教訓，而這些教訓，泰半可說是傳諸百世而無疑、放諸四海而皆準的；只可惜書屬語錄形式，編次的體例，既未曾預定，而篇章的先後，也缺乏關連；再加上孔子教人，又往往因材施教，變化無方，因而使得學者難於直接從書中辨明各個章節、各個德目彼此的關係，以了解整個思想的體系，進而由根本上去掌握修學的方法、次第與目標。舉個例來說，書裡散亂的提到了「仁」、「孝」、「弟」、「慈」、「忠」、「恕」、「敬」、「信」等種種德目，如：

夫仁者，己欲立而立人，己欲達而達人；能近取譬，可謂仁之方也已。（〈雍也〉）

孝弟也者，其為仁之本與！（〈學而〉）

弟子入則孝，出則弟。（〈學而〉）

孝慈則忠。（〈為政〉）

子曰：「參乎！吾道一以貫之。」曾子曰：「唯；」子出，門人問曰：「何謂也？」曾子曰：「夫子之道，忠恕而已矣。」（〈里仁〉）

其事上也敬。（〈公治長〉）

朋友信之。（〈公治長〉）

這些美德，在修己治人上，的確都是人人所不可或缺的；然而它們彼此的關係若何？根源何在？想要呈顯這些德性，將從何處著手？方法怎樣？最後的歸趨又如何？這一連串的問題，實在無法令人在書上找到確切明晰的答案；而這些答案卻非常完整而有系統的展現在《學》、《庸》兩書上面。它們的作者在篇首便分別拈出「明德」與「中和」（誠）⑤來經綸萬彙、統攝衆德。就以「孝」、「弟」、「慈」、「敬」、「信」來説吧！如果一個人能發揮他光明的德性，也就是説能使自己與生俱來的精神動能——「誠」引發出來，那麼他必定可以去除私欲，隨時保持情性之正，而享有「中和」的心境，以此「中和」的心境去待人接物，自然就將無往而不宜。譬如，他所待的對象是父母，那就可以做到「孝」的地步；若是兄弟，那就可以做到「弟」的地步；若是子女，那就可以做到「慈」的地步；若是長上，那就可以做到「敬」的地步；若是朋友，那就可以做到「信」的地步⑥。不僅是「孝」、「弟」、「慈」、「敬」、「信」而已，其他種種的德行，由此類推，也同樣的全可成自這麼一個「中和」的心境，源於這麼一個「明德」或「誠」的作用。所以不單單是修身齊家的根本在此，就連治國平天下的基石也立於此；《大學》第九章⑦：

> 君子不出家，而成教於國。孝者，所以事君也；弟者，所以事長也；慈者，所以使眾也。

說的便是這個道理。既然統攝眾德、經綸萬彙的是「明德」，是「誠」，那麼要如何入手，才能由偏及全的做到「明明德」，臻於「誠」的地步呢？關於這點，《大學》與《中庸》的作者分別在首章與二十二章明白的告訴了我們，要先從「格物致知」，也就是「明善」⑧做起；等到「格物致知」使「知性」（睿智）引發至一定程度，足以「明善」了，再由「勉強行」、「利行」而「安行」，自明而誠的把「仁性」發揮出來。這一段的工夫歷程，《大學》是循「誠意」、「正心」、「修身」（明明德於其身），而至於「齊家」（明明德於其家）、「治國」（明明德於其國）、「平天下」（明明德於天下）；而《中庸》則由「誠身」（相當於《大學》之誠意、正心、修身）、「順親」、「信友」（相當於《大學》之齊家），而至於「獲上」、「治民」（相當於《大學》之治國、平天下）⑨；就這樣，由內而外，由偏及全，一步進一步的循環推展，最後達於「至善」、「至誠」的境界；可以說把修己治人的次第與目標有條不紊的交代得一清二楚。尤其是《大學》，更以整整一部書從首至尾將這種道理一層又一層的反覆推闡，使得後人不但有具體的門徑可循，並且也有至高的標準可資指引。這對儒學，甚至整個學術，不能不說是一大貢獻；它所加惠於後學的，無論是在認知或踐行上而言，都是相當大的。

2. 在上達方面

如衆所知，下學的人道若未能在上達的層面尋得其根源與依據，以暢通生機，使物我內外渾然連成一體，那就如同無根之木一樣，是絕對無法長久生存的。因此《論語》與《大學》，既在下學的層面，爲儒家開闢了一片廣大的園地，並且種下了欣欣向榮的種子，則在其理論的背後，早已有頗爲完密的天道觀念，以作爲支柱，是極爲自然的事；所差的，只不過是未同時把它們形諸文字罷了。要說在先秦儒家的典籍裡，正式把這種天道觀念「筆之於書」的，首先得推那相傳是由孔子作的《易傳》，其次則是經太史公指明係子思寫⑩的《中庸》。這兩部著作，從古以來，即被認定彼此之血緣極近，在對天道的看法上有著許多相同的地方，就拿最基本的觀念來說吧！兩書的作者同樣的都認爲天道的本體是神而不秘，作用是生生不已的；在他們看來，天道即寓於生生之理中，而當它把生生之理賦予萬物時，也把自己融入了萬物，所以萬物的生生不已，正是天道的生生之德，這可說是儒家天道觀念的一大特色，也是《易傳》和《中庸》的血脈所在⑪。不過，對於這個特色，兩者立論之依據，無可否認的，卻又稍有不同，因爲在《易傳》作者的眼裡，道就是一陰一陽的變化，萬物之化生既是由於這種陰陽的作用，而天道所賦予萬物的生生之理，也不外是這一陰一陽的兩個動力而已；因此在整個變化的過程中，全由陰陽生生不已的支配著一切，能順應這種變化的是「善」，而稟受這種動力、促成這種變化的，則是「性」了，所以《易上傳》第五章先後說：

生生之謂易。

一陰一陽之謂道，繼之者善也，成之者性也。

很明顯的，這是就物象與陰陽上來立論的，所持的可說是偏向於物質性的天道觀。而《中庸》則不然，它已進一層的在物質的另一面找到了完整的精神世界。它的作者在篇首即開宗明義的說：

天命之謂性。

他直接的把「性」貼緊天理天心，作爲人類成己成物上生生不息的精神動力；接著在第二十五章說：

成己，仁也；成物，知也；性之德也，合外內之道也。

透過這幾句話，他特將「性」這種精神動能大別爲「仁」與「知」兩類，由「仁性」來統攝人倫道德，以上接於精神性的天道，爲人類「成己」、「盡人之性」（引發精神動力，建立人倫社會）的目標，鋪設一條康莊的大道；由「知性」來燭照事理物理，以上通於物質性的天道，爲人類「成物」、「盡物之性」（引發物質動力，改善自然環境）的努力，敲開一扇永恒的大門。最後，他從形而下的人道裡提煉出一個代表人性「真實無妄」⑫的「誠」字來，憑仗著「誠者，天之道也；誠之者，人之道也」⑬的兩句話，由「誠」帶著「無息」、「不貳」⑭的動力，融合「仁性」與「知性」，如火箭般的從形而下的「人道」升空，直接射入天體，所以他說：

> 唯天下至誠，為能盡其性；能盡其性，則能盡人之性；能盡人之性，則能盡物之性；能盡物之性，則可以贊天地之化育；可以贊天地之化育，則可以與天地參矣。（第二十二章）

> 誠者，非自成己而已也，所以成物也。（第二十五章）

這樣，徹上徹下，通內通外，合天人而爲一，不但使空寂而神秘的形上境界真實化、道德化，也把人類成己成物的思想奠下了形而上的堅固基礎。這種置重於精神而又不自外於物質的天道觀，比起《易傳》來，無疑的是要嚴密、周延而且進步得多了。

㈡從實際功用上看

《學》、《庸》的價值，除了它們在學術思想上有著極高的成就，能使我們了解先秦儒家對天人的看法外，更重要的是，它們的理論因爲是直接建立在「眞實無妄」的精神與物理之上的，所以能夠毫無障礙的運用到人的身上來，在精神方面獲致啓迪知性、呈顯仁性的成果，在生理方面得到增進健康、延長壽命的效益；玆分述如次：

1. 在精神方面

自然生人，即賦人以性。這個「性」，雖然在《易傳》裡曾把它繫屬陰陽，看作是物質性的力量；但是如就它从心生聲（生亦義）的造形上來看，則知原是指人類與生俱來、生生不息的精神動能而言的。《中庸》的「性」，即承襲這種造字的本義而未改，與《大學》的「明德」，除了一是就賦予、一是由承受上來說，以致名稱各異而外，事實上是沒有什麼兩樣的。它的種類，就像上文所說的，可依《中庸》第二十五章「仁」與「知」皆「性之德」的說法，把它析分爲二：一是屬「仁」的，即「仁性」，乃人類與生俱來的一種成德力量；一是屬「知」的，即「知性」，爲人類生生不已的一種認知動能。前者可說是「誠」的動力，後者可說是「明」的泉源，兩者非但爲人人所共有，而且是交互作用的，也就是說，如果顯現了部分的「仁性」（誠），就能連帶的顯現部分的「知性」（明）；同樣的，顯現了部分的「知性」（明），就能連帶的顯現部分的「仁性」（誠）。正由於這種相互的作用，有先後偏全的差異，故使人在盡性上也有了兩種不同的路徑：一是由「誠」而「明」，這是就先天動能的提發來說的；一是由「明」而「誠」，這是就後天修學的效果而言的。由於我們人類在生下之後，往往爲「氣稟受拘，人欲所蔽」⑮，使「知性」與「仁性」都不免「有時而昏」⑯，無法時時刻刻、完完全全、毫無偏差的發揮出來，因此就必須先藉後天教育之功來觸發先天的精神動能（自明誠——人爲），再由先天動能的提發來促進後天修學的效果（自誠明——天賦），讓人在人爲與天賦力量的交互作用下，由偏而全的把「知性」與「仁性」發揮出來，最後臻於「至善」、「至誠」的境界。《大學》首章說：

> 物格而后知至（啟迪知性），知至而后意誠，意誠而后心正，心正而后身修（呈顯仁性——內），身修而后家齊，家齊而后國治，國治而后天下平（呈顯仁性——外）。

而《中庸》主張由「明善」（啓迪知性）而「誠身」（呈顯仁性——內）而「順親」、「信友」、「獲上」、「治民」（呈顯仁性——外），並且說：

> 博學之，審問之，慎思之，明辨之（啟迪知性），篤行之（呈顯仁性）。（第二十章）

又進一層的闡釋說：

> 自誠明，謂之性；自明誠，謂之教。誠則明矣，明則誠矣。（第二十一章）

說法雖然各有不同，但是道理卻是一致的。而這層道理，錢基博先生在他《四書解題及其讀法》一文中，曾外通於佛教加以說明說：

> 佛教者，智信圓融之教也。世界諸宗教，無不根植於信，而見破於智，以故宗教與科學不兩立，乃至與哲學亦相違牾。惟佛教則不然！其利樂有情，始於由智生信；復終於由信轉智。《中庸》之以「誠」「明」互修，猶佛法之貴「智」「信」圓融。「自明誠謂之教」，教之始於由智生信也；「自誠明謂之性」，道之終於由信轉智也。（〈中庸第四〉）

可見真理畢竟是真理，是可以「質諸鬼神而無疑，百世以俟聖人而不惑」的。因此我們讀《學》、《庸》，若能即知即行，按照書上所提示的方法與目標，繼續不斷的做去，則必定可以使自己的「仁性」與「知性」生生不已的依循天心天理而無限的向上開展，逐漸的「復其初」[17]，而收到精神永久和諧的圓滿效果。

2.在生理方面

一個人如果能「明其明德」，也就是說「能盡其性」的話，那麼，他必可脫開「氣禀」與「人欲」的枷鎖，隨時保持精神的和諧，使自己喜怒哀樂之情，「發而皆中節」，做到「無入而不自得」[18]的地步，從而促進身體的健康，延長個人的壽命。《大學・誠意》章說：

富潤屋，德潤身，心廣體胖（胖，音盤，安舒之意）。

《中庸》第十七章也說：

大德必得其位，必得其祿，必得其名，必得其壽。

所謂的「心廣體胖」，所謂的「大德必得其壽」，說的正是這個道理。而醫家自來也有這種說法，譬如唐朝的孫思邈在他的《千金要方》一書裡說：

養性者，欲所習以成性；性自為善，不習無不利也。性既自善，內外百病皆悉不生；禍亂災害，亦無由作，此養性之大經也。（卷二十七〈養性〉篇）

人之壽夭，在於撙節，若消息得所，則長生不死；恣其情欲，具命同朝露也。（見同上）

可見人的生理與精神本來就是密不可分的，如果想要有健全的生理，便得先有健全的精神，而健全的精神則又須植根於「中和」的心境。所以人果能由窮理（明）而盡性（誠），化消形氣之私，保持心境之中和，與宇宙巨大的中和本體相感相應，互通生息，則久而久之，自然就能引發體內潛能，彌補先天缺陷，增進一己之健康，改變個人之命運，而獲得延年益壽的效果。談到這裡，或許會有人覺得這種「大德必得其壽」的説法，只不過是空洞的理論罷了，與事實是未必相符的，因爲在這世上，儘多是「好人」早夭、惡人「長壽」的例子。其實，這是由於人們對「大德」與「壽」的觀念有著些許偏差的緣故。先以「大德」來説吧！《中庸》裡的「大德必得其壽」這句話，原是專對舜帝而言的，舜帝可説是位「大知」（明）「大仁」（誠）的聖人，所以《中庸》的作者分別在第六章與第十七章特以「大知」和「大孝」（孝爲仁本）來讚美他，這就正好給了我們一個啓示，那就是：「大德」乃是指一個能發揮自己的「知性」與「仁性」，隨時保有內在的睿智與中和心境的仁者、智者而言，與一般未能把所謂的「道德」（離開睿智沒有真正的道德）建立在睿智之上，以致時常無知的傷害自己，「好心」的傷害別人的「好人」，是不能放在同一天秤之上相提並論的。因此，「好人」早夭的事實，若從這個角度來看，與「大德必得其壽」的説法，是不相衝突的。至於「壽」字，照説文的解釋，是「久」的意思；引申開來，則凡是指「年齒」、「天年」（常人的天年皆久長）的，都可以説是「壽」。《正字通》説：

凡年齒皆曰壽。

而《呂氏春秋．尊師》篇「以終其壽」句下，高誘也注說：

> 壽，年也。

可知「壽」不一定是要指七八十以上的歲數來說的，只要是盡了個人的天年，那就可以稱做「壽」了。大家都曉得，每個人在出生之際，所受自自然（生理）的，剛柔厚薄，都不免各有不同，也正因此限定了個人在一生當中或一段時間（通常以四十不惑、不動心為一大轉關）內發展的最大極限[19]，一般人所謂的「命」便是指此而言的。現在假設有這麼一個人，他得自先天（生理）的非常厚，但卻不知珍惜它，順利的使自己踏上「尊德性而道問學」[20]的人生坦途；反而盡情的放縱自己，作自身私欲的奴隸，以致殘害了身心，結果就像孫思邈在《千金要方》裡所告誡的：

> 勿汲汲於所欲，勿悁悁懷忿恨，皆損壽命。（卷二十七〈養性〉篇）

不但不能「終其壽」，且又縮短了自己的生命歷程；這樣，他即使是活了七八十歲，還是不能算是「得壽」的。反過來說，如果有一個人，得自先天的並不好，但他勇於向命運挑戰，堅決的憑後天修學的努力，使自己由「明」而「誠」的引發先天的精神動能——知性與仁性，以擺脫形氣的桎梏，孕育「中和」的心境，使自己就像孫思邈所說的：

道德日全，不祈善而有福，不求壽而自延。（見同上）

不僅得盡天年，甚且還延益了年壽；那麼，他就是只活了四五十歲，仍然可以說是「得壽」的。由此看來，儘管世上多的是「好人」早夭、惡人「長壽」的實例，但是一點也掩蓋不了「大德必得其壽」這句古訓的光輝的。因此我們如能讀《學》、《庸》而行《學》、《庸》，以成就「大德」，則由「體胖」而「得其壽」，可以說是必然的結果，只是在時間與程度上，早晚長短，不免因人而異罷了。

二、《學》、《庸》的要旨及其實踐工夫

(一)《學》、《庸》的要旨

1.《大學》的要旨

大家都曉得，人類的活動是離不開「知」與「行」的，而一切的知行活動，其表象雖複雜萬分，但本源卻異常簡易，完全受著人類性情的支配。性是「天命」的，分爲「知性」（知的明德）與「仁性」（仁的明德）兩種，「知性」乃「知」的活動的根源，是「行」的依據；「仁性」係「行」的活動的動力，爲「知」的實踐。這種天命之「性」，誰都知道是粹然至善的，按理說，植本於此的知行活動原該沒有一絲一毫的偏差才對，但由於人都不免或多或少的困於一己之氣稟（先天），役於一己之私欲（後天），使得天命之性受到蒙蔽，遂致無法發揮其全體功能，以時時有效的約束喜怒哀樂之情，使之中節，於是「知」既有了障礙，會誤假爲真，以非爲是；而「行」亦難脫偏激，將循私縱欲，時踰準繩了。《大學》第八章說：

> 人之其所親愛而辟（偏私之意）焉，之其所賤惡而辟焉，之其所畏敬而辟焉，之其所哀矜而辟焉，之其所敖惰而辟焉，故好而知其惡，惡而知其美者，天下鮮矣；故諺有之曰：「人莫知其子之惡，莫知其苗之碩。」

所謂的「人之其所親愛、賤惡、畏敬、哀矜、敖惰而辟焉」，說的正是人在行爲上的偏差；而鮮能「好而知其惡，惡而知其美」，以致「莫知其子之惡，莫知其苗之碩」，說的則是人在認知上的偏差。人一旦有了這種偏差，修身已不可得，更不用說是齊家、治國、平天下了。而如果人又以此偏執或錯誤的「知」與「行」做為依據，去求那無涯之「未知」、行那無盡之「未行」，那就勢必一偏再偏，一誤再誤，終至形成極端偏激而邪惡的思想與行為，這不僅將誤人誤己，更足以危害社會國家，禍害可以說是比洪水猛獸還大的。因此聖人便出來設教興學，想藉後天教育之功來激發天賦之潛能，使人逐漸的「明其明德」，最後達於完全「復其初」的地步。《大學》在篇首說：

大學之道，在明明德，在親民，在止於至善。

僅此四句話便直截了當的把這種理想與目標說得極其明白。這裡所謂的「明明德」，指的正是「知」的「明德」（知性）與「仁」的「明德」（仁性）的發揮。而「親民」，則顯然是「明明德」的進一層說法，這可從下文「欲明明德於天下者」這句話獲知消息，因爲《大學》的作者既把「平天下」說成「明明德於天下」，那麼，「修身」就是「明明德於其身」，而「齊家」、「治國」就是「明明德於其家」、「明明德於其國」了；可見在「齊家」、「治國」、「平天下」這段「親民」的過程裡，仍然是以「明明德」貫通於其間的。至於「止於至善」，則更是「明明德」的再進一層說法，因爲《大學》的「止至善」章明說：

為人君，止於仁㉑；為人臣，止於敬；為人子，止於孝；為人父，止於慈；與國人交，止於信。

可見「仁」、「敬」、「孝」、「慈」、「信」，都是「至善」，而這些又何嘗不都是人類的「明德」呢？所以《大學》的「止於至善」，說的也不過是「明明德」三個字而已。既然「明明德」是「大學之道」的重心所在，那麼，要怎樣才能收到圓滿的效果呢？它的途徑即「格物」、「致知」、「誠意」、「正心」、「修身」、「齊家」、「治國」、「平天下」，如借句《中庸》的話來說，那就是「自明誠」。《大學》首章說：

古之欲明明德於天下者，先治其國；欲治其國者，先齊其家；欲齊其家者，先修其身；欲修其身者，先正其心；欲正其心者，先誠其意；欲誠其意者，先致其知；致知在格物㉒。

所謂的「明明德於天下」（平天下）、「治國」、「齊家」、「修身」、「正心」、「誠意」，說的是「仁」的「明德」（仁性）的發揮，也就是「誠」的過程；所謂的「致知」、「格物」，指的是「知」的「明德」（知性）的發揮，也就是「明」的工夫。由「格物」、「致知」（明），而「誠意」、「正心」、「修身」、「齊家」、「治國」、「平天下」（誠），所依循的正是「自明誠」的路，這是聖人教人「明明德」的一條康莊大道，是合知與行而爲一的。盧孝孫說：

> 物格，則理之散在萬物，而同出一原者，無不明矣；知至，則理之會在吾心，而管於萬物者，無不明矣；此明明德之端也。意誠，則明明德之所發，無不明矣；心正，則明德之所存，無不明矣；意誠、心正則身修，此明明德之實也。家齊，則明明德於一家矣；國治，則明明德於一國矣；天下平，則明明德於天下矣。（《大學大全》）

而陳櫟則說：

> 《大學》八條目，格物為知之始，致知為知之極。誠意為行之始，正心、修身為行之極。齊家為推行之始，治國、平天下為推行之極。不知則不能行，既知又不可不行。誠、正、修，行之身也；齊、治、平，行之家國與天下也。（見同上）

他們各以「明明德」與知行來貫通《大學》之道，可以說都深得《大學》之旨，識見是極爲高明的。

2.《中庸》的要旨

我們在上文已談過，人類與生俱來便有生生不息的精神動能——「性」，這個「性」，依據《中庸》第二十五章「成己，仁也；成物，知也；性之德也，合外內之道也」的說法，可以把它分爲兩類：一是屬「知」的，即「知性」，乃「明」的本原；一是屬「仁」的，即「仁性」、是「誠」的動力。這兩種「性」，關係密切，是互爲影響的，也就是說：如果發揮了「知性」（明），就必能發揮「仁性」（誠）；同樣的，如果發揮了「仁性」（誠），就必能發揮「知性」（明）。不過，由於這相互的作用有先後偏全的差異，以致使人在盡性上也有了兩種不同的情形：一是由「誠」而「明」，一是由「明」而「誠」；前者乃成自先天潛能的發揮，是「天道」，是「誠者」，是「性」；後者則出於後天修學的努力，是「人道」，是「誠之者」，是「教」。所以《中庸》第二十章說：

> 誠者，天之道也；誠之者，人之道也。

又第二十一章說：

> 自誠明，謂之性；自明誠，謂之教；誠則明矣，明則誠矣。

這第二十一章十分重要，因爲《中庸》一書的內容雖包羅「萬物」，異常複雜，但如能抽絲剝繭的予以尋繹探究，則不難發現全書所談的，不外是「自誠明」與「自明誠」六個字而已，而朱熹也說這一章是：

> 承上章（〈哀公問政〉）夫子天道、人道之意而立言也。自此以下十二章（至篇末），皆子思之言，以反覆推明此章之意。（《中庸章句》）

這是不錯的。不過，須特別注意的是，《中庸》的作者在此，除了用「誠」與「明」的先後來說明天道（誠者）與人道（誠之者）的區別，以統攝下文之意而外，更再度的拈出了「性」與「教」兩字，以與本書篇首「天命之謂性，率性之謂道，脩道之謂教」三句遙遙呼應。篇首的這三句話，乃《中庸》一書的綱領所在，是任何讀過此書的人都曉得的。程子認爲此書：

> 始言一理，中散為萬事，末復合為一理。（朱子《中庸章句》引）

這確是「玩索而有得」的話。他所說的「始」與「末」，便是指這前後遙遙呼應的兩個部分而言。這兩個部分對「性」與「教」的說法，在表面上看，似乎各異，但實際上，所蘊含的道理卻是一致的。我們就先從繫於「教」而言的「自明誠」來說吧！《中庸》第二十章云：

> 在下位不獲乎上，民不可得而治矣；獲乎上有道，不信乎朋友，不獲乎上矣；信乎朋友有道，不順乎親，不信乎朋友矣；順乎親有道，反諸身不誠，不順乎親矣；誠身有道，不明乎善，不誠乎身矣。

又云：

> 誠之者，擇善而固執之者也。博學之，審問之，愼思之，明辨之，篤行之。

這裡所謂的「治民」、「獲上」、「信友」、「順親」、「誠身」與「固執」（篤行），說的便是「仁性」的發揮（行），即「誠」；所謂的「明善」與「擇善」（博學、審問、愼思、明辨），指的則是「知性」的發揮（知），即「明」。《中庸》的作者要人「擇善」而「固執」，換句話說，就是要人由「明善」而「誠身」、「順親」、「信友」、「獲上」、「治民」，循的正是「自明誠」的路，這與《大學》八條目所開示的爲學次第，可以說是大致相同的。人果能由此循序漸進，透過後天人爲的力量——「教」（自明誠），來激發先天不息的動能——「性」（自誠明），那麼「從心所欲不踰矩」㉓的「至誠」境界是能有到達的一天的㉔。既然聖人設教，要從「明善」、「擇善」著手，以期有一天達於「至誠」的目標，那麼，這所謂的「善」，爲了收到使「知性」與「仁性」復其初的一致效果，便必須要有一個具體而客觀的依據與標準，這個依據與標準，就是「道」。「道」，抽象一點說，是日用事物之間當行之路㉕；具體一點說，則包含了一切的禮樂制度與行爲規範。而這些制度與規範，由於關係著個人、家國，甚至整個天下的安危，影響極其遠大，因此對它們的制作，自然就不能不格外的慎重，《中庸》第二十八章說：

> 雖有其位，苟無其德，不敢作禮樂焉；雖有其德，苟無其位，亦不敢作禮樂焉。

又第二十七章說：

> 大哉！聖人之道，洋洋乎發育萬物，峻極於天。優優大哉！禮儀（大儀則）三百，威儀（小儀則）三千，待其人而後行，故曰：苟不至德，至道（指禮儀與威儀）不凝焉。

從這兩節文字裡，我們很容易的即可讀出這份慎重來。說實在的，在這世上，也的確唯有身具「至德」的聖人，才有至高的睿智來凝就通天人而爲一的「至道」，並且有效的把它們推行出來。因爲只有身具「至德」（誠）的聖人，才能由「誠」而「明」，完全的發揮自己的知性（明），做到「大仁」（誠）、「大智」（明）的地步。自然的，以此「大仁」、「大智」來凝道設教，也就不難使人由「明善」而「盡性」（自明誠）了，《中庸》第二十二章說：

> 唯天下至誠，為能盡其性；能盡其性，則能盡人之性；能盡人之性，則能盡物之性；能盡物之性，則可以贊天地之化育；可以贊天地之化育，則可以與天地參矣。

這段話說明了「至誠」的聖人，不僅能由「盡其性」（自誠明）而「盡人之性」（自明誠），爲人類鋪就一條「成己」的坦途，以引發精神動力，建立倫理社會；並且也能進一步的「盡物之性」（以聖人之「明」誘發萬物之能量——「誠」），爲人類構築一座「成物」的橋梁，以引發物質動力，改善自然環境。這種合外內、天人而一的思想，可以說是《中庸》一書的精義所在，因此《中庸》的作者在篇首便開宗明義的說：

> 天命之謂性，率性之謂道，脩道之謂教。

他藉這三句話，很有次序的，先由首句點明人性（包括知性與仁性）與天理（包括物質與精神）

的關係，用「性」字把人類天賦之「誠」（安行天理）通往天賦之「明」（生知天理）的大門敞開；再由次句點明人道與人性的關係，用「道」字把人類天賦之「明」（生知天理）與人爲之「明」（困知、學知天理）互相銜接起來，連成一體；然後由末句點明教化與人道的關係，用「教」字把人類人爲之「誠」（勉行、利行天理）邁向天賦之「誠」（安行天理）的過道打通㉖。這樣，人類天賦之「誠」與「明」既有了來路，而人爲之「明」與「誠」也找到了歸宿，可以說徹上徹下，合天（自誠明）、人（自明誠）而爲一，已嚴密的爲儒家建立了一個完整的思想體系。黃玉潤說：

> 《中庸》一書，六經之淵源也。（見《經書補註》）

而黎立武也說：

> 《中庸》者，羣經之總會樞要也。（見《中庸指歸》）

凡是對儒家的學說能加以體會的人，都知道這決不是溢美的話。

(二)《學》、《庸》的實踐工夫

我國的學問，特別是儒學，最重實踐。一個人如果對於所學，不能直接用「心」去作懇切的體認，以有效的將前人證自天理天心的寶貴經驗轉換成自家的生命經驗，那麼，他對前人（典籍）的一言一語、天理的一點一滴，就將疑是疑非，似懂非懂，無法產生「於我心有戚戚焉」㉗的親切感受，進而使它們跳動著生命的脈息。因此《大學》的作者在「格」、「致」之外，特別講求「誠」、「正」、「修」的工夫；而《中庸》的作者在「博學」、「審問」、「慎思」、「明辨」之外，還要主張作「篤行」的努力，以使「知」與「行」合而為一，也就是這個緣故。我們都知道，《大學》的「誠」、「正」、「修」與《中庸》的「篤行」，可以說是轉「知」為「德」（仁）的一大關口，乃工夫最吃緊處，是一點也疏忽不得的。所以我們讀《學》、《庸》，決不能把它們只當作「知識」看待，一讀即了，而須有日新又新的實踐工夫，才能即知即行，收到發揮知性、呈顯仁性、增進健康、延長壽命的效果。既然實踐是這般的重要，那麼對一般人而言，究竟要先怎樣去做好實踐的起步工作呢？關於這點，《大學》和《中庸》都已明確的告訴我們，要先從「格」、「致」，亦即「明善」開始著手；說得明白一點，就是要藉知識領域的拓大（擴充聞見之知），以發揮我們先天的知性（呈顯德性之知）。對於這番工夫，自宋以來，就一直有人提出異議，以為「此路不可通」，因為在他們看來，「聞見之知，非德性之知」（程伊川語），人是絕對無法由此體貼出「天理」來的。其實，「聞見之知」之所以不能轉爲「德性之知」，是另有緣故的，就以「知」的本身來說吧！我們都曉得，「知」雖有多種㉘，但若分得大一點，則如《莊子》所謂的「大知閑閑，小知間間」㉙，只有「小知」和「大知」的區別而已。這所謂的「小知」，指的是瑣碎的、粗淺的知識，乃是就一事一物而言的；而所謂的「大知」，指的是貫通的、純淨的知識，則是就萬事萬物而言的。當然，我們不能寄望於那種「間間」的「小知」來豁醒自己「知性」的蒙昧，因爲它與「德性之知」的確拉不上直接的關係，更何況這些個別的「小知」又未必全是「真實無妄」、毫無偏差的呢㉚！所以單從這個角度來看，「聞見之知」自然是「非德性之知」了。不過，「小知」在經過日積月累，把廣度與深度增至一個基準後，則無疑的，可以在人心上逐漸的提昇，凝爲「大知」。到了這個時候，所得來的「知」，可以說已不再是瑣碎的、粗淺的外在知識，而是貫通的、純淨的內在睿智。《中庸》第三十一章說：

> 唯天下至聖，為能聰明睿知，足以有臨也。

而朱熹注說：

> 聰明睿知，生知之質。

可見這種睿智是高於普通分別的「小知」，而繫之於「人心之靈」[31]，亦即「知性」來說的。人一旦呈顯了這份睿智，自自然然的就能瞭然於人我、物我之間的密切關係，從而體會出人類與宇宙內外「中和」的一體性，使自己由「知性」的發揮而及於「仁性」的發揮，儘量的調和一己內在的心性，以助成人類與自然的生機（中和），《中庸》第二十五章說：

誠者，非自成己而已也，所以成物也。成己，仁也；成物，知也；性之德也，合外內之道也。

說的就是這個道理，由此看來，「聞見之知」又怎麼能說「非德性之知」呢？再以「人」的因素來說吧！《中庸》的作者特別強調：

自誠明，謂之性。（二十一章）

誠者，不勉而中（行），不思而得（知）。（二十章）

便是要告訴我們：人是可以藉著天然的力量，由發揮「仁性」（誠），而呈顯「知性」（明）

的㉜，也幸好人人都能局部的發揮這種天然的力量——「誠」，才有進一步認知（明）的可能，不然，「自明誠」的路便不能落腳在人的心性上，而將成爲空中樓閣，虛而不實了。《大學》第九章曾說：

> 心誠求之，雖不中，不遠矣。

這份「誠心」，正是格物致知、明善辨惑的一個樞紐，歷代聖哲教人爲學，必先存誠、立大本，即是此意。因爲人若能守住這份「誠」，便能無私而不欺己，這樣，他的喜怒哀懼愛惡欲之情才能「發而皆中節」；喜怒哀懼愛惡欲之情能「發而皆中節」，自然的，在他心目之間就不會形成任何認知上的障礙，而對是非善惡也就能一一辨明，不致疑惑了。《論語．顏淵》篇記載子張、樊遲問「辨惑」，孔子答子張說：

> 愛之欲其生，惡之欲其死，既欲其生，又欲其死，是惑也。

答樊遲說：

一朝之忿，忘其身以及其親，非惑與？

可知「惑」起自過當的愛惡與忿懥之情，其實，豈止是愛惡與忿懥而已，其他的種種情感，如奪於私欲，發而不中節時，也照樣的都會使人在認知的過程中犯上偏差的毛病。就像《大學》第七章所說的，一個人在其所發忿懥、恐懼、好樂、憂患之情過正時，心就「不得其正」；心既「不得其正」，則必然影響人的認知能力──「知性」，這樣，當然就難免會「心不在焉，視而不見，聽而不聞，食而不知其味」了。《大學》的第八章也說：

人之其所親愛而辟焉，之其所賤惡而辟焉，之其所畏敬而辟焉，之其所哀矜而辟焉，之其所敖惰而辟焉，故好而知其惡，惡而知其美者，天下鮮矣；故諺有之曰：「人莫知其子之惡，莫知其苗之碩。」

這種因情有所蔽，而導致認知上的偏差；但見一偏，而不見其全──好而不知其惡、惡而不知其美，甚至產生錯覺，顛倒是非，如孟子所謂「安其危，而利其菑，樂其所以亡者」㉝，便是由於內心不誠，無法去私的緣故。人患了這種弊病，不僅將害人害己，且又必爲禍社會國家，孟子從前所以要大聲疾呼：「我亦欲正人心，息邪說，距詖行，放淫辭」㉞，就是看出了這種禍害的重大。因此人在求知時，如果不能先存有這片誠心，使志氣清明，義理昭著，則必爲外誘所惑，而犯下誤圓爲方、以美爲惡的錯誤。這樣，得來的「聞見之知」本身已有了偏差，那當然是與「德性之知」扯不上關係了。所以我們要「格」、「致」以「明善」，便得先存誠；而思存誠，又須先能「知止」而「志於道」，也就是說，我們在求知之前，首先要認清「至善」之所在，立下崇高的志向，以聖人爲榜樣，以聖道爲依歸，如此則所謂「先立乎其大者，則其小者不能奪也」㉟，必能使「所適者正，而無他歧之惑」㊱；能「所適者正，而無他歧之惑」，然後才能存誠去私，洞察事理，收到知行合一的效果。《論語・述而》篇說：

子曰：志於道（知止立本），據於德（存誠），依於仁（去私）㊲，游於藝（體道——知行合一）。

對孔子的這幾句話，朱熹曾作了一番精到的解釋：

此章言人之為學當如是也，蓋學莫先於立志，志道則心存於正而不他，據德則道得於心而不失，依仁則德性常用而物欲不行，游藝則小物不遺而動息有養；學者於此有以不失其先後之序、輕重之倫焉，則本末兼該，內外交養，日用之間，無少間隙，而涵泳從容，忽不

> 自知其入於聖賢之域矣。

可見我們爲學的次序本就「當如是」；而《大學》首章也說：

> 知止（志道立本）而后有定，定而后能靜，靜而后能安（存誠去私），安而后能慮（明善——知），慮而后能得（體道——行）。

所謂的「止」，指的是「至善」（至道）的所在；所謂的「定」、「靜」、「安」，乃是存誠的工夫；所謂的「慮」，就是辨明「至善」的意思；所謂的「得」，則是體驗「至善」的另一種說法。所以我們要做實踐的工夫，一定要以聖道爲依據，先立下大本，再藉讀書閱歷來儘量擴充知識，然後才由外而內的把「知」體貼到自家的生命上，從而反尋出聖人的本心（天理），依此循環推展，以至於由偏而全的收到發揮知性與仁性的效果。這一段的工夫，我們可從《中庸》作者在第二十章所說的一段話裡獲得更進一層的了解，他說：

> 或生而知之，或學而知之，或困而知之，及其知之，一也；或安而行之，或利而行之，或勉強而行之，及其成功，一也。

對於這段文字，大致可就天賦的差異與修學的層次兩個方面來加以探討。以天賦的差異來說，在「知」的方面，要了解一個同樣的道理，有的人只須憑藉天生的悟力，有的人則要經由後天的學習，更有的人得透過困苦的嘗試，難易雖然不同，卻能得到一致的結果；在「行」的方面，要踐行同樣的一個道理，有的人是發於天賦的德性，有的人乃基於受益的觀點（以爲對人我都有好處），更有的人則出於畏罪的心理[38]，情形雖然不同，卻能獲致同樣的成效。可見我們只要勇於實踐，就是資質再差，還是能夠無限的向上邁進的，所以《中庸》的作者在二十章之末曾特別强調說：

> 人一能之，己百之；人十能之，己千之；果能此道矣，雖愚必明（以知言），唯柔必強（以行言）。

實踐（擇善固執）的功效之大，由此可知。以修學的次序而言，在「知」的方面，一個人如果要收到積學的效果，就得先由「困知」、「學知」的人爲努力，在知識的領域裡覓得一立足點，使自己的「已知」到達一個基準，然後才能由外而內的激發「生知」的天賦力量，憑藉「已知」來推求「未知」，把瑣碎、粗淺的「知」提昇爲貫通、純淨的「知」（把「困知」、「學知」與「生知」治爲一爐），以呈顯內在的睿智；在「行」的方面，則緊承「知」，在「睿智」（知性）的指引下，經由「勉強而行之」、「利而行之」，直接用行爲去印證所得的「知」（事物的原理），再逐漸的達於「安行」的地步（把「勉強行」、「利行」與「安行」連成一體），從而激發更多更大的天賦力量——「仁性」（誠），以帶領「生知」、「學知」和「困知」（明）升高至另一層面，如此一層進一層的推展，把「性」的功能發揮至極致，而臻於「至誠」（也是「至明」）的境界。《中庸》第二十一章說：

自誠明（安行→生知），謂之性（天賦）；自明誠（困知、學知→勉強行、利行），謂之教（人為）。誠則明矣，明則誠矣。

所說的就是這種「知」與「行」、「天賦」與「人爲」合而爲一的道理。如果我們能照著這個次序，誠懇戒慎、自強不息的做去，那麼，「一旦豁然貫通焉」㊴，不但能盡己之性，且對「盡人之性」（成己）、「盡物之性」（成物）的天職，也必定能有所致力了。

註釋

①見《漢書·藝文志》第十《禮》家。

②見《宋史》卷二百二《藝文志》《禮》類。

③見鄭玄《三禮目錄》，孔穎達《禮記正義》卷六十與五十二引。

④《中庸》第二十一章，依朱熹《章句》，下併同。

⑤《中庸》首章說：「喜怒哀樂之未發，謂之中；發而皆中節，謂之和（成己）。……致中和，天地位焉，萬物育焉（成物）。」又二十五章說：「誠者，非自成己而已也，所以成物也。」可見「中和」說的也不過是一個「誠」字而已。

⑥《中庸》第十章說：「忠恕違道不遠，施諸己而不願，亦勿施於人。君子之道四：丘未能一焉：所求乎子以事父，未能也；所求乎臣以事君，未能也；所求乎弟以事兄，未能也；所求乎朋友先施之，未能也。」這裡所謂的「所求乎子以事父」，是恕，也是孝；所謂的「所求乎臣以事君」，是恕，也是敬；所謂的「所求乎弟以事兄」，是恕，也是弟；所謂的「所求乎朋友先施之」，是恕，也是信；可見同樣的一個恕「藏乎身」，是可隨著對象的不同而衍生出各種不同的道德行爲來的。它所以能如此，追根究底的說，乃是由於它緊緊的立根於一個源源不斷的力量泉源——「忠」的緣故。「忠」是「中心」的意思，與首章「喜怒哀樂之未發」之「中」，可以說同樣是繫於天命之性來講的。假定說，一個人的天命之「性」能夠發揮它的功能，那麼一旦受到刺激，變「性」（中）爲「情」（和），亦即轉「忠」爲「恕」，則必能化消形氣之私，使喜怒哀樂之情都「發而皆中節」，達到至善的境界；以此種心境（和）、心理（恕）來待人接物，自然就能做到「孝」、「敬」、「弟」、「信」（盡己之性），甚至「盡人之性」、「盡物之性」的地步（恕的根源爲忠（中），如落於內在的心之理來說，是仁；如開向

外在的物之理來說，則是知）。由此可知從前曾子用「忠恕而已矣」來解孔子一貫之道，是有他精深的道理在的。

⑦依朱熹《章句》，下併同。

⑧格、致義與明善相通，說詳戴君仁先生《梅園雜著》首章，頁一至頁六。

⑨見《中庸》第二十章。

⑩《史記．孔子世家》：「伋，字子思，年六十二。嘗困於宋。子思作《中庸》。」

⑪說本吳怡，見吳怡先生《中庸誠字的研究》第四章，頁四十至四十九。

⑫見《中庸》第十六章「誠之不可揜如此夫」句下朱注。

⑬《中庸》第二十章。

⑭《中庸》第二十六章。

⑮見《大學》經一章「在止於至善」句下朱注。

⑯同上。

⑰同上。

⑱《中庸》第十四章。

⑲此一極限可由後天「擇善固執」之功來突破，《中庸》第二十章說：「人一能之，己百之；人十能之，己千之；果能此道矣，雖愚必明，雖柔必強。」也就是這個意思。

⑳《中庸》第二十七章。

㉑此「仁」，與「敬」相對，乃諸德之一，與統攝羣德之「仁」，繫於性體來說的不同。

㉒前儒對「致知在格物」有著許多不同的解釋，其中爭論得最激烈的要算是朱熹和王陽明的說法了。在表面上看來，朱子訓「知」爲「知識」，是偏布於外，學而後知的，與陽明訓「知」爲「良知」，是本有於內，不學而知的，好像無法相容；其實，朱子所謂的知，如同陽明，也是根於心性來說的，他在〈格致傳〉裡曾明白的說：「蓋人心之靈，莫不有知；而天下之物，莫不有理；惟於理有未窮，故其知有不盡也。」可見他認爲「知」原本就存於人的心靈之內，是人人所固有的，只不過須藉外物之理來使它顯現罷了。因此他和陽明的不同，並不在它的根源處，而是在門徑上。朱子由於側重人類人爲（教育）的一面，所以主張採「自明誠」的途徑，藉「窮至事物之理」來「推極吾之知識」，以期「一旦豁然貫通焉（將粗淺的外在知識提昇爲純淨的內在睿智）」，而收到「吾心之全體大用無不明」（見《章句》及〈格致補傳〉）的效果；陽明由於側重人類天賦的一面，所以主張循「自誠明」的途徑，藉正「意之所發」來「致吾心之良知」，以期「吾良知之所知者，無有虧缺障蔽，而得以極其至」，而達到「吾心快然無復餘憾而自慊」（見〈大學問〉）的地步。這兩種主張，若從個人的盡性上著眼，雖都各有價值，卻也不免各有所偏，因爲天賦與人爲是交互爲用，缺一不可的；若從《大學》的本義上來看，則朱子的說法，似乎要比陽明的符合得多了，因爲《大學》所談的只是「自明誠」的道理而已。

㉓見《論語・爲政》篇。

㉔這就是《孟子》所謂「人皆可以爲堯舜」（〈告子〉下）的意思。

㉕見《中庸》首章「脩道之謂教」句下朱注。

㉖以上一段所謂的「天賦」，乃兼該偏全而言，「偏」是說天賦力量的局部發揮，指「學者」；「全」是說天賦力量的全部呈顯，指「聖人」。而所謂的「人爲」，則只是就「學者」來說的。

㉗見《孟子．梁惠王》上。

㉘參見唐君毅先生《哲學概論》第五章〈知識的分類〉頁三〇九～三三三。

㉙見《莊子．齊物論》，成玄英疏：「閑閑，寬裕也；間間，分別也。」

㉚因爲無論是人事或自然，由於物與人的內在潛能未能完全發揮出來，以致不免時有不善或不正常的現象產生，所以我們如果一不小心，那就要誤圓爲方，以病態爲正常了。《中庸》主張人要「擇善而固執」，既要「成己」，也須「成物」，原因在此。

㉛見朱子〈格致補傳〉。

㉜能自然發揮自己全部「知性」與「仁性」，時刻都「從容中道」的，是「聖人也」；至於「日月至焉而已」、「告諸往而知來者」，只能局部發揮「知性」與「仁性」的，則是賢（常）人了。

㉝《孟子．離婁》上。

㉞《孟子．滕文公》下。

㉟《孟子．告子》上。

㊱見《論語・述而》篇「志於道」句下朱注。

㊲朱注：「依者，不違之謂。仁，則私欲盡去，而心德之全也。」

㊳孔疏：「或勉强而行之，或畏懼罪惡，勉力自强而行之。」

㊴見朱子〈格致補傳〉。

（原載民國六十七年六月《中國學術年刊》二期）

分論篇

微觀古本與今本《大學》

——臺灣師大國文系經學研討會講

一

今天所講的題目是〈微觀古本與今本《大學》〉。現在學生讀的多是今本《大學》，偶爾有些老師會介紹古本《大學》。古本《大學》與今本《大學》最大的不同，在於其文句的順序。《大學》在古時候，只是《禮記》的一篇文章，不分章節。後孔穎達爲《禮記》作疏的時候，爲了註解的方便，他分了段落，但並不像後來分的那麼嚴格，所以真正爲《大學》分段的是朱熹。現在讀的今本《大學》即是朱熹的本子，他認爲裡面的文字順序有了問題，有脫簡、也有錯簡，現在就來看看今本《大學》它是如何調整的：第一個調整者，我們看古本「此謂知本，此謂知之至也」這十個字，因爲朱熹對格物致知的註解有所不同，所以將此十字移到後面去，也認爲「此謂知本」是衍文，而「此謂知之至也」上面有所遺漏，故在「此謂知之至也」前面補了「格致之傳」。我們現在讀今本《大學》這個傳，一定要好好的講，因爲是他的格物致知之說，如果只看他的章句還不夠，還要看他所補的「格致之傳」。爲何「此謂知本」是衍文，這我們等會再說。第二個所調整者，就是「所謂誠其意者」到「故君子必誠其意」這裡，將此移到「所謂修身在正其心者，身有所憤懥」上面，也就是「此謂知本」的後面。在「此謂知本」的後面，他補了一個《格致傳》，《格致傳》之後，才是「所謂誠其意者，毋自欺也」。第三處調整者，從「《詩》云瞻彼淇澳」一直到「此以沒世不忘也」，他也認爲是錯簡，而將它移到「與國人交止於信」底下。第四處調整，從「〈康誥〉曰：『克明德』」一直到「是故君子無所不用其極」，被往前移到「此謂知本，此謂知之至也」的上面。由上可知，朱熹調整的幅度是很大的，而主要所調整的是《大學》的前半段。此外，古本《大學》不分段，今本《大學》不但分段，還分經傳，從「大學之道」到「而其所薄者厚未之有也」，是經，而以下爲傳，「〈康誥〉曰：『克明德』」是傳的第一章；「湯之盤銘」是第二章；「《詩》云：『邦畿千里』」是第三章；「子曰：『聽訟』」是第四章；第五章補了《格致傳》；第六章闡釋「誠意」之意；第七章闡釋「正心修身」；第八章闡釋「修身齊家」；第九章解釋「齊家治國」；第十章解釋「治國平天下」。

二

現在我們緊接著要探討的是，朱熹作這樣的調整有沒有道理？爲何要調整呢？主要是朱熹無法解釋所謂「知本」及「知之至也」，尤其是「知本」。照古本《大學》的說法，能掌握本末先後就算是「知本」，就算是「知之至」了，這樣實在是太淺了，所以非調不可。朱熹認爲古本《大學》格物致知沒有像後面的綱目那樣清楚地解釋，他認爲有問題，所以補了格致之傳。他這麼調有何好處？而他所不足的地方也可以探討。《大學》的改本很多，在朱熹之後也有其他許多改本，根據朱彝尊《經義考》所蒐集的，將近有一百種。改了之後，對格物致知的說法就有幾十種。這麼多種說法，我們無法一一論述，只能談談朱熹的看法。

談到朱熹，我們很難不談到王陽明。王陽明崇尚古本，王對格物致知的看法與朱熹有何不同？朱熹對格物致知的看法是如何呢？他在《大學》章句中說：「致，推極也；知，猶識也。」更進一步說明說「推極吾之知識，欲其所知無不盡也。」這涵蓋面很大，他要所知無不盡，這跟格物是配合著講的。此外，「物，猶事也。」這說法沒有問題。例如修身的身是物，修身是事，他們之間的關係也就是二而一、一而二的。另外，又補充說「窮至事物之理，欲其極處無不到也。」講求一種完整無缺的道理。此一說法後來被人所批評，因爲格物在朱熹的語錄中，又被解釋說格物就是窮理。這樣解釋會有問題，因爲如此解釋，重點就變成在「窮」字上，而非「致」字上。王陽明在《大學問》中，對致知的解釋不同於朱熹，他認爲知是「吾心之良知焉耳」，那良知是什麼東西？是與生俱來的一種德性，良知者，孟子所謂是非之心。這是大家非常熟悉的，非常有名的說法。此外，王又補充說明，他說「凡意之所發，必有其事」，就是說因爲有事，所以使意發動，意所在之事謂之物。其中出現了一些問題，若配合底下的格跟正來說；正，意所在之事，但我們仔細來看王的說法，應該是正意而不是正事。雖然正意了之後，事也會隨著得到正的結果没有錯，但如果我們從訓詁的角度來看，是會有一些問題的。那就是依他的意思解釋出來，應該是正事，但實際上他講的是正意。「格者，正也」、「正其不正以歸於正」，所以正其不正是去惡，歸之於正是爲善。後來我們講王陽明的格物，就是要爲善去惡。現在回過頭來看看朱、王二人的說法問題出在那裡？朱熹要擴充知識到無所不到，所以前人就說這樣的格物致知，要做到何年方休？他另外的一些書裡面就說到，他的《大學經研講義》中專講格致，他說「身心性命之格，日用之常，以致天地鬼神之變，鳥獸草木之極」都包含其中。

我一開始讀《大學》時，是從朱熹本入手的，到現在爲止還是走朱熹的路。我們對朱熹有些懷疑，但不會掩蓋朱子說法的價值。很多人批判朱子的格物，要格到那一年才能完成。朱子的看法，其實只是提出一個格物的目標，因爲我們研究學術，重視的是本末、往復、偏全的問題，朱熹的作法是落在「全」的上頭，我們不能說他錯，但是就本來古本的順序來說，「此謂知本，此謂知之至也。」是針對一事一物而談的，那就是說，就《大學》來講，它重視的是學問的入門工夫，所以教導我們如何去認識一事一物的道理，而朱熹是教導我們認識所有事物之理，他是强調學術的終極目標，而忽略了《大學》的入手工夫。朱熹是完全就「人爲」這部分來著眼，也就是教育的部分來著眼，至於王陽明，他用良知來講，講究「天性」，朱著眼於「人」，而王著眼於「天」。我們剛才說過，他的格物致知之說，就是正意，正意換句話說，就是誠意。唐君毅先生說過：「格物致知沒有先後」。又說：「今循《大學》言知至而後意誠之意，雖可說爲知真至處，即意誠處，剋就二者之相關處言，亦無先後，而格物致知，亦原可無先後。」爲何無先後，因爲格物之前要先誠意，格物之後也要誠意啊！這就是王陽明强調的：要先立其大者，就是格物致知之前，要先把持住源頭的東西。所以王陽明提到此點，在儒家學術思想上有他的價值。王陽明把握到「自誠明」的真義，那個誠就是誠意，明就是格物致知。朱熹是講「自明誠」。唐君毅先生又說：「然《大學》立言次序，要是先格物，次致知，次誠意，次正心。《大學》言物格而後知至，知至而後意誠，而未嘗言意誠而後知至，知至而後物格。如依陽明之說，循上所論以觀，實以致『知善知惡，好善惡惡。』之知，至於真切處即意誠，意誠然後方得爲知之至。又必意誠而知至處，意念所在之事，得其正，而後可言物格。是乃意誠而後知至，知至而後物格。」所以王陽明說的是對的，他注意到天，因爲人爲的努力如果沒有天作爲源頭，是會落空的，但是落到《大學》來說，那就有問題了；因爲《大學》立言次序，是先格物，次致知，次誠意，次正心，這與陽明之説是不同的，所以唐君毅先生説陽明格物致知之説「非《大學》本文之序矣。」探討朱、王之説，顯然都有些問題，因此《大學》古本此時就提供了我們一些線索。

對於這個問題，我採取高仲華老師的説法。他説：「《大學》第一段裡明説『知止而後有定』，又説『知所先後，則近道矣』。又説『此謂知本』，而結以『此謂知之至也』，正是上文『物格而後知至，知至而後意誠』的『知至』。『物格而後知至』是與上文『致知在格物』呼應的。自其發動處去説是『致知』；自其結束處去説是『知至』。『知至』是那個知的獲得；『致知』是去獲得那個知。那個知是什麼呢？那便是知止之知，知所先後之知，知本之知。本是出發點，也是基礎；止是終極點，也是目標，而先後則是其中的過程階段，知此三者，然後可説獲得了全部（按：就一事一物言）的知。」這個案語是我下的，指的應該是某事某物比較好，而非一事一物的，因爲我們集很多件的事物以成某一類的事物。我們由基層往上提昇，那類別就愈來愈少，於是剩下幾個大的原理原則，也就是説，知識是累積提昇的，最後成一金字塔。如此看來，古本《大學》對格物致知的處理方式，是用「隱」的處理方式，而非用「顯」，因爲古代不只是《大學》而已，其他的書籍很多道理也都是用「隱」的方式來表現。《文心雕龍．隱秀》篇談的就是這個道理。所以清朝毛先舒説：「余讀《大學》古文，而知元無闕文，無衍文，亦未嘗顛倒錯亂。三代上人文章，或顯或隱，或錯綜，或整次，不拘一方，所以爲妙。格致知意在〈誠意章〉中，所謂隱也。誠意自應置在明德、新民、止至善諸説後，與正心修身一串説去，乃先説誠意，而中間將明德、新民、止至善諸旨隨意縱筆，錯落言之，然後乃及正心修身，此所謂錯綜敍法也。所謂修身……以後至末，則整次敍法也。此等文章，先秦西京固多有之，至韓愈猶存遺法，故不必如後儒操觚，勻齊方板耳。奈何則爲易置而增删之，遂使古人失其本來也哉！」從這段話可以了解，古代典籍的文意多有隱法的使用，《大學》的意旨採用隱法來表現，並非孤例，研究學術很怕遇到孤例，孤例會被認爲很主觀。由此可知，問題就出在古本《大學》對格物致知的說法，由於使用隱法，未能說清楚，所以導致後代有所誤解，而有改本的產生。

三

第二部分談到這裡告一段落，接著我們來談談篇章結構的部分。這部分主要是補充及回應前頭如高老師等人的說法。我們先看全篇的結構。不論是古本或今本《大學》，都是用演繹法寫成的。它們的不同在總括的部分，它們用「凡」用「目」，「凡」就是總括；「目」就是條分。也就是先總論，然後分論。古本、今本皆然。朱熹所謂的第一章，即所謂〈經〉這一章，就是總括的部分。不過古本的話，一定要將「此謂知本，此謂知之至也」移到前面來，這就是第一段。值得我們注意的，除了「此謂知本，此謂知之至也。」一個是原來（古本），一個是移後（今本）之外，最大的不同，那就是「此謂知本，此謂知之至也」之後，古本馬上接著「所謂誠其意者」根本就沒有談朱熹所謂的三綱，而朱熹馬上談三綱（明明德、親民、止於至善），再談八目。我從前教學是用今本，後來才改用古本迄今。因爲我起初覺得古本不如今本來得有條理，它太多變化了。我們看看今本，它在總論部分，先談三綱，接著是本末，然後談八目；而在分論的部分，也是依此順序談下來，這太有條理了，所以我一開始是採用今本教學的。我們再來看古本，由於古本沒有直接談格物致知，所以不必像今本來補格物致知的傳，它的格物致知的意思，就融在「凡」裡面。而〈誠意章〉擴大了，份量佔得很重。各位看「所謂誠其意者」一直到「是故君子無所不用其極」；以及「子曰：『聽訟』」一直到「大畏民志，此謂知本。」這是古本的〈誠意章〉。這〈誠意章〉中涵蓋了三綱。我從前不能接受此一作法，後來才接受。因爲我從章法上發現到古本《大學》的變化，其實也充滿著條理。這就可以解釋三綱爲何要放在這裡，而且三綱放在這裡，它有沒有橋樑？待會我們談到義理疏解的時候，會將重點擺在這裡。如果我們不懂章法，一定會覺得三綱被擺在這裡是非常奇怪的。現在我們來看第一段，它在這裡先談目標，再談方法。所謂目標就是三綱；所謂三綱（明明德、親民、止於至善），它們的關係是層進的，而不是並列的。它們是由明明德而親民，而到達止於至善的目標，所以我用目標來標註它們。有了目標，那究竟要如何達成？所以接下來有「方法」、有「步驟」。所以這裡先談知止、知先後，暗藏有致知的意思在裡面。底下條目的部分，就有所謂的八條目。八條目先逆推而後順推。所謂逆推，它是就起點來說；順推是就終點來說，所以致知跟知至不一樣。就如同高老師所說格物跟物格不一樣。這裡的條目分兩層：一個是平提；一個是側收。平提、側收是什麼呢？就是在提幾個重點之後，只是選擇其中的一樣來說解，但意思卻涵蓋其餘，類似以偏蓋全。你看它逆推八目，順推八目，最後是怎麼說的呢？它說「自天子以至於庶人，壹是皆以修身爲本。」這只是說到修身那一目而已，但「本」豈單指修身而已！其實這裡就是一種側收法，它雖然只是談到修身爲本，但其他的條目也都是本，它是以修身來涵蓋其餘的。例如齊家是治國之本，而修身是齊家之本，正心又是修身之本……等等，所以它後面說「其本亂而末治者否矣」，這是我們從文章章法上來解讀這篇文章的結果。所以說章法是很有用的。從這樣看來，我們以爲格物致知的說法，是在第一段裡面，這是可以成立的，這就是一種「隱」的寫作手法。

四

接著我們來看義理疏解的部分。假使我們體會得沒錯，《大學》的作者是就某事某物，一事一物開始談起，這個我們說是「偏」；而朱熹或者說「欲其所知無不盡也」，或者說「衆物之表裡精粗無不到」，這是自「全」的觀點來說的。由偏到全，有一個過程，其中就是格物致知多少，誠意正心就多少；誠意正心多少，回過頭來提昇格物致知的層面。其他的一樣，依此類推：誠意正心多少，修身齊家就多少；修身齊家多少，治國平天下就多少；治國平天下回過頭來，就是格物致知，這是一個循環。我當時就悟出一個道理，一定要涵蓋本末、反覆、偏全的道理，所以其中的道理是一種循環、互動而提昇關係，所以最近我用螺旋結構來解釋它。古本《大學》是就「偏」來說，它有它要達到的目標，也就是止於至善。「偏」的明明德、「偏」的親民，慢慢的走向「全」的「止於至善」，這是對的，所以古本《大學》給了我一種省思。第二點是綱目的呼應，誠意主要講的就是「誠於中，形於外」，也就是慎獨。由此以爲格物致知就不要慎獨了，實際上不是。我們看古本《大學》所說的「所謂誠其意者，毋自欺也。如惡惡臭，如好好色，此之謂自謙，故君子必慎其獨也。小人閒居爲不善，無所不至，見君子而後厭然，掩其不善而著其善，人之視己如見其肺肝然，則何益矣！此謂誠於中，形於外，故君子必慎其獨也。曾子曰：『十目所視，十手所指，其嚴乎！富潤屋，德潤身，心廣體胖，故君子必誠其意。』」所以要誠其意的緣故在這裡。底下又引《詩經》的話：「瞻彼淇澳，菉竹猗猗。有斐君子，如切如磋，如琢如磨。瑟兮僩兮，赫兮喧兮，有斐君子，終不可諠兮。」《大學》作者引了這段話後，他有所解釋，他說：「如切如磋者，道學也。」講的是學問之事，就是一種精益求精內修的工夫。「如琢如磨者，自修也。」一個道學，一個自修，走的是「自明誠」之路，這是誠其中，講的是明明德，包含格物、致知、誠意、正心、修身這幾個目。「瑟兮僩兮，恂慄也；赫兮喧兮，威儀也。」這講的是形於外，講的是親民，是指齊家治國平天下。接著看「有斐君子，終不可諠兮，道盛德至善，民之不能忘也。」這是講止於至善，無論誠中或形外都好，都要由「偏」走到「全」，到達最高止於至善的地步。所以後面說：「《詩云》：『於戲！前王不忘。』君子賢其賢而親其親，此以沒世不忘也。」這就是補充說明「止於至善」的效果。綜上所述，則格物致知等八目及明明德等三綱，皆已涵括在內。這種體會並非只是我個人的主觀看法，透過錯綜的章法，大家皆可看到其中的理路是非常清楚的。像朱子對於三綱八目的安排，秩序井然，而古本《大學》對此的安排，我們必須透過章法及義理的疏通來進行了解。這是古本《大學》與朱子今本的另一個不同點。最後一點就是經跟傳的問題。經跟傳是一個相當大的區分，古本《大學》當作是一篇；今本《大學》分經、傳。經是「孔子之言，而曾子述之」；傳是「曾子之意，而門人述之也」，這就非一人之作了。所以就了解《大學》而言，這是一個重要課題。如果是一人所作，那就不分經傳了。陳澧《東塾讀書記》中說：「〈豳風・七月〉首章鄭箋云：『此章陳人以衣食爲急，餘章廣而成之。』然則古人之文有以餘章廣成首章之意者。若朱子但於首章之下云：『餘章廣而成之』而不分經傳，則後人不能疵議矣。」陳氏看出《大學》是以餘章廣成首章，不能分爲經傳，這是他的高明處。

以上就是我所提出的三點課題。講到這裡，大家可以了解我個人採用古本《大學》的原因，雖然今本有它的好處，可是我總覺得改人家東西要有證據，所以我還是覺得用古本較好。

附篇章結構分析表：

1.第一段結構

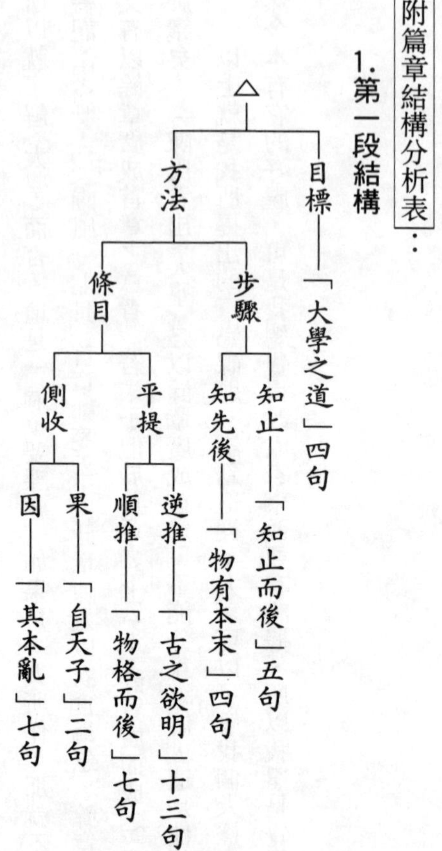

2.全篇結構

◎古本《大學》篇章結構表：

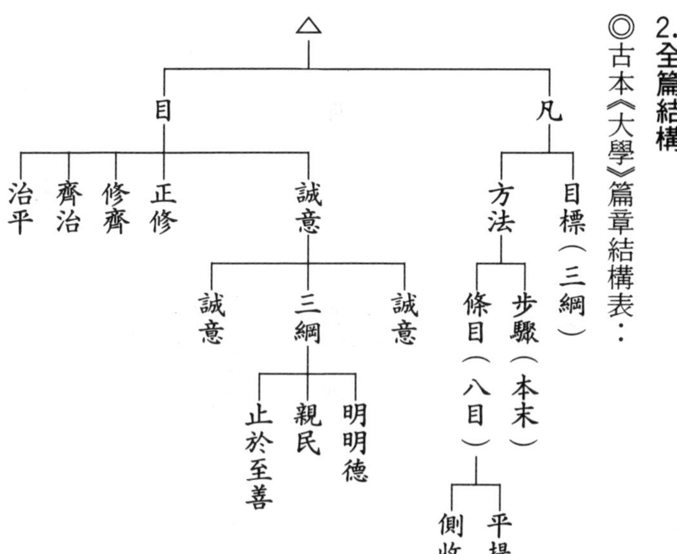

◎今本《大學》篇章結構表：

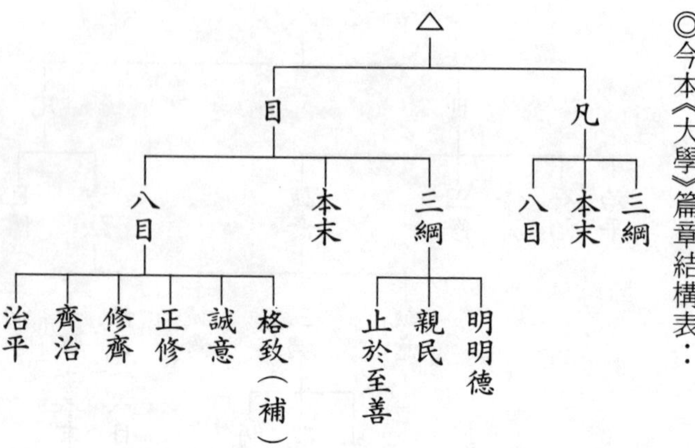

（原載民國八十九年十一月《國文天地》十六卷六期）

朱王格致說新辨

一、前言

自古以來，對《大學》「格物」、「致知」的解釋，以朱熹和王陽明的說法最受人重視。而朱、王兩人的說法，因各有所見、所指，致引起後代衆多學者不斷的爭議，就是到了今天，依然論辯不休，留下了相當可觀的爭論文字；一般專門論著不說，就連《中國哲學史》或《中國學術思想史》這一類的書，也無不論述及此，而看法卻不盡相同。由於本文受篇幅和一己能力之限制，實在無法也無意對此作一全面之總檢討，以定其是非；因此僅著眼於局部，將自己日常在教學的困惑中所疏理而得的一點點頭緒，酌參前賢今哲之說，粗略地提出來，俾供有類似困惑的教師或學生作參考而已。

二、朱、王格致說的重點

朱熹有關「格物」、「致知」的解釋、推闡，散見於他的相關論著（含黎靖德所編《朱子語類》）與一些書信，數量極為可觀。其中最引人注目而熟知的，就是《大學章句》，他在「致知在格物」下注云：

> 致，推極也。知，猶識也。推極吾之知識，欲其極處無不盡也。格，至也。物，猶事也。窮至事物之理，欲其極處無不到也。

又在第五章「竊取程子之意」以補「格致傳」云：

> 所謂致知在格物者，言欲致吾之知，在即物而窮其理也。蓋人心之靈，莫不有知，而天下之物，莫不有理，惟於理有未窮，故其知有不盡也。是以大學始教，必使學者即凡天下之物，莫不因其已知之理，而益窮之，以求至乎其極。至於用力之久，而一旦豁然貫通焉，則眾物之表裡精粗無不到，而吾心之全體大用無不明矣。此謂物格，此謂知之至也。

據此可知，朱熹認爲「格物」是要窮至天下事物之理，以求至乎其極，使衆物之表裡精粗無不到；「致知」是要推致吾心固有之知，以求至乎其極，使吾心之全體大用無不明。林啓彥在其《中國學術思想史》第四章釋此云：

> 他以為心本有知，惟欲致得心中之知，必須即物而求物之理。若不如此，則心所具之知亦無法發揮知理的能力，萬物之大理因無由認識發現，故必須接觸萬物、窮盡萬物以後，理方從心中的知豁顯出來，這時候心靈的巨大識理作用便能顯露。朱子一方面斷定辨識真理的力量蘊藏於人的心中，另一方面又承認若不通過經驗和研究事物，則無從得到真理①。

如此透過外在的「萬殊之理」以豁醒內在的「一本之知（智）」，將經驗之知（理）轉化爲開發之知（智），自然日積月累，就能逐漸融合內外，而有「豁然貫通」的一天。所以能如此，朱熹認爲是由於內外、物我一理的緣故。所以他在《朱子語類》卷十八又承程子之說②云：

> 格物、致知，彼我相對而言耳。格物所以致知。於這一物上窮得一分之理，即我之知亦知得一分；於物之理窮得二分，即我之知亦知得二分；於物之理窮得愈多，則我之知愈廣。其實只是一理，「才明彼，即曉此」。所以《大學》說「致知在格物」，又不說「欲致其知

> 在格其物」。蓋致知便在格物中，非格之外別有致處也。又曰：「格物之理，所以致我之知。」③

可見在朱熹眼裡，物我是一體，而合內外爲一的，所謂「才明彼，即曉此」，充分說明了這個道理。既然「格物」所格之「物」，爲外在萬殊的事物，所以是就「零細」來說；而「致知」之「知」，既然乃人心內在的靈知，因此是就「全體」來說。關於這點，朱熹在《朱子語類》卷十五云：

> 「格物，是物物上窮其至理；致知，是吾心無所不知。格物，是零細說；致知，是全體說④。

對這幾句話，姜國柱在《中國歷代思想史・宋元卷》第十章解釋說：

> 格物」是外物上求其至理，是主體意識作用於客觀事物；「致知」是吾心之知，是主體自我認識的過程。因為「心」是虛靈通明的神妙本體，無所不該，所以「致知，是全體說」；「物」是千差萬別的萬殊事物，所以「格物，是零細說」⑤。

這種解釋很合朱熹之原意。從以上的引述裡，可大致看出朱熹「格致」說的重點所在。

王陽明對「格物」、「致知」的解釋、推闡，也散見於他的相關論著（含徐愛所記《傳習錄》）與一些書信，數量亦十分可觀。而他最全面而扼要的說法，見於〈大學問〉，他說：

> 致者，至也；如云「喪致乎哀」之致。《易》言「知至至之」，「知至」者，知也；「至之」者，致也。致之云者，非若後儒所謂充廣其知識之謂也，致無心之良知焉耳。良知者，孟子所謂「是非之心，人皆有之」者也。是非之心，不待慮而知，不待學而能，是故謂之良知，乃天命之性，吾心之本體自然靈昭明覺者也。……物者，事也。凡意之所發，必有其事；意所在之事，謂之物。格者，正也；正其不正，以歸於正之謂也。正其不正者，去惡之謂也；歸於正者，為善之謂也；夫是之謂格⑥。

據此可知，王陽明認爲「格物」是要「正意所在之事」，「致知」是要「致良知」。而所謂的「良知」，是指道德的主體，是「作爲道德判斷的最後、最根本的依據」⑦，是必須通過「格物」的途徑才能呈顯⑧的。因此馮友蘭在《中國哲學簡史》第二十六章說：

> 他以為，致良知不能用佛家沉思默慮的方法，致良知，必須通過處理事務的日常經驗。

> ……物有是有非，是非一經確定，良知便直接知之⑨。

至於所謂的「事」，在這段文字裡雖沒交代，但《傳習錄．上》載王陽明在回答徐愛之問時卻這麼解釋：

> 如意在於事親，即事親便是一物；意在於事君，即事君便是一物；意在於仁民愛物，即仁民愛物便是一物；意在於視聽言動，即視聽言動便是一物；所以某說：「無心外之理，無心外之物」⑩。

可見王陽明所謂的「物（事）」，配合《大學》來看，指的是「身」、「家」、「國」、「天下」，而所謂的「格物（正事）」，就是「修身」「齊家」、「治國」、「平天下」。所以徐復觀在其《中國人性論史》第九章中加以闡釋云：

> 所謂「致知在格物」的「格物」，即不外於「修身」為本，推而至於「齊家」、「治國」、「平天下」。「身」、「家」、「國」、「天下」即是「物」；「修」、「齊」、「治」、「平」之效即是「格物」；「修」、「齊」、「治」、「平」之道即是「致

知」；在「修」、「齊」、「治」、「平」之道以外無所謂「致知」；在「修」、「齊」、「治」、「平」之效以外無所謂「格物」⑪。

可見王陽明的「致良知」絕不是「影響恍惚而懸空無實」⑫的；不過，所謂「無心外之理，無心外之物」，說明了「格物致知」是要「主觀意識（吾心）加於客觀事物，使之得其理，而不是於客觀事物求其理、求其知」⑬。所以王陽明於《傳習錄・中》云：

> 若鄙人所謂致知格物者，致吾新知良知於事事物物也；吾心之良知，即所謂天理也；致吾新知良知於事事物物，則事事物物皆得其理矣。致吾心之良知者，致知也；事事物物得其理者，格物也；是合心與理而為一也⑭。

由此可大致看出王陽明「格致」說的重點。

三、朱、王格致說的得失

首先看朱熹的說法，他是要人窮盡天下萬事萬物之理（格物），以完全呈顯心靈之知（致知）。若要達成這種目標，才能「誠意」、「正心」，則沒有人能可以做到。對這一點，高師仲華就在其〈大學辨〉中提出質疑說：

> 依朱子訓釋，「知識」包括天地間全部的知識，如「身心性命之德、人倫日用之常……以至於天地鬼神之變、鳥獸艸木之宜」（見朱子《大學經筵講義》格致節），不但要知之周遍，毫無遺漏，而且要知之精切，毫不含糊。試問：這樣的「致知」是可能的嗎？我想，世界上任何一位偉大的學者都不敢說，能做到這樣的「致知」。如果真照著去做，其結果一定是「博而寡要，勞而無功」，誠如陸象山所譏「支離事業竟浮沉」了。雖然朱子自辯，他不「以徇外誇多為務」，而「以反身窮理為主」（兩語均見《朱子語類》）；但是，「反身窮理」是否需要將天地間全部知識都推而至於極處，這實在是一問題⑮。

這確實是一個問題。因爲在《大學》本文中根本找不到它的依據，而且也無法解釋通古本《大學》中緊接著「其所厚者薄，而其所薄者厚，謂之有也」而說的「此謂知本，此謂知之至也」兩句話，於是把它移後至第五章（依《章句》），以爲「此謂知本」四字是「衍文」、「此謂知之至」上「別有闕文」，而補了一百多字的「格致傳」。如此僅著眼於「全」（終點）來說，顯與《大學》的原義有所出入，而且在《大學》本文裡也實在可找到「格致」之說，只不過沒有「細說」，而用了「隱」的表達方式而已。勞思光於《中國哲學史》第二卷第一章云：

> 「致知」之要點，則在於「知本」，亦即「知」一切理分支存在及次序，亦即「知所先後」；「格物」實與「致知」不可分。不過「格物」所強調者在於對遠近事物之分別，「致知」所強調者在於對先後工夫之分別；故「物有本末，事有終始，知所先後，則近道矣」乃「致知」及「格物」的本旨。然《大學》本文固未細說。日後宋明諸儒解此二義時之種種爭執，又皆是借題發揮。所說者固非《大學》之義，而乃各自所立之學說矣⑯。

對此，高師仲華也有類似之說法。他在〈大學辨〉裡說：

> 「致知」、「格物」，在《大學》本文裡就可找到的解。《大學》第一段裡，明說「知止而後有定」，又說「知所先後，則近道矣」，又說「此謂知本」，而結以「此謂知之至也」，正是上文「物格而後知至，知至而後意誠」的「知至」。「物格而後知至」是與上文「致知在格物」呼應的，「知至而後意誠」是與上文「欲誠其意者先致其知」呼應的。自其發動處去說，是「致知」；自其結束處去說，是「知至」。「知至」是那個「知」的獲得，「致知」是去獲得那個「知」。那個「知」是什麼呢？那便是「知止」之「知」、「知所

先後」之「知」、「知本」之「知」。「本」是出發點，也是基礎；「止」是終極點，也是目標；而「先後」則是其中的過程、階段。知此三者，然後可說獲得了全部的「知」⑰。

如此就「一事一物」（偏）來說，顯然把《大學》「格致」的「隱」義⑱都挖掘出來了，而且這樣來看待《大學》，該是比較接近其原意的。其實，朱熹也注意到「格物」要由「一事一物」（偏）做起，如《大學或問．下》載：

問：「伊川說：『今日格一件，明日格一件』工夫如何？」曰：「『如讀書，今日看一段，明日看一段。又如今日理會一事，明日理會一事，積習多後，自然通貫。』……今日既格得一物，明日又格得一物，工夫更不住地做。如左腳進得一步，右腳又進一步；右腳進得一步，左腳又進，接續不已，自然貫通。」⑲

可見朱熹如同程伊川，一樣主張由「一事一物」之基礎（偏）做起，只是過於注重「萬事萬物」之「通貫」（全），而忽略了《大學》首章僅僅是就基礎（偏）工夫來說，所以不得不走上改本、補傳這條路。這無疑地已改變了《大學》之原貌，的確不無可議之處⑳。

不過，他以爲求知的對象，不僅是一般的「倫理」、「事理」而已，還含有「物理」，是值得喝彩的，徐復觀於《中國人性論史》第九章云：

> 程、朱說「天下之物，莫不有理」，說「即物而窮其理」；這裡所說的物，已突破了《大學》原有的範圍，而伸向「凡天下之物」，連一草一木，都包含在內的自然方面；理的客觀性，始徹底明瞭；求知的限制亦隨之打破；這是中國文化，由道德通向科學的大關鍵。必如此，而學問的性格乃全[21]。

由於《大學》明明將「物」與「事」分別用「本末」、「先後」加以論述，强調了「物」與「事」的區別[22]，所以與其說朱熹所謂之「物」，已突破了《大學》原有的範圍，不如說朱熹已凸顯了《大學》「客觀性」的色彩。而這種「客觀性」，是與孔子的《中庸》思想互相應和的[23]。這可說是朱熹「格致」說之最大特色，具有重大之價值。

再看王陽明的說法，他是主張用「正意所在之事」來呈顯「良知」，也就是說要「把內心一切不正的意念革除，才能做到致良知於萬事萬物上，這樣便能達到修、齊、治、平之道」[24]，而且王陽明又指出「吾心之良知，即所謂天理也；致吾心良知之天理於事事物物，則事事物物皆得其理矣」[25]，如此心之體，便純然天理，通明自照，呈現其最高價值。林啓彥於其《中國學術思想史》第四章云：

王陽明又謂：「吾心之良知，即所謂天理也。」人的良知之心便是天理之所在，致良知於萬事萬物之中，即是致天理於萬事萬物之中，即是萬事萬物皆各得其理。王守仁教人「存天理」的方法，實際上是要把宇宙建立成一個源自內心良知普照的道德世界而已。王守仁把宋儒通過觀察認識外界而發現的宇宙的最高原理——天理，代之以用個人靈內索的途徑索求得的良知，作為此最高原理。個人因此成了宇宙最高價值之所寄㉖。

這樣主張「心即理」，對後代心學之研究，產生了莫大之影響。此外，值得一提的是，王陽明將「格物」解釋作「正事」，從另一角度來說，就是「正行爲」的意思。對此，勞思光於其《中國哲學史》第三卷（上）第五章云：

如此釋「格物」，實即以「正行為」為「格物」，蓋所謂「意所在之事」實指行為言，故陽明說「物者，事也」，此「事」字並非「事實」或「事象」之義，而與「從事」、「有所事」一語中「事」字之用法相近。觀陽明告徐愛云：「意之所在，便是物。如意在事親，即事親便是一物；意在於事君，即事君便是一物；意在於仁民愛物，即仁民愛物便是一物；意在於視聽言動，即視聽言動便是一物。」可知「物」實解為「行為」，「格物」即「正行為」；由此而論「致知在格物」一義，遂有「知行合一」之說。……因此學者如窮析「知行合一說」之基礎，則最後必歸至一「主體性」觀念；此一「主體性」可在「知善知惡」處透顯，但本身則不僅是判斷意念行為之能力，而是最後實有義。「知行」一詞中之「知」，自指「良知」，而「良知」必作為最後實有義之主體性看，方能使「知行合一說」成立；蓋「知」與「行」、「良知」與「意志」間之貫通，終依此最高主體性觀念方成為可能也㉗。

「良知」既「必作爲最後實有義之主體性看」，則「致良知」就是「明明德」，是可以貫穿「八條目」中的其餘六目的。關於這點，馮有蘭於其《中國哲學簡史》中云：

「八條目」的下兩部是「誠意」、「正心」。按王守仁的說法，誠意就是正事、致良知，皆以至誠行之。如果我們尋找藉口，不遵從良知的指示，我們的意就不誠。這種不誠，與程顥、王守人所說的「自私用智」是一回事。意誠則心正；正心也無非是誠意。其餘四步是修身、齊家、治國、平天下。照王守仁的說法，修身同樣是致良知。因為不致良知，怎麼能修身呢？在修身之中，除了致良知，還有什麼可做呢？致良知，就必須親民；在親民

> 之中，除了齊家、治國、平天下，還有什麼可做呢？如此，八條目可以最終歸結為一條目，就是致良知。什麼是良知？它不過是我們的心的內在光明，宇宙的本有的統一，也就是《大學》所說的「明德」。所以致良知也就是明明德。這樣，全部的《大學》就歸結為一句話：致良知㉘。

可見王陽明之「格致」說，和其「心即理」、「知行合一」之說，息息相關，而「致良知」，說的就是「明明德」，這在學術上，是有它特殊價值與貢獻的。

但是，他這樣來解釋「致知在格物」，簡單一點說，就變成了「正意」以「致良知」的意思，而「正意」也就等於是「誠意」，這樣，便和《大學》「致知」之後的「誠意」，上下重疊，形成了先後次序的顛倒。所以唐君毅於其《中國哲學原論‧導論篇》第九章云：

> 今循《大學》言知至而後意誠之意，雖可說為知真至處，即意誠處，剋就二者之相關處言，亦無先後，而格物致知，亦原可無先後。然《大學》立言次序，要是先格物、次致知、次誠意、次正心。《大學》言物格而後知至，知至而後意誠，而未嘗言意誠而後知至、知至而後物格。如依陽明之說，循上論以觀，實以致「知善知惡，好善惡惡」之知，至於真知處，即意誠，意誠然後方得為知之至。又必意誠而知至處，意念所在之事，得其正，而後可以

> 言物格。是乃意誠而後知至，知至而後物格，非《大學》本文之序矣㉙。

可見這種顛倒，形成「誠意」而後「致知」、「致知」而後又「誠意」之順序，的確無法與《大學》之次第相吻合。

由此看來，朱熹和王陽明之「格致」說，是各有所得、各有所失的。

四、朱、王「格致」說的融通

從表面上看，朱熹訓「知」爲「知識」，是遍佈於外，學而後得的，與陽明訓「知」爲「良知」，是本有於內，不學而致的，似乎落落難合。但實際上，朱熹所謂的「知」，如同陽明，也是根於內在之心性來說的，這可從朱熹所補「格致傳」所謂「蓋人心之靈，莫不有知」這兩句話中得到證明，而它只不過是要藉外在事物之理，使之呈顯而已。所以他和陽明的不同，並不在它的根源處，而是在從入的途徑上。這種不同，大致來說，可藉由《中庸》「誠」與「明」互動的天人思想加以融通。

《中庸》第二十章（依朱熹《章句》，下併同）說：

誠者，天之道也；誠之者，人之道也。誠者，不勉而中，不思而得，從容中道，聖人也；誠之者，擇善而固執之者也。

又第二十一章說：

自誠明，謂之性；自明誠，謂之教。誠則明矣，明則誠矣。

將此兩章文字合看：所謂「誠者」，指的就是「自誠明」，乃天命之「性」作用的結果，為「天之道」；所謂「誠之者」，指的就是「自明誠」，乃人為之「教」努力的結果，為「人之道」。以此來看朱熹和王陽明的「格致」說，很顯然地，朱熹所著眼的，是「自明誠」的「人之道」；而王陽明所著眼的，則是「自誠明」的「天之道」。試看《中庸》所說屬於「天之道」的「不勉而中（誠），不思而得（明）」，不就是王陽明「正意所在之事」（誠）以「致吾心之良知」（明）的意思嗎？而《中庸》所說屬於「人之道」的「擇善（明）而固執之（誠）」，和朱熹「窮理致知」（明）以推至於「誠意」（誠）的主張，不是互相吻合嗎？而屬於「天之道」的「自誠明」與屬於「人之道」的「自明誠」兩者，由於都以「天命」之「性」作為樞紐的緣故，該有著互動、循環而提昇的關係。《中庸》第二十五章說：

誠者，非自成己而已也，所以成物也。成己，仁也；成物，知也；性之德也，合外內知道也。

王夫之在其《讀四書大全說》中釋此說：

有其誠，則非但成己，而亦以成物矣；以此誠也者，足以成己，而無不足於成物，則誠之而底於成，其必成物審矣。成己者，仁之體也；成物者，知之用也；天命之性、固有之得也。而能成己焉，則仁之體立也；能成物焉，則知之用行也；仁之咸得，則是復其性之德也。統乎一誠而已，物胥成焉，則同此一道，而內外固合焉㉚。

可知「仁」和「知」（智），都是「性」的真實內容，而「誠」則爲「人性的全體顯露，即是仁與知（智）的全體顯露」，所以徐復觀在其《中國人性論史》第五章，配合《中庸》第二十一章加以說明說：

誠是實有其仁；「誠則明矣」（第二十一章），是仁必涵攝有知；因為明即是知。「明則誠矣」（同上），是知則必歸於仁。誠明的不可分，實係仁與知的不可分，因為仁知皆是性的真實內容，即是性的實體。誠是人性的全體顯露，即是仁與知的全體顯露。因仁與知，同具備於所命的人性、物性之中；順著仁與知所發出的，即成為具有普遍性的中庸之德之行；而此中庸之德之行，所以成己，同時即所以成物，合天人物我於尋常生活行為之中㉛。

而唐君毅在其《中國哲學原論‧原性篇》第二章也加以闡釋說：

《中庸》為此性為天命之性。至於就此性之表現言，則有二形態：其一為直承其為絕對之善，而自然表現為一切善德善行。此即吾人於〈原心篇〉下所謂直道的順天德、性德之誠，以自然明善，其極為不思而中，不勉而得，至誠無息之聖境，是所謂「自誠明，謂之性」也。至誠無息者，其生心動念，無不為此能自誠之性之直接表現，而「明著於外者」《中庸》於此乃更不言心更不言意念，而只言明。明即心知之光明，人至誠而無息，則其心知即只是一充內形外之光明，以表現此自誠之性，此外即更無心可說。是謂由誠而明。另一形態為人之未達至誠，而其性之表現，乃只能通過間雜之不善者，而更超化之，以去雜成純，以由思而中、勉而得。此極吾人於〈原性篇〉，所謂由擇乎正反兩端，以反反而正之工夫。人在此工夫中，乃以心知之光明開其先，而歷曲折細密之修養歷程，以至於誠。即所謂「自誠明，謂之教」，「致曲」以「有誠」也㉜。

如此說來，在《中庸》的作者眼中，「性」顯然包含了兩種能互動、循環而提昇的精神動能：「一是屬『仁』的，即仁性，乃人類與生俱來的一種成己（成德）力量；一是屬「知」的，即知性，爲人類生生不已的一種成物（認知）動能。前者可說是『誠』的動力，後者可說是『明』的泉源；兩者非但爲人人所共有，而且也是交互作用的，也就是說，如果顯現了部分的仁性（誠），就能連帶地顯現部分的知性（明）；同樣地，顯現了部分的知性（明），就能連帶地顯現部分的仁性（誠）。正由於這種相互的作用，有先後偏全知差異，故使人在盡性上也就有了兩條內外、天人銜接的路徑：一是由誠（仁性）而明（知性），這是就先天潛能的提發來說的；一是由明（知性）而誠（仁性），這是就後天修學的努力而言的」㉝。而這種先天之「性」與後天之「教」的兩種作用，如繼續不斷地互動、循環而提昇不已，則所謂「誠則明矣，明則誠矣」，必臻於亦誠亦明（仁且知（智））的「至誠」之域。

而朱、王之「格致」說，也可由這種「天」（性）、「人」（教）互動之道理來作一區別：「朱子由於側重人類人爲（教）的一面，主張『道問學』，所以要人採『自誠明』的途徑，藉『窮至事物之理』來『推極吾之知識』，以『一旦豁然貫通焉』（將粗淺的外在知識提昇爲純淨的內在睿智），而收到『吾心之全體大用無不明』的效果。而陽明由於側重人類天賦（性）的一面，主張知『尊德性』，所以要人循『自誠明』的途徑，藉『意之所發』來『致吾心之良知』，以期『吾良知之所知者，無有虧缺障蔽，而得以極其至』，而達到『吾心快然無復餘憾而自慊』㉞的地步。他們兩人的主張，如就整個人類『盡性』的過程來看，雖各有其價值，卻也不免各有所偏，可說皆著眼於『偏』而忽略了『全』，因爲天賦（性）與人爲（教），是交互爲用」㉟而形成「螺旋關係」㊱的。這樣，「格物」、「致知」多少，即「誠意」多少（人——「自明誠」）；「誠意」多少，即「格物」、「致知」多少（天——「自誠明」）；而由此類推，使人意識到「誠意」與「正心」、「正心」與「修身」、「修身」與「齊家」、「齊家」與「治國」、「治國」與「平天下」，也都是如此㊲；如此不停地互動、循環，提昇不已，自然就能由「偏」而「全」地臻於誠、明合一的聖人境界。

五、結語

綜上所述，可知朱、王二人，由於側重於「人」（教）這一面之「自明誠」、「天」（性）面之「自誠明」，以致對「格物」、「致知」的說法，也就有了顯著之不同。其中除了朱熹主張「窮至事物之理」以「推極吾之知識」而「誠意」（自明誠），將「理」，由「人」、「事」推向「物」，呈現其客觀性，打破一般求知之限制，大大影響後世外，王陽明以

「正意所在之事」（誠意）來釋「格物」、「致良知」來釋「致知」，形成其「心即理」與「知行合一」之說，也影響深遠，尤其它凸顯了「誠意而後致知」（自誠明）的順序，更值得大家注意，因爲它雖超越了《大學》原有的範圍，卻正好可和朱熹之說（自明誠）上（天）下（人）融通，藉以證出「格物」、「致知」二者和「誠意」之間天人互動、循環而提昇的螺旋關係。而朱、王「格致」說的異同與貢獻，也由此可見一斑。

註釋

①見《中國學術思想史》（書林出版公司，一九九九年九月四刷），頁二〇八～二〇九。

②黃錦鋐：「一旦豁然貫通，就要貫通內外，合外內之道，不能說完全求理於外，其實程子在《二程子遺書》第二十五卷上，已提到這個問題了。他說：『致知在格物，非由外鑠我也，我固有之也。』《二程子遺書》第十八卷上也說：『物我一理，才明彼，即曉此，合內外之道也。』朱子繼承這個說法，也認爲格物是合內外之道，自然不能求理於外。」見〈大學導讀〉，《四書導讀》（文津出版社，民國七十六年二月出版），頁廿六～廿七。

③見《朱子語類》第二冊（文津出版社，民國七十五年十二月出版），頁三九九。

④見《朱子語類》第一冊，同注③，頁二九一。

⑤見《中國歷代思想史・宋元卷》（文津出版社，民國八十二年十二初版一刷），頁三三七。

⑥見《王陽明全書・語錄》卷一（正中書局，民國六十八年十月臺六版），頁一二一。

⑦王開府：「良知是道德判斷的最初根據，也是道德律的先天基礎，它也是一種「知」（是非之知）。特別當《大學》將格物、致知與誠意、正心、修身連貫起來時，能指導誠意、正心、修身的最重要的知，是道德的知（良知或是非之知）。」見《四書的智慧》（萬卷樓圖書公司，民國八十四年十一月初版），頁三二一～三二二。

⑧林啓彥釋「致良知」：「致知並不是向外界事物進行研究學習，來發現知識，獲得事物的道理，而是致良知的致知。致良知須通過格物的途徑才能到達。」見《中國學術思想史》，同注①，頁二二七～二二八。

⑨見《中國哲學簡史》（北京大學出版社，二〇〇〇年十月第五次印刷），頁二六九。

⑩見《王陽明全書・語錄》卷一，同注⑥，頁五。

⑪見《中國人性論史》（台灣商務印書館，民國六十七年十月四版），頁二九七。

⑫見王陽明〈大學問〉，同注⑥。

⑬見姜國柱《中國歷代思想史・明代卷》，同注①，頁二一三。

⑭見《王陽明全書・語錄》，同注⑥，頁三十七。

⑮見《高明文輯》上册（黎明文化公司，民國六十七年三月初版），頁二四三。

⑯見《中國哲學史》第二卷（三民書局，民國七十年一月初版），頁四三。

⑰同注⑮，頁二四八。

⑱高明：「《大學》原本（即注疏本、古本）本來就不需要改易，並非『不可改易即不可通者』。沈曙說得好：『今古本俱在，試展卷把玩，則文意如是，段落如是，儘好讀，儘可思也。』（見《古本大學說義》）毛先舒說得更透闢，他說：『余讀《大學》古文，而知元無闕文，無衍文，亦未嘗顛倒錯亂。三代上人文章，或顯或隱，或錯綜，或整次，不拘一方，所以爲妙。……』（《聖學眞語》）毛氏看出《大學》文章的妙處，正在『或顯或隱，或錯綜，或整次，不拘一方』。他的識見，實在高出那些想把《大學》章次改得整齊的人。」同注⑯，頁二三九。

⑲見《朱子語類》第二册，同注③，頁三九二。

⑳參見拙作〈微觀古本與今本《大學》〉（《國文天地》，民國八十九年十一月，十六卷六期），頁四二～四九。

㉑同注⑪，頁二九九。

㉒王開府：「《大學》的「格物」應包括格『物』和『事』，所以《大學》說：『物有本末，事有終始，知所先後，則近道矣。』這是《大學》對格物的正解。」同注⑦，頁三一九。

㉓《中庸》「天命之謂性」之「性」，應包括物性。見拙作〈《中庸》的性善觀〉（台灣師大《國文學報》，民國八十八年六月廿八期），頁一～一六。

㉔同注①，頁二二八。

㉕同注⑭。

㉖同注①，頁二二八。

㉗見《中國哲學史》第三卷上（三民書局，民國七十年二月初版），頁四二一～四四一。

㉘同注⑨。

㉙見《中國哲學原論．導論篇》（新亞研究所，民國五十三年三月出版），頁二九三。

㉚見《讀四書大全說》（河洛圖書出版社，民國六十三年五月臺景印初版），頁二九九～三〇〇。

㉛同注⑪，頁一五六。

㉜見《中國哲學原論．原性篇》（新亞書院研究所，民國五十七年二月出版），頁六三～六四。

㉝見拙著《中庸思想的研究》（文津出版社，民國六十九年三月初版），頁一二三。

㉞見〈大學問〉，《王陽明全書．文錄》卷一，同注⑥，頁一二三。

㉟見拙作〈從偏全的觀點試解讀四書所引生的一些糾葛〉（台灣師大《中國學術年刊》，民國八十一年三月，十三期），頁一三。

㊱所謂「螺旋」，本用於教育課程，早在十七世紀，即由捷克教育學家紐斯所提出，主張使「各年級有關學科的教材中螺旋式地擴展和加深」見《教育大辭典》（上海教育出版社，一九九〇年．六月一版一刷），頁二七六。又參見拙作〈談儒家思想體系中的螺旋結構〉（台灣師大《國文學報》，民國八十九年六月，廿九期），頁一～三四。

㊲見拙作〈談儒家思想體系中的螺旋結構〉，同注㉟。

（二〇〇一．十二月十二日完稿）

談《大學》所謂的「誠意」

一、前言

《大學》本是《禮記》的第四十二篇，所論的不外是修己治人的道理。就在這修己（明明德於己）的過程裡，「誠意」一目，上接「致知」，下開「正心」，可說居於由知（智）轉仁的關鍵地位。尤其就古本《大學》來看，在「誠意」一節，不僅指明「誠意」的要領在於「慎獨」，也插敘了「明明德」、「親民」、「止於至善」的道理，表示三者都有待於「誠意」來完成，更可看出「誠意」的重要來。

二、何謂誠意

《大學》的作者對「誠意」的意義，作了如下直接的說明：

所謂「誠其意」者，毋自欺也。如惡惡臭，如好好色，此之謂自謙。故君子必慎其獨也。

對這段文字，孔穎達疏云：

此一節明誠意之本，先須慎其獨也。毋自欺也，言欲精誠其意無自欺誑於身，言於身必須誠實也。如惡惡臭者，謂臭穢之氣，謂見此惡事，人嫌惡之，如人嫌臭穢之氣，心實嫌之，口不可道矣。如好好色者，謂見此善事而愛好之，如以人好色，心實好之，口不可道矣。言誠其意者，見彼好事惡事，當須實好惡之，不言而自見，不可外貌詐作好惡，而內心實不好惡也，皆須誠實矣。此之謂自謙者，謙讀如慊。慊然安靜之貌，心雖好惡，而口不言，應自然安靜也。（《禮記正義》）

而朱熹則注云：

> 言欲自修者，知為善以去其惡，則當實用其力而禁止其自欺，使其惡惡，則如惡惡臭；好善，則如好好色；皆務決去而求必得之，以自快足於己，不可徒苟且以徇外而為人也。然其實與不實蓋有他人所不及知，而已獨知之者，故必謹之於此，以審其幾焉。（《大學章句》）

孔、朱二人的解釋，初看起來，除了「自謙」之「謙」的說法有所不同外，其他的似乎沒多大差異。不過，稍作仔細探討，則很明顯地可以發現孔疏說得比較瑣細，而朱注卻能掌握義理的層面加以疏通，並且也扣住了「知至而后意誠」的道理來發揮。

由以上《大學》的本文與孔疏、朱注看來，「誠意」指的是「心之所發」能「真實無妄」（朱熹《中庸章句》），好像人「好好色」、「惡惡臭」一樣，完全自快自足，沒有絲毫虛假攙雜其間，這就是「精誠其意在內不可虛也」（孔疏）的意思。要做到這點，是必須從《中庸》所說的「勉强而行之」（即「畏懼罪惡，勉力自强而行之」，見孔疏）做起的。所以《大學》的作者特用「毋自欺」這種警戒的口氣來解釋「誠意」，而且隨後即就「慎其獨」以求「毋自欺」進一步作這樣的說明：

小人閒居為不善，無所不至；見君子，而後厭然，揜其不善而著其善。人之視己，如見其肺肝然，則何益矣？此謂誠於中，形於外。故君子必慎其獨也。曾子曰：「十目所視，十手所指，其嚴乎！」

這段話，顯然用的還是警戒的口氣，以「小人閒居爲不善」爲例，從反面說明「誠於中」必「形於外」的道理，藉以說明「君子必慎其獨」的原因，而又藉曾子告誡之語來作總結，朱熹注說：

此君子所以重以為戒，而必謹其獨也。（《大學章句》）

又說：

言雖幽獨之中，而其善惡之不可揜如此，可畏之甚也。（同上）

由此可見「愼其獨」以求「毋自欺」的重要。如果能如此從正面做到「誠於中」（即誠意），那就必能「形於外」，而獲得良好效果，所以《大學》的作者便又由及而正地用鼓勵的口氣說：

富潤屋，德潤身，心廣體胖。故君子必誠其意。

既然「善之實於中而形於外者如此」（朱注），那麼「君子必誠意」的意思，便在一面警戒、一面鼓勵的方式下表達得相當充分了。

三、誠意與致知、正心

《大學》八目的順序，在「誠意」之先是「致知」而後爲「正心」，三者之關係是至爲密切的。先就「誠意」與「致知」來說，所謂：

欲誠其意者，先致其知。

知至而后意誠。

可知「致知」是「誠意」的先決條件，而究竟在「誠意」前，要「知」什麼呢？朱熹以爲：

推極吾之知識，欲其所知無不盡也。（《大學章句》）

這是就人爲教育（自明誠）的終點而言，而不是針對其起點或過程的「此謂知本，此謂知之至（獲得一事一物或多事多物的本末先後之完整的知）」來說。而王陽明則以爲是：

> 致吾心之良知焉耳。（《大學問》）

這是就天然性體（自誠明）的呈顯而言，而不是針對「博學可以爲政」（鄭玄《三禮目錄》，《禮記正義》引）來說。所以他們所說雖各具卓識，卻未必全合《大學》作者原本的意思。其實，朱熹在解釋「毋自欺」一語時就說：

> 自欺云者，知為善以去惡而心之所發者有未實也。（《大學章句》）

在這裡，他提出了人要「知爲善以去惡」，這正是人在能辨別善惡後所該「勉强而行之」的事。《中庸》第二十章（依朱熹《章句》）說：

> 誠身有道，不明乎善，不誠乎身矣。

說的也是這個道理，只不過把《大學》的「誠意」拓為「誠身」而已。而這種善惡的辨別，不是要靠一事一物以至於多事多物所獲得的統整之「知」（知至）由外而內地呈現相應的「良知」來達成的嗎？這和朱熹「吾心之所知無不盡」然後「意可得而實」（《大學章句》）、王陽明「為善去惡」（格物）然後「致吾心之良知」（《大學問》）的說法，是有所差別的。既然「為善以去惡」是「誠意」的工夫，而知善惡又是致知的結果，所以兩者先後銜接是極自然的事。

再就「誠意」與「正心」來說，所謂：

欲正其心者，先誠其意。

意誠而后心正。

可知「正心」以「誠意」為先決條件，而「意」既為「心之所發」（朱熹《大學章句》），當然統之於「心」，如「意」不「誠」，「心」必不可得而「正」，所以《大學》的作者在說了「誠意」之後接著說：

身有所忿懥，則不得其正；有所恐懼，則不得其正；有所好樂，則不得其正；有所憂患，則不得其正。

這裡的「身」，程頤以爲「當作心」（見朱熹《大學章句》），是十分正確的。而不「中節」的「忿懥」、「恐懼」、「好樂」、「憂患」，正是「心之所發有未實」，以致「爲善以去惡」不能徹底的結果，這樣「心」自然就「不得其正」。或許由於這種「意既實，則心可得而正」（朱熹《大學章句》）的道理，比較容易明白，因而《大學》的作者也就不另立「所謂正心在誠其意者」一章來說明了。

四、誠意與明明德、親民、止於至善

古本《大學》的「誠意」章，在說了「誠於中，形於外」的正面效果是「德潤身」、「心廣體胖」後，接著又說：

《詩》云：「瞻彼淇澳，菉竹猗猗！有斐君子，如切如磋，如琢如磨；瑟兮僩兮，赫兮喧兮；有斐君子，終不可諠兮。」

《大學》的作者在此，引《詩·衛風·淇澳》之詩，承上來說明「誠於中，形於外」的道理。其中「如切如磋」二句，說的既是「誠於中」之事，也是「明明德」的事；而「瑟兮僩兮」四句，說的既是「形於外」之事，也是「親民」、「止於至善」的事。所以《大學》的作者先順勢闡釋說：

> 如切如磋者，道學也；如琢如磨者，自修也；瑟兮僩兮者，恂慄也；赫兮喧兮者，威儀也；有斐君子，終不可諠兮者，道盛德至善，民之不能忘也。

所謂「道學」、「自修」，是「明明德」的工夫；所謂「恂慄」、「威儀」，是「親民」的表現；所謂「盛德至善，民之不能忘」，是「止於至善」的結果。由此看來，「誠意」與「明明德」、「親民」、「止於至善」三者間的關係至爲密切，那就難怪古本《大學》就以此爲橋梁，帶出引證「明明德」、「新（親）民」、「止於至善」這種道理的三章（即朱熹《章句》傳之首、二、三章）文字，來作進一層的說明，並且以「聽訟」章作一收束：

> 子曰：「聽訟，吾猶人也；必也使無訟乎！」無情者不得盡其辭，大畏民志；此謂知本。

所謂「大畏民志」，就是「誠其意」的意思；所謂「知本」，就是能知以「誠意」爲本的意思，所以鄭玄注云：

> 情，猶實也。無實者，多虛誕之辭。聖人之聽訟，與人同耳，必使民無實者，不敢盡其辭，大畏其心志，使誠其意，不敢訟。本，謂誠其意也。（《禮記正義》引）

可見古本《大學》自「所謂誠其意者，毋自欺也」起至「大畏民志，此謂知本」止，該是完整的一節文字，專用以論「誠意」，而程、朱卻以爲舊本有誤，把它割裂調整，這樣一來就看不清「誠意」的全貌了。

五、結語

儒家講「恕」（爲仁之方），是衆所周知的事。如果用這個「恕」來看《大學》一書，則它講的也不外這種道理。就以八目而言，「格物」、「致知」，講的是知「恕」；「誠意」、「正心」、「修身」，講的是藏乎「恕」；「齊家」、「治國」、「平天下」，講的是行「恕」於「家」、「國」、「天下」。而「誠意」正是藏乎「恕」的起始，能否「爲善以去善」，端看此刻的工夫，《大學》的作者特別要人「必慎其獨」，原因就在這裡。

（原載民國八十八年二月《國文天地》十四卷九期）

論「恕」與大學之道

一、前言

《論語》一書，講「恕」的地方雖少，但有一回，子貢問孔子說：「有一言而可以終身行之者乎？」孔子就回答說：「其恕乎！己所不欲，勿施於人。」（見〈衛靈公〉篇）可見「恕」的重要。而《大學》一書，則僅在講「治國在齊其家」（傳之九章，依朱熹《大學章句》）時，提到了一次「恕」，那就是「所藏乎身不恕，而能喻諸人者，未之有也」，似乎只有在此時要講「恕」；而其實，整本書所論的，都與「恕」有關，三綱是如此，八目也是如此，茲分述如左。

二、何謂恕

「恕」字在《論語》一書中，僅兩見：一見於〈衛靈公〉篇所記孔子答子貢之問，對這一章，何晏注云：

言己之所惡，勿加施於人①。

又邢昺疏云：

言唯仁恕之一言，可終身行之也。己之所惡，勿施於人，即恕也。②

而朱熹則注云：

推己及物，其施不窮，故可終身行之。（《論語集注》）

又引尹焞云：

學貴於知要，子貢之問，可謂知要矣。孔子告以求仁之方也，推而極之，雖聖人之無我不出乎此，終身行之，不亦宜乎！（同上）

在上引注釋中，何、邢二人所說的，都屬消極性的「恕」，而朱、尹二人所言，則兼顧了「恕」的積極一面。此外，值得注意的是，邢昺將「恕」與「仁」並提，而尹焞則明指「恕」是「仁之方」，這就牽出了「恕」與「仁」的關係。如果翻一下《論語》其他篇章，可以發現他們的這些話，都有充分的依據，如〈公冶長〉篇說：

子貢曰：「我不欲人之加諸我也，吾亦欲無加諸人。」子曰：「賜也，非爾所及也！」

朱熹注此云：

子貢言我所不欲人之加於我之事，我亦不欲以此加之於人，此仁者之事，不待勉強，故夫子以為非子貢所及。（《論語集注》）

可見「恕」和「仁」的關係是極密切的。又如〈雍也〉篇說：

（子曰）夫仁者，己欲立而立人，己欲達而達人。能近取譬，可謂仁之方也已。

何晏釋此云：

能近取譬於己，皆恕，己所欲而施於人③。

而朱熹則注云：

以己及人，仁者之心也。……近取諸身，以己所欲，譬之他人，知其所欲亦如是也，然後推其所欲，以及於人，則恕之事而仁之術也。（《論語集注》）

可見「恕」有積極一面，且爲「仁之方」。再如〈顏淵〉篇說：

仲弓問仁。子曰：「出門如見大賓，使民如承大祭。己所不欲，勿施於人。在邦無怨，在家無怨。」

邢昺釋此云：

> 此章明仁在敬恕也。……己所不欲，勿施於人者，此言仁者必恕也④。

可見「恕」乃「仁者」之必然表現，是可由消極一面做起的。因此「恕」有消極與積極兩面，爲「仁之方」、「仁之術」，這樣當然就「可以終身行之」了。除此之外，「恕」字又推原於「忠」，形成「忠恕」一詞，另見於〈里仁〉篇：

> 子曰：「參乎！吾道一以貫之。」曾子曰：「唯。」子出，門人問曰：「何謂也？」曾子曰：「夫子之道，忠恕而已矣！」

對於「忠恕」一詞，邢昺疏云：

> 忠謂盡中心也，恕謂忖己度物也⑤。

而朱熹則注云：

> 盡己之謂忠，推己之謂恕。……或曰：中心為忠，如心為恕，於義亦通。（《論語集注》）

又引程顥云：

> 以己及物，仁也。推己及物，恕也。違道不遠是也。忠恕一以貫之，忠者天道，恕者人道。忠者無妄，恕者所以行乎忠也。忠者體、恕者用。大本、達道也。（同上）

從這些注釋看來，「恕」乃植根於「忠」的一種德行。人只要能「盡己」、「盡中心」，則能「推己」、「忖己度物」，這種説法，所著重的是「行」（事）而非「心」（體），都有著「勉强而行之」的意味。歷來學者一直把「忠恕」只認作是成德或求知的方法，就是由於這個緣故。不過，從字的形體來看，所謂的「忠」，就是「中心」（不偏之心）的意思；而「恕」則是「如心」的意思⑥。這樣，它們的主體是「心」，而「中」與「如」（均平之意，見《廣雅》）則是屬於限制性、形容性的兩個附加詞。用這種解釋來看「忠恕」一貫之道，以「忠」爲天道、「恕」爲人道，似乎更貼切些。朱熹以爲如此「於義亦通」，或許就著眼於此來説的。

由此看來，「恕」既是植根於「忠」的一種心德、德行，更是「仁之方」、「仁之術」。如果以「三行」來看，則「恕」是由「勉強而行之」或「利而行之」的，為「義」，《孟子·盡心上》所說「強恕而行，求仁莫近焉」，即指此而言；而由「安而行之」的，則為「仁」，程顥所謂「以己及物，仁也」，就是指這種「安而行之」的「恕」來說的。

三、恕與大學三綱

《大學》以「明明德」、「親（新）民」、「止於至善」為三綱⑦，全和「恕」有著密切的關係。先以「明明德」而言，所謂「明明德」，鄭玄注云：

謂顯明其至德也⑧。

又孔穎達疏云：

謂身有明德，而更彰顯之⑨。

而朱熹則注云：

> 明德者，人之所得乎天，而虛靈不昧，以具眾理，而應萬事者也。但為氣稟所拘，人欲所蔽，則有時而昏，然其本體之明，則有未嘗息者。故學者當因其所發而遂明之，以復其初也。（《大學章句》）

鄭、孔兩人對「明德」一詞，並沒多作解釋，鄭玄將它釋爲「至德」，和《大學》作者所引「帝典曰『克明峻德』」之「峻德」有些相似，但依然不能藉以看出它的內容。而朱熹則直貼天命之性來加以說明，這與其說是參考《大學》作者所引「〈大甲〉曰：『顧諟天之明命。』」來說，不如說是依據《中庸》一開端所說「天命之謂性」解釋來得好。由《中庸》之作者看來，自然生人，即賦人以性。這個「性」，是人與生俱來、生生不已的精神動能，它照《中庸》第二十五章（依朱熹《章句》）「成己、仁也；成物，知也；性之德也，合外內之道也」的說法，可大別爲二：一是屬「仁」的，即仁性，也就是「仁」之「明德」；一是屬「知」的，即知性，也就是「知」之「明德」。這兩種「性」（明德），不僅是人人所固有，而且是互爲影響的，也就是說：人如果呈顯了部分的仁性（仁之明德），必能連帶地呈顯部分的知性（知之明德），這是就天賦——「性」來說的；又如果呈顯了部分的知性（知之明德），也必能相應地呈顯部分的仁性（仁之明德），這是就人爲——「教」來說的。人就這樣的在天賦（自誠明）與人爲（自明誠）的交互作用下，由偏而全地將仁、知（智）之性（明德）發揮出來，最後臻於「從心所欲不踰矩」（《論語．爲政》）的「至誠」（也是「至明」）的境界。《大學》的作者要人「明明德」，就是要人發揮這種「知」（智）和「仁」的「明德」，而發揮了多少「仁」、「知」（智）的「明德」，自然就可以相應地形成多少的「恕」，因爲「恕」（如心）是就「喜怒哀樂發而皆中節」（《中庸》第一章）的「情」（即「和」）來說的；而「忠」（中心）是就「喜怒哀樂之未發」（同上）之「性」（即「中」）來說的。它們的關係可由下表表示：

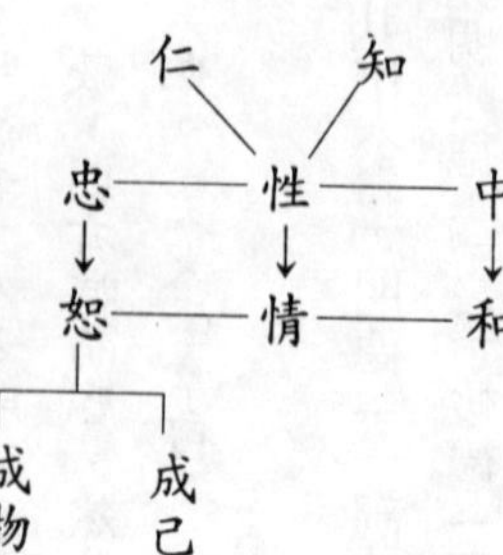

這樣看來，「恕」和「明明德」是有著直接的關係的。

再以「親（新）民」而言，所謂「親民」，孔穎達疏云：

> 親愛於民[10]。

而程頤則云：

> 親，當作新。（朱熹《大學章句》引）

兩人說法雖不同，卻各有所本。如《大學》第三章說：

> 君子賢其賢而親其親，小人樂其樂而利其利。

而第九章說：

> 民之所好好之，民之所惡惡之，此之謂民之父母。

又《尚書·堯典》說：

> 克明峻德（明明德），以親九族；九族既睦，平章百姓；百姓昭明，協和萬邦（親民）；黎民於變時雍（止於至善）⑪。

這些都足以證明「親愛於民」的解釋，是有其依據的。而《大學》第二章所引〈湯盤〉「苟日新」、〈康誥〉「作新民」及《詩經》「其命維新」等句，全以「新」爲詞，且《尚書·金縢》記成王迎周公之辭云：

> 今天動威，以章周公之德，惟朕小子其新逆，我國家禮亦宜之⑫。

顯然地把「新」通作「親」；這些都足以證明「親當作新」的說法，並不是沒有來由的。既然兩說都有根據，那麼究竟以何者爲正確呢？答案是兩者都對，只是「親民」是就起點說，而「新民」是就結果說，先後有別而已。

既然「新民」之前要「親民」，那就直接與「恕」有關，因爲「親民」，即「明明德於其民」的意思，是要將心比心（恕）來對待他們的，這就是王陽明所謂：

> 親民乃所以明其明德也。是故親吾之父，以及人之父，以及天下人之父，而後吾之仁，實與吾之父，人之父，與天下人之父，而為一體矣。實與之為一體，而後孝之明德始明矣。親吾之兄，以及人之兄，以及天下人之兄，而後吾之仁，實與吾之兄，人之兄，與天下人之兄，而為一體矣。實與之為一體，而後弟之明德始明矣。君臣也，夫婦也，朋友也，以至於山川鬼神鳥獸草木也，莫不實有以親之，以達吾一體之仁，然後吾之明德始無不明，而真能以天地萬物為一體矣⑬。

這樣由己之親而推及於人之親，以至於「天地萬物」，說的就是「恕」，更是「新」的憑藉。朱熹注「新民」云：

> 新者，革其舊之謂也。言既自明其明德，又當推以及人，使之亦有以去其舊染之污也。
> （《大學章句》）

所謂「推以及人」，就是「恕」，也是「新民」的先決條件。由此可知「親（新）民」與「恕」是分不開的。

末以「止於至善」而言，所謂「止於至善」，是指「明明德」與「親（新）民」達於「至善」之境來說，朱熹注云：

> 言明明德、新民，皆當止於至善之地而不遷，蓋必其有以盡夫天理之極，而無一毫人欲之私也。（《大學章句》）

說的就是這個意思。而所謂「有以盡夫天理之極，而無一毫人欲之私」，便是純然做到「（忠）恕」的結果。《中庸》第十三章說：

> 忠恕違道不遠，施諸己而不願，亦勿施於人。君子之道四，丘未能一焉；所求乎子以事父，未能也；所求乎臣以事君，未能也；所求乎弟以事兄，未能也；所求乎朋友先施之，未能也。

由這段文字，可知「恕」的表現可分爲兩類：「一是消極性的，那就是『施諸己而不願，亦勿施於人』；一是積極性的，那就是『所求乎子以事父』、『所求乎臣以事君』、『所求乎弟以事兄』、『所求乎朋友先施之』。由於這兩種『恕』，並立根於『忠』，兼及『施』與『勿施』，牢籠既周遍，植基亦深厚，所以自然就成了羣德的總匯（安行忠恕是仁，利行、勉行忠恕是義），試看所謂的『所求乎子以事父』，既是『恕』，也是『孝』；所謂的「『所求乎臣以事君』，既是『恕』，也是『敬』⑭；所謂的『所求乎弟以事兄』，既是『恕』，也是『悌』；所謂的『所求乎朋友先施之』，既是『恕』，也是『信』。而『施諸己而不願，亦勿施於人（父、君、兄、朋友）』，固然是『恕』，又何嘗不是『孝』？不是『敬』？不是『悌』？不是『信』呢？可見同樣的一個『恕』『藏乎身』，是可隨著所待對象的不同，而衍生出各種不同的道德行爲來的。因此，如果有一個人，他的天命之性（包括知性與仁性）能夠發揮它的功能，而保有『中心』（忠），那麼，一旦受到刺激，變『性』（中）爲『情』（和）、轉『忠』（中）爲『恕』（和），則必能化消形氣之私，使自己的喜怒哀樂之情，在『知性』與『仁性』的疏導下，發而皆中節，達到『至誠』（亦誠亦明）的境界；用此種心境（和）、心體（恕）來待人，自然就能做到孝、敬、悌、信的地步。」⑮而這種「孝」、「敬」、「悌」、「信」，正是「至善」的表現，試看《大學》釋「止於至善」說：

為人君，止於仁；為人臣，止於敬；為人子，止於孝；為人父，止於慈；與國人交，止於信。

這裡所謂的「至善」，雖比《中庸》所說多了「爲人君」的「仁」（與「爲仁之方」之「仁」不同）和「爲人父」的「慈」，卻少了「爲人弟」的「弟」（悌），但一樣都根源於一個「（忠）

恕」，它們的關係可由左表看出：

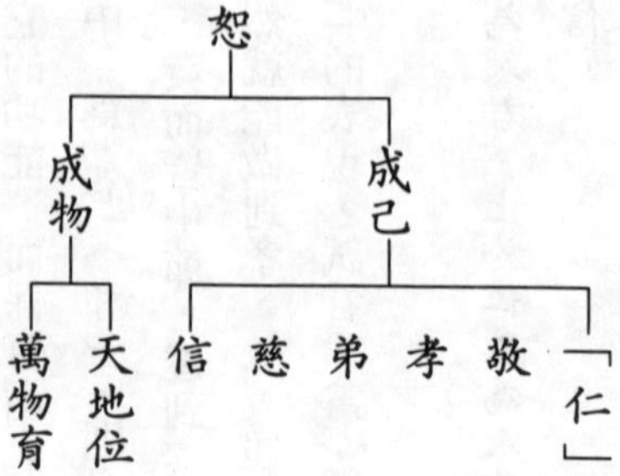

- 恕
  - 成己
    - 「仁」
    - 敬
    - 孝
    - 弟
    - 慈
    - 信
  - 成物
    - 天地位
    - 萬物育

而朱熹注此云：

> 聖人之止，無非至善，五者乃其目之大者也。學者於此究其精微之蘊，而又推類以盡其餘，則於天下之事，皆有以知其所止而無疑矣。（《大學章句》）

可見「止於至善」在成己、成物方面，和「（忠）恕」是脫不了關連的。

四、恕與《大學》八目

本來談了三綱，就等於談了八目，因爲「格」、「致」、「誠」、「正」、「修」是「明明德」之事，「齊」、「治」、「平」是「親（新）民」之事，而將這兩種事由偏而全地做得完美無缺，便是「止於至善」的事。不過，只談「綱領」（朱熹《大學章句》），而忽略「條目」（同上），還是不能探得完整之面貌，因此特將八目，依《大學》的行文順序與各章內容之所涵攝，分爲「格、致」、「誠」、「正、（修）」、「修、（齊）」、「齊、（治）」和「治、平」等，依次加以探討，以見「恕」與八目的關係。

首先就「格、致」而言，由於在古本《大學》裡沒有針對「格、致」作明白的說明，所以引起了後人相當多的爭論。其實，從《大學》本文看，作者在一開始提明了「三綱」之後，便採「凡（起）、目、凡（結）」的形式，循序敍明「八目」。在「凡」（起）的部分裡，他首先總括「八目」（含三綱），泛敍其踐行的步驟，那就是：「知止」、「定」、「靜」、「安」、「慮」、「得」，然後進一層地以「物有本末，事有終始，知所先後，則近道矣」四句，以收束上文，並開啓下文。在「目」的部分裡，他先就出發點，逆敍「八目」，再就終極處，順敍「八目」，將「八目」的先後作明白的交代。在「凡」（結）的部分裡，則以本末、厚薄，總結「八目」，並以「知本」、「知至」回應上兩部分，就一事一物（偏）把「格」、「致」之意寓於其中。關於這點，高師仲華教授說：

> 《大學》第一段裡，明說「知止而後有定」，又說「知所先後，則近道矣」，又說「此謂知本」，而結以「此謂知之至也」，正是上文「物格而後知至，知至而後意誠」的「知至」。「物格而後知至」是與上文「致知在格物」呼應的。「知至而後意識」是與上文「欲誠其意者先致其知」呼應的。自其發動處去說，是「致知」；自其結束處去說，是「知至」。「知至」是那個「知」的獲得，「致知」是去獲得那個「知」。那個「知」是什麼呢？那便是「知止」之「知」、「知所先後」之「知」、「知本」之「知」。「本」是出發點，也是基礎；「止」是終極點，也是目標；而「先後」則是其中的過程、階段。知此三者，然後可說獲得了全部（按：就一事一物言）的「知」⑯。

可見就一事一物而言，「格」、「致」之說，實已具備於《大學》的本文裡，這是就「偏」（局部）的觀點來看的，與朱子著眼於「全」（萬事萬物）的觀點，以為「別有闕文」的，當然會有不同的結果。

一個人就一事一物，以至於多事多物，分析其中之理，以開拓其廣度並提昇其深度，久而久之，就能持續地藉外在的知識來豁醒內在的「知」（智）之「明德」，而連帶地也將「仁」之「明德」發揮出來，孕就「忠恕」的心德，而達於「中和」的境界。

從心德一面來看「（忠）恕」與「格、致」的關係是如此。如就「格、致」的對象來看，也與「（忠）恕」大有關連。因爲人類面對的原是萬物各盡其性所達到的「中和」之境或狀態，而「一以貫之」的，也不外是「忠恕」之理，錢穆在〈中庸新義〉中說：

> 天地雖大，萬物雖繁，其得安住與滋生，必其相互關係處在一中和狀態中。換言之，即是處在一恰好的情況中。如是而始可有存在，有表現。故宇宙一切存在，皆以得中和而存在。宇宙一切表現，皆以向中和而表現。宇宙一切變動，則永遠為從某一中和狀態趨向於另一中和狀態而變動。換言之，此乃宇宙自身永遠要求處在一恰好的情況之下一種不斷的努力⑰。

這說的正是《中庸》「致中和，天地位焉，萬物育焉」的道理，而所謂「中和」，如換個詞來說，就是「忠恕」，所以顧炎武援用《中庸》「中也者，天下之大本也；和也者，天下之達道也」的話，在《日知錄》中說：

忠也者，天下之大本（中）也；恕也者，天下之達道也（和）⑱。

而呂維琪在《伊洛大會語錄》裡也說：

天地為物不貳，故元氣流行，化育萬物，此天地之忠恕也⑲。

可見天地萬物，雖紛紜萬狀，卻離不開「忠恕」一理，而《大學》作者要人「格」、「致」的，也不外乎此。而「（忠）恕」之德與「（忠）恕」之理，便由此合而爲一，所謂「天地一心」、「天人合一」，可以從這裡加以體會。

其次就「誠」而言，《大學》的作者釋此說：

所謂「誠其意」者，毋自欺也。如惡惡臭，如好好色，此之謂自謙；故君子必慎其獨也。

朱熹注云：

自欺云者，知為善以去惡而心之所發有未實也。慊，快也，足也。獨者，人所不知而己所

> 獨知之地也。言欲自修者，知為善以去其惡，則當實用其力而禁止其自欺，使其惡惡則如惡惡臭，好善則如好好色，皆務決去而求必得之，以自快足於己，不可徒苟且以徇外而為人也。然其實與不實，蓋有他人所不及知，而己獨知之者，故必謹之於此，以審其幾焉。（《大學章句》）

在此，最值得人重視的是「知爲善以去惡」以實「心之所發」的說法，所謂「知爲善以去惡」，正是人在格、致以呈顯「知」（智）之「明德」後所該「勉强而行之」而相應地激發「仁」之「明德」的事，這是由知「（忠）恕」以行「（忠）恕」的關鍵所在，所以《大學》的作者在說了「毋自欺」的一段話後，特以「小人閒居爲不善」爲例，從反面說明「誠於中，形於外」的道理，促人要「慎其獨」，對這段文字，朱熹注云：

> 雖幽獨之中，而其善惡不可揜如此，可畏之甚也。（同上）

所謂「可畏之甚」，就是要人時時「勉强而行之（恕）」（即「畏懼罪惡，勉力自强而行之（恕）」[20]）於己的巨大動力。能如此「勉强而行之（恕）」於己，自然就可將私心降到最合理的程度，以「（忠）恕」之德藏乎己而獲得「誠於中，形於外」的結果，因此《大學》的作者在引了曾子「其嚴乎」的話後，就接著說：

> 富潤屋，德潤身，心廣體胖，故君子必誠其意。

這就是人能知「（忠）恕」以誠意的好處。而據古本《大學》，作者又接著引《詩．衛風．淇澳》之一段文字，進一步說明「誠於中，形於外」的效用，並暗中表示「誠意」與三綱的關係，然後以此為橋梁，再帶出那引證「明明德」、「親（新）民」、「止於至善」的三章（即朱熹《大學章句》傳之首、二、三章）文字，來作深一層之闡釋，而且以「聽訟」章作一收束：

> 子曰：『聽訟，吾猶人也；必也使無訟乎！』無情者不得盡其辭，大畏民志；此謂知本。

所謂「大畏民志」，就是使人「勉強而行之（恕）」於己而「誠其意」的推力。由此可見「（忠）恕」與「誠意」，也是分不開的。

其三就「正、（修）」而言，《大學》的作者說：

> 所謂「脩身在正其心」者，身有所忿懥，則不得其正；有所恐懼，則不得其正；有所好

> 樂，則不得其正；有所憂患，則不得其正。心不在焉：視而不見，聽而不聞，食而不知其味。此謂「脩身在正其心」。

這裡的「身有」之「身」，程頤以爲「當作心」（見朱熹《大學章句》），是十分正確的。而不「中節」的「忿懥」、「恐懼」、「好樂」、「憂患」，可說是人不能知「（忠）恕」以行「（忠）恕」於己的結果，這樣，「心」自然就「不得其正」，以致「視」、「聽」、「食」也產生「不覺知」[21]的偏差，對於這點，朱熹闡釋說：

> 心有不存，則無以檢其身，是以君子必察乎此，而敬以直之，然後此心長存而身無不修也。（《大學章句》）

所謂「心有不存」，即「不覺知」，也等於是說其心「不得其正」，這不是由於存心不「（忠）恕」（中和），以致「喜怒哀樂之情發而不中節」的嗎？可見不能以「（忠）恕」來實「心之所發」，就不能以「（忠）恕」來存心，如此想要「藏乎身恕」以修身，當然是不可能的事。如此看來，「正心」與「修身」，依然是以「（忠）恕」來貫通的。

其四就「修、（齊）」而言，《大學》的作者說：

所謂「齊其家在脩其身」者，人之其所親愛而辟焉，之其所賤惡而辟焉，之其所畏敬而辟焉，之其所哀矜而辟焉，之其所敖惰而辟焉。故好而知其惡、惡而知其美者，天下鮮矣。故諺有之曰：「人莫知其子之惡，莫知其苗之碩。」此謂身不脩，不可以齊其家。

鄭玄注此云：

之，適也。譬，猶喻也。言適彼而以心度之，曰：吾何以親愛此人，非以其有德美與？吾何以敖惰此人，非以其志行薄與？反以喻己，則身脩與否可自知也[22]。

而朱熹則注云：

人，謂眾人。之，猶於也。辟，猶偏也。五者在人本有當然之則，然常人之情，惟其所向而不加察焉，則必陷於一偏而身不修矣。（《大學章句》）

鄭、朱兩人的解釋，雖然有些不同，但都牽扯到了「（忠）恕」來說，鄭玄所謂「適彼而以心度之」，說的不就是「（忠）恕」嗎？而朱熹所謂「陷於一偏」，不也是由於不能「（忠）恕」的緣故嗎？實在說來，一個人如心有所偏、情有所蔽——不「（忠）恕」，必然會導致認知與行爲上的偏差，不但使人在面對自己「親愛」、「賤惡」、「畏敬」、「哀矜」、「敖惰」的對象時，會一味地好而不知其惡、惡而不知其美；更將使人因而產生錯覺、顛倒是非，患上如《孟子·離婁上》所謂「安其危，而利其菑，樂其所以亡」的大弊病。人有了這種弊病，修身已不可得，更不用說是齊家、治國、平天下了。可見以「（忠）恕」來「藏乎身」，是「齊家」（以「（忠）恕」行於家）的基礎。

其五就「齊、（治）」而言，《大學》的作者在這一章的開端就說：

> 所謂「治國必先齊其家」者，其家不可教，而能教人者，無之。故君子不出家，而成教於國。孝者，所以事君也；弟者，所以事長也；慈者，所以使眾也。〈康誥〉曰：「如保赤子。」心誠求之，雖不中，不遠矣。未有學養子而後嫁者也。

這一段文字，先指明「孝」、「弟」、「慈」是「事君」、「事長」、「使民」的德行，以見齊家與治國之關係；再引〈康誥〉的話來證明所謂「推心爲之」㉓、「識其端而推廣之」㉔的道理。而「推心爲之」、「識其端而推廣之」，說的就是「（忠）恕」的工夫。《大學》的作者這樣以「心誠求之」（即「（忠）恕」）來說明「君子不出家而成教於國」的道理後，接著又說：

一家仁，一國興仁；一家讓，一國興讓；一人貪戾，一國作亂。其機如此，此謂一言僨事、一人定國。堯舜帥天下以仁，而民從之；桀紂帥天下以暴，而民從之。其所令反其所好，而民不從。是故君子有諸己，而后求諸人；無諸己，而后非諸人，所藏乎身不恕，而能喻諸人者，未之有也。故治國在齊其家。

此段文字，先說明「教成於國之效」（朱熹《大學章句》），再承「一人定國」來說明「推己及人」（以「（忠）恕」藏乎身）對齊家、治國的重要。對於後半文字，朱熹注云：

此又承上文一人定國而言，有善於己，然後可以責人之善；無惡於己，然後可以正人之惡；皆推己以及人，所謂恕也。不如是則所令反其所好，而民不從矣。（《大學章句》）

《大學》的作者在此特地拈出一個「恕」字，有豁醒全書、貫通前後的大作用，是不能稍予輕忽的。而此後所引《詩經》的〈周南．桃夭〉、〈小雅．蓼蕭〉和〈曹風．鳲鳩〉等三節文字，都用以證明這種以「（忠）恕」行於「家」而推及於「國」的效用。朱熹在《大學章句》中說：

此三引《詩》，皆以詠歎上文之事，而又結之如此。其味深長，最宜潛玩。

所謂「其味深長，最宜潛玩」，指的就是「如治己之心以治人，如愛己之心以愛人」㉕的這種「（忠）恕」之道。

末了就「治、平」而言，《大學》的作者在此，特以「絜矩之道」（即恕道）貫穿臨民、生財、用人諸事，以闡明「平天下在治其國」的道理。他首先說明「絜矩之道」的重要並加以釋義說：

所謂平天下在治其國者，上老老而民興孝；上長長而民興弟；上恤孤而民不倍。是以君子有絜矩之道也。所惡於上，毋以使下；所惡於下，毋以事上；所惡於前，毋以先後；所惡於後，毋以從前；所惡於右，毋以交於左；所惡於左，毋以交於右；此之謂絜矩之道。

對這段話，鄭玄闡釋云：

絜矩之道，善持其所有以「恕」於人耳。治國之要，盡在此。㉖

而朱熹也在《大學章句》中注說：

身之所處，上下四旁，長短廣狹，彼此如一，而無不方矣，彼同有是心而興起焉者，又豈有一夫之不獲哉？所操者約，而所及者廣，此平天下之要道也。故章內之意，皆自此而推之。

可見能以「（忠）恕」行於「國」、「天下」，才能「治國」、「平天下」。爲了作進一層說明，《大學》的作者在提明了「絜矩之道」後，又論「臨民」之道說：

《詩》云：「樂只君子，民之父母。」民之所好好之，民之所惡惡之，此之謂民之父母。《詩》云：「節彼南山，維石巖巖；赫赫師尹，民具爾瞻。」有國者不可以不慎，辟則為天下僇矣！《詩》云：「殷之未喪師，克配上帝；儀監于殷，峻命不易。」道得眾則得國，失眾則失國。

這說明了「能絜矩（即恕）而以民心爲己心」㉗，則可「得國」而謂「民之父母」；如「不能絜矩，而好惡徇於一己之偏」㉘，則將「失國」而終爲天下所戮。可見「有國者」是「不可以不慎」的。對於這一層道理，《大學》的作者在後文又加以闡釋說：

好人之所惡，惡人之所好，是謂拂人之性，菑必逮夫身。是故君子有大道，必忠信以得之，驕泰以失之。

所謂「好人之所惡，惡人之所好」、所謂「驕泰」，說的就是不「恕」；而所謂「忠信」，則等於是說「忠恕」㉙。如此一反一正地予以闡釋，將「恕」以臨民的意思，說得極爲明白。

在論了「臨民」之道後，《大學》的作者特以「是故君子先慎乎德：有德，此有人；有人，此有土；有土，此有財；有財，此有用」一節文字，來一面承上，一面啓下作一總括，帶出如下文字，用以論「生財」：

德者，本也；財者，末也。外本內末，爭民施奪。是故財聚則民散，財散則民聚。是故言悖而出者，亦悖而入；貨悖而入者，亦悖而出。〈康誥〉曰：「惟命不于常。」道善則得之，不善則失之矣。《楚書》曰：「楚國無以為寶，惟善以為寶。」舅犯曰：「亡人無以為寶，仁親以為寶。」

這顯然說的是「因財貨以明能絜矩（恕）與不能者之得失」㉚，這種得失，影響天命之存亡長短，這樣，「有國者」怎麼「可以不慎」呢？對這種道理，《大學》的作者在後文又加以闡釋說：

> 生財有大道：生之者眾，食之者寡；為之者疾，用之者舒；則財恆足矣。仁者以財發身，不仁者以身發財。未有上好仁，而下不好義者也；未有好義，其事不終者也；未有府庫財，非其財者也。孟獻子曰：「畜馬乘，不察於雞豚；伐冰之家，不畜牛羊；百乘之家，不畜聚斂之臣；與其有聚斂之臣，寧有盜臣。」此謂國不以利為利，以義為利也。

作者在這裡，指出「有國者」須務本而節用，內德而外財，以使「府庫之財無悖出之患」[31]，說的依然是「德者本也，財者末也」的道理，以見「絜矩之道」的重要。

最後作者才說到「用人」之事，他說：

> 〈秦誓〉曰：「若有一個臣，斷斷兮，無他技；其心休休焉，其如有容焉。人之有技，若己有之；人之彥聖，其心好之；不啻若自其口出，實能容之，以能保我子孫黎民，尚亦有利哉！人之有技，媢嫉以惡之；人之彥聖，而違之俾不通；實不能容，以不能保我子孫黎民，亦曰殆哉！」唯仁人放流之，迸諸四夷，不與同中國。此謂「唯仁人為能愛人，能惡人」。見賢而不能舉，舉而不能先，命也；見不善而不能退，退而不能遠，過也。

所謂「人之有技，若己有之」，所謂「唯仁人爲能愛人」，就是由於能「絜矩」（恕）的緣故。

而所謂「媢嫉以惡之」、「違之俾不通」，所謂「命」㉜、「過」，就是由於不能「絜矩」的緣故。可見「有國者」絕不可用不能「絜矩」的小人，所以作者在文末又說：

> 長國家而務財用者，必自小人矣；彼為善之。小人之使為國家，菑害並至，雖有善者，亦無如之何矣。此謂「國不以利為利，以義為利」也。

這節文字，承上結合了「聚斂之臣」來論「有國者」用了「小人」（即聚斂之臣）的禍害，以見「國不以利爲利，以義爲利」的道理。

本來《大學》的作者在論「所謂平天下在治其國」時，並沒有清楚地把臨民、生財、用人三者斷然分開來談，在此爲了說明的方便，視其所重，强予割裂，實在是件不得已的事；不過，作者有意用「絜矩（恕）之道」來貫穿全章內容，則極爲明顯。也由此可見「（忠）恕」是可由「格」、「致」、「誠」、「正」、「修」、「齊」一直貫到「治」、「平」的。朱熹說：

> 恕字之指，以如心為義。蓋曰：如治己之心以治人，如愛己之心以愛人，而非苟然姑息之謂也。然人之為心，必嘗窮理以正之，使其所以治己愛己者，皆出於正，然後可以即是推之以及於人，而恕之為道有可言者，故《大學》之傳最後兩章始及於此，則其用力之序亦可

> 見矣。至即此章而論之，則欲如治己之心以治人者，又不過以強於自治為本，蓋能強於自治，至於有善而可以求人之善，無惡而可以非人之惡，然後推以及人，使之亦如我之所以自治而自治焉，則表端景正，源潔流清，而治己治人無不盡其道矣。所以終身力此，而無不可行之時也[33]。

說的就是這個道理。

五、結語

經由上述，可知「恕」存於己，是「明明德」之事；施於人，是「親（新）民」之事；使「恕」無論存與施都「止於至善之地而不遷」，是「止於至善」之事。而以「知」（智）明「恕」，是「格物」、「致知」之事；以「恕」實「意」，是「誠意」之事；以「恕」存「心」，是「正心」之事；以「恕」藏「身」，是「修身」之事；以「恕」行於「家」，是「齊家」之事；以「恕」行於「國」，是「治國」之事；以「恕」行於「天下」，是「平天下」之事。由此可知「恕」與「大學之道」的關係，是至爲密切的。

註 釋

①見《論語注疏》，《十三經注疏》8（台北，藝文印書館，民國五十四年三版）頁一四〇。
②同註①。
③同註①，頁五十五。
④同註①，頁一〇六。
⑤同註①，頁三十七。
⑥《周禮．大司徒》賈公彥疏：「如心曰恕，如下從心；中心曰忠，中下從心。」《十三經注疏》3，頁一六一。
⑦朱熹以「明明德」、「新民」、「止於至善」爲「大學之綱領」，見《大學章句》，《四書集註》（台北，學海出版社，民國七十三年初版）頁三。
⑧見《禮記注疏》，《十三經注疏》5，頁九八三。
⑨同註⑧，頁九八四。
⑩同註⑧。
⑪見《尚書注疏》，《十三經注疏》1，頁二十。
⑫同註⑪，頁一八八～一八九。

⑬見〈大學問〉，《王陽明全書》㈠（台北，正中書局，民國六十八年臺六版）頁一二〇。

⑭《大學》第三章：「爲人臣，止於敬。」見《四書集註》頁六。

⑮見拙著《中庸思想研究》（台北，文津出版社，民國六十九年），頁一三四。

⑯見〈大學辨〉，《高明文輯》（上）（台北，黎明文化事業股份有限公司，民國六十七年初版），頁二四八。

⑰見《中國學術思想史論叢》㈡（台北，東大圖書公司，民國六十九年再版），頁二九五。

⑱見《日知錄集釋》（台北，中文出版社，民國六十七年）卷七，頁一五三。

⑲見《古今圖書集成・學行典（上）》（台北，鼎文書局，民國六十六年），頁一二五七～一二五八。

⑳同註⑧，頁八八八。

㉑《禮記・大學》孔穎達疏：「若心之不正，身亦不修；若心之不存，視、聽與食不覺知也。」《十三經注疏》5，頁九八九。

㉒同註⑧，頁九八六。

㉓同註⑧。

㉔見朱熹《大學章句》，《四書集註》，頁十一。

㉕見〈大學或問〉，《四書纂疏・大學纂疏》（台北，文史哲出版社，民國七十五年再版），頁一九四。

㉖同註⑧，頁九八七。

㉗同註⑦，頁十三。

㉘同註㉗。

㉙詳見拙作〈談孔子的四教——文行忠信〉，《孔孟月刊》二十三卷一期，頁八～九。

㉚同註⑦，頁十四。

㉛同註⑦，頁十六。

㉜《禮記．大學》鄭玄注：「命，讀為慢，聲之誤也。」《十三經注疏》5，頁九八八。

㉝同註㉕，頁一九四～一九五。

（原載民國八十八年三月《中國學術年刊》二十期）

談心廣體胖

——孔孟學會第二四九次研究會講

一、前言

「心廣體胖」一詞，見於《禮記・大學》篇的誠意章，原文是：

所謂誠其意者，毋自欺也，如惡惡臭，如好好色，此之謂自謙。故君子必慎其獨也。小人閒居為不善，無所不至，見君子而后厭然，揜其不善而著其善；人之視己，如見其肺肝然，則何益矣？此謂誠於中，形於外。故君子必慎其獨也。曾子曰：「十目所視，十手所指，其嚴乎！」富潤屋，德潤身，心廣體胖。故君子必誠其意。

從這章文字裡，我們知道《大學》的作者是要人經由「慎獨」做到「毋自欺」的地步，以發揮人類與生俱來的德性；而發揮了人類與生俱來的德性，則所謂「誠於中，形於外」，自然能使「心」爲之「廣」，「身」爲之「潤」，以收到「體胖」的成效。這種說法是不是有學理與事實的依據呢？照孔穎達解釋說：

> 心廣體胖者，言內心寬廣，則外體胖大。言為之於中必形見於外也。（《禮記正義》）

而朱熹則以爲：

> 言富則能潤屋矣，德則能潤身矣，故心無愧怍，則廣大寬平，而體常舒泰，德之潤身者然也；蓋善之實於中而形於外者如此。（《大學章句》）

他們的解釋，顯然都過於籠統，尤其是孔疏據鄭注，將「胖」釋爲「大」，更是不可採信，實在無法藉以一窺「心廣體胖」的義蘊，所以有進一層的從其原、委上去一探的必要。

二、從根源上看

在一般人的觀念裡，知識和道德、道德和健康，以至於壽命，好像都無法扯在一起，更不用說是有著緊密的關係了。其實，自然生人，在初具形體，賦予生生不息的生理力量的同時，也將生生不已的精神力量——「性」賦給了人類，所以《中庸》在篇首即開宗明義的說：

天命之謂性。

朱熹注這句話說：

命，猶令也。性，即理也。天以陰陽五行，化生萬物，氣以成形，而理亦賦焉，猶命令也。於是人物之生，因各得其所賦之理，以為建順五常之德，所謂性也。（《中庸章句》）

可見人一出生，由「氣」凝成「形」的時候，就由「天」將「理」賦給了人，成爲「性」。而這個「性」，總括起來說，固然只是一個「理」、一個「誠」，但若分開來說，則實有仁與智的分別，這可從《中庸》第二十五章（依朱子《章句》，下併同）一段話裡看出來：

誠者，非自成己而已也，所以成物也。成己，仁也；成物，知（智）也，性之德也，合外內之道也。

對於這段文字，朱熹曾注說：

誠雖所以成己，然既有以自成，則自然及物，而道亦行於彼矣。仁者，體之存；知者，用之發；是皆吾性之固有，而無內外之殊。（《中庸章句》）

在這裡，朱熹以爲仁與智，雖有體用之分，卻皆屬「吾性之固有」，是沒有什麼內外的分別的。關於這點，王船山在《讀四書大全說》裡，也作了如下的闡釋：

有其誠，則非但成己，而亦以成物矣；以此誠也者，足以成己，而無不足於成物，則誠之而底於成，其必成物審矣。成己者，仁之體也；成物者，知之用也；天命之性、固有之德也。而能成己焉，則仁之體立也；能成物焉，則知之用行也。仁、知咸得，則是復其性之

> 德也。統乎一誠而已，物胥成焉，則同此一道，而外內固合焉。

可知仁和知（智），都是性的真實內容，而誠則「是人性的全體顯露，即是仁與知的全體顯露」（見徐復觀《中國人性論史》頁一五六）。這樣說來，所謂的「性」，顯然包含了兩種互爲作用的精神潛能：一是屬「仁」的，即仁性，乃人類與生俱來的一種成己（成德）力量；一是屬「知」的，即知性，爲人類生生不已的一種成物（認知）動能。前者可說是「誠」（成德）的動力，後者可說是「明」（認知）的泉源。兩者非但爲人人所同有，而且是交互作用的，也就是說：人如果呈顯了部分的「仁性」（誠），必能連帶的呈顯部分的「知性」（明），此乃成自先天潛能——「性」的發揮；同樣地，如果呈顯了部分的「知性」（明），也必能連帶的呈顯部分的「仁性」（誠），此則出於後天修學的努力。所以《中庸》第二十一章說：

> 自誠明，謂之性（指所性，即性之作用）；自明誠，謂之教（指所教，即教之作用）。誠則明矣，明則誠矣。

對於這一章，朱熹曾加以解釋說：

自，由也。德無不實而明無不照者，聖人之德，所性而有者也；天道也。先明乎善而後能實其善者，賢人之學，由教而入者也；人道也。誠則無不明矣，明則可以至於誠矣。

（《中庸章句》）

從這段話裡，我們曉得朱熹是就「全」的角度，亦即由道的本原與踐行上來看待「自誠明」與「自明誠」的，因此他斷然的把它們上下明顯的割開，以爲「自誠明」全是聖人之事、「自明誠」全是賢人之事。其實，若換個角度，由「偏」的一面，亦即就人的天賦與人爲上來看，學（賢）者又何嘗不能動用天賦的部分力量，使自己由「誠」而「明」呢？因爲「性」，無論是「知性」或「仁性」，都是人人所生具的精神動能，固然一般人不能像聖人那樣，完全的把它們發揮出來，但若因而認定他們絕對無法由局部「仁性」（誠）的發揮，而發揮局部的「知性」（明），那也是不十分合理的。《中庸》的作者特別强調：

自誠明，謂之性。

誠者（自誠明），不勉而中（行），不思而得（知）。

就是要告訴我們：「自誠明」乃出自天然力量的作用，是不假一絲一毫人力的。假如有這麼一個人，能自然的發揮自己全部的「仁性」與「知性」，時時都「從容中道」的，那自然是「聖人也」；至於「日月至焉而已」、「告諸往而知來者」，只能自然的發揮自己局部的「知性」與「仁性」的，則是賢（常）人了。也幸好人人都能局部的發揮這種天然的力量——「誠」，才有進一步認知（明）的可能，不然「自明誠」的努力，便將是空中樓閣，虛而不實了。

因此，我們人，無疑的，都可藉後天教育之功（自明誠——人爲）來誘發先天的精神潛能，再由先天潛能的提發（自誠明——天賦）來促進後天修學的效果，在人爲與天賦的交互作用下，由偏而全的把「知性」與「仁性」發揮出來，最後臻於「從心所欲不踰矩」（《論語．爲政》篇）的「至誠」（也是「至明」）境界。

由此看來，一個人如果能透過後天的努力，使粗淺的、外在的知識提昇爲純淨的、內在的睿智，以呈顯先天認知的潛能——「知性」，並進而激發先天成德的潛能——「仁性」，那麼所謂的「物格而后知至，知至而后意誠」（《大學》經一章，依朱子《章句》），他必能開脫「氣稟」與「人欲」（朱子以爲人之明德，即善性，爲氣稟所拘，人欲所蔽，則有時而昏。見《大學》經一章章句）的枷鎖，瞭然於人我、物我的密切關係，體悟出人類與宇宙內外「中和」的一體性，而拓成「廓然大公」的胸懷——「廣心」，以保持精神的純一（中和），安然而有效的，由根源——「性」上來約束自己喜怒哀懼愛惡欲之情，使它們都「發而皆中節」（《中庸》首章），做到「無入而不自得」（《中庸》第十四章）的地步，從而激發生理潛能，以促進身體的健康，使得四肢百骸無不感到安舒——「體胖」，這就無怪《大學》的作者在論「誠意」的效果時要說「心廣體胖」了。

三、從終極處看

一個人有了「廓然大公」的胸懷，促進了身體的健康，使得四肢百骸無不感到安舒，這樣日積月累之後，自然就會獲致延長個人壽命的終極效果。孔子說：

> 仁者壽。（《論語．雍也》篇）

而《中庸》的作者也說：

> 大德必得其位，必得其祿，必得其名，必得其壽。（第十七章）

說的便是這個道理。而醫家自來也有這種說法，譬如唐朝的孫思邈，在他的《千金要方》一書裡說：

養性者，欲所習以成性；性自為善，不習無不利也。性既自善，內外百病，皆悉不生；禍亂災害，亦無由作；此養性之大經也。（卷二十七〈養性〉篇）

人之壽夭，在於撙節，若消息得所，則長生不死；恣其情慾，則命同朝露也。（見同上）

而較早的《黃帝素問》也載：

夫上古聖人之教下也，皆謂之：虛邪賊風（竊害中和之意），避之有時，恬談虛無，真氣從之，精神內守，病安從來？是以志閒而少欲，心安而不懼，形勞而不倦，氣從以順，各從其欲，皆得所願，故美其食、任其服、樂其俗，高下不相慕，其民故曰朴。是以嗜欲不能勞其目，淫邪不能惑其心，愚智賢不肖，不懼于物，故合于道，所以能年皆百歲，而動作不衰者，以其德全不危也。（卷一）

可知人的生理與精神本來就是密不可分的，如果想要有健全的生理，便得先有健全的精神。關於這點，美國的戴爾·卡耐基在其所著《人性的優點》一書中就曾加以論述說：

在研究過梅育診所的一萬五千名胃病患者的記錄之後，得到了證實。每五個人中，有四個並不是因為生理原因而得到胃病。恐懼、憂慮、憎恨、極端的自私，以及無法適應現實生活，才是他們得胃病和胃潰瘍的原因。……柏拉圖說過：「醫生所犯的最大錯誤是，他們想治療身體，卻不想醫治思想。可是精神和肉體是一體的，不能分開處置。」醫藥科學界，花了兩千三百年的時間，才看清這個道理。我們剛剛才開始發展一種新的醫學——稱之為「心理生理醫學」，用來同時治療精神和肉體。這是應該做這件事的最好時機，因為醫學已經大量地消除可怕的、由細菌所引起的疾病——比方說天花、霍亂、黃熱病，以及其他種種曾把數以百萬計的人埋進墳墓的傳染病症。可是醫學界一直還不能治療精神，和身體上那些不是由細菌所引起，而是由於情緒上的憂慮、恐懼、憎恨、煩躁，以及絕望所引起的病症。這種情緒上疾病所引起的災難，正日漸增加，日漸廣泛，而速度又快得驚人。（第二部第四章頁四十一～四十三，季詳譯）

由這一大段話裡，我們可以清楚的看出：健全的心理是必須奠基於健全的精神的。而健全的精神，依照儒家的看法，則又須植根於「中和」的心境。所以人果能由窮理（明）而盡性（誠），化消形氣之私，保持心境的中和，與宇宙巨大的中和本體相感相應，互通生息，則久而久之，自然就能引發體內潛能，彌補先天缺陷，增進一己的健康，改變個人的命運，而獲得延年益壽的效果。

不過，或許有人會認爲這種發揮仁性與知性，成就「大德」，孕育「廣心」，以增進健康，獲得長壽的說法，只是空洞的理論罷了，與事實未必是相符的，因爲在這世上，儘多是「好人」早夭、惡人「長壽」的例子。其實，這是由於一般人對「大德」（仁）與「壽」，在觀念上有著些許偏差的緣故。

先以「大德」來說吧！《中庸》裡的「大德必得其壽」這句話，原是針對舜帝而言的。舜帝可說是位「大知」（明）、「大仁」（誠）的聖人，所以孔子讚美他說：

舜其大知也與！舜好問而好察邇言，隱惡而揚善，執其兩端，用其中於民，其斯以為舜乎！（《中庸》第六章）

舜其大孝也與！德為聖人，尊為天子，富有四海之內，宗廟饗之，子孫保之。（《中庸》第十七章）

孔子這樣來讚美他，這就正好告訴了我們：「大德」者乃是指一個能發揮自己的「知性」和「仁性」，隨時保有內在的睿智與中和心境的仁者、智者而言，與一般未能把所謂的「道德」（離開睿智，沒有真正的道德）建立在睿智之上，以致時常「無知」地害了自己、「好心」地傷了別人的「好人」，是不能相提並論的。因爲一個人如果不能藉「學」以呈顯知性，明辨是非，則非但採擷不到「仁」的純美果實，甚至還有陷於「不仁」的危險。就像一般父母之於子女，雖完全出於一片仁（愛）心，但在須管教時，所謂的「其蔽也愚」（《論語・陽貨》篇）、所謂的「人莫知其子之惡」（《大學》第八章），只曉得一味地加以縱容、溺愛，而不能及時的使他們遷善，以致最後害了他們。這樣，若從其動機來看，雖說不失其爲仁，但還是不能不說已犯下了「愚」的過失。所以《論語・里仁》篇說：

子曰：「人之過也，各於其黨；觀過，斯知仁矣。」

對於這幾句話，朱熹在他的《論語集注》裡曾引程子和尹氏的話說：

程子曰：「人之過也，各於其類，君子常失於厚，小人常失於薄；君子過於愛，小人過於忍。」尹氏曰：「於此觀之，則人之仁不仁可知矣。」

可知人若「過於愛」，就其出發處來說，是還勉强可稱爲仁的；然而，如持以嚴格，就其終極處

（後果）而論，則有了這種過失，豈止是「其仁不足稱」（《禮記・檀弓》下）而已，就是目爲不仁，也是不爲過的。因此，「好人」早夭的事實，與「仁者壽」、「大德必得其壽」的說法，是不相衝突的。

至於「壽」字，照說文的解釋，是「久」的意思，引申開來，則凡是指「年齒」、「天年」（常人的天年皆久長）的，都可以說是「壽」。《正字通》說：

凡年齒皆曰壽。

而《呂氏春秋・尊師》篇「以終其壽」句下，高誘也註說：

壽，年也。

可知「壽」不一定是要指八九十以上的歲數來說的。只要是盡了個人的天年，那就可以稱作「壽」了。大家都曉得，每個人在出生之際，所受自然（生理）的，剛柔厚薄，都不免各異，也因而便限定了個人在一生當中或一段時間（通常以四十不惑、不動心爲一大轉關）內發展的最大極限，一般人所謂的「命」，便是指此而言的。

因此，假設有這麼一個人，他得自先天（生理）的非常厚，但卻不能珍惜它，順利地使自己踏上「尊德性而道問學」（《中庸》第二十七章）的人生坦途，反而盡情地放縱自己，作自身私欲的奴隸，以致殘害了身心，結果正如《中庸》第十七章所說的：

傾者覆之。

又如孫思邈在《千金要方》裡所告誡的：

勿汲汲於所欲，勿悁悁懷忿恨，皆損壽命。（卷二十七〈養性〉篇）

不但不能「終其壽」，且又縮短了自己的生命歷程；這樣，他即使活了七八十歲，還是不能算是「得壽」的。

反過來說，如果有一個人，得自先天的並不好，但他勇於向命運挑戰，堅決地憑後天修學的努力，使自己由「明」而「誠」地引發先天的精神潛能——知性與仁性，以擺脫形氣的桎梏，孕育「中和」的心境，使自己就像《中庸》第二十章所說的：

有弗學，學之弗能，弗措也；有弗問，問之弗知，弗措也，有弗思，思之弗得，弗措也；有弗辨，辨之弗明，弗措也；有弗行，行之弗篤，弗措也。人一能之，己百之，人十能之，己千之。果能此道矣，雖愚必明，雖柔必強。

又像孫思邈所說的：

道德日全，不祈善而有福，不求壽而自延。（《千金要方》第二十七卷〈養性〉篇）

不僅得盡天年，甚且還延益了年壽，那麼，他就是只活了五六十歲，仍然可以說是「得壽」的。

由此看來，儘管世上多的是「好人」早夭、惡人「長壽」的實例，但是一點也蓋不了「仁者壽」、「大德必得其壽」這兩句古訓的光輝的。

四、結語

經由上文粗略的探討後，我們已可清晰地看出：如果人能發揮仁、智之性，由「明」而「誠」的成就「大德」（仁），以開拓「廓然大公」的胸懷——「廣心」，則由「體胖」而「得其壽」，可以說是必至的結果，只是在時間與程度上，早晚長短，不免因人而異罷了。因此，大學「心廣體胖」的說法，是有其學理與事實的依據的。

（原載民國七十七年一月《孔孟月刊》二十六卷四期）

談《中庸》的思想體系
——臺灣師大國文系四書教學研討會講

主席、主任、各位同仁、各位同學：剛剛主席特別提到說這是學術演講，我倒認為換成心得報告來得好。大家都知道《中庸》是六經的樞紐，也可以說是儒家思想的精華所在。研究儒家的思想，如果掌握了《中庸》，很容易就可以把它釐清楚。不過《中庸》這部書跟其他的經典一樣，只呈現結果，而過程是如何驗證的，一概省略掉。所以後人要瞭解它的時候，非自己經過驗證，把原來空白的地方補起來不可。就在這樣的過程中，我們知道是會相當主觀的，於是變成你有你的看法，別人也有別人的看法。假如說得清楚一點的話，透過自己生命的融合了之後，已經有我的存在，當然那是不是原來的東西，是非常難說的。我們雖然不敢和朱熹和王陽明來比，但我們都知道，朱熹有朱熹的《中庸》，就好像朱熹有朱熹的《大學》一樣；王陽明有王陽明的《中庸》，就好像王陽明有王陽明的《大學》一樣。那已經是經過了生命的融合，講淺一點，就是體貼的結果。套一句黃錦鋐老師的話說：「經驗知識化為發展知識」，這兩者之間是不能畫上等號的。我今天提出我體貼的部分，當然有我的成分，因為有我的成分，便不免有所主觀。所以我願意提供我的心得出來，讓大家聽聽看，有那個地方不妥當的，有那個地方過於主觀的，希望大家能夠多加指教。《中庸》整個篇章結構，就好像程子說的：最開頭說的是一理，中散爲萬事，末復合爲一理。我認爲他講得相當地正確。我們現在看《中庸》的第一章和後面的部分，其實道理是一樣的，但是說法不一；也可以說是從不同的角度來說明這個道理，還是一「理」而已。我這裡附了一張《中庸》思想體系的簡表，作爲《中庸》思想的說明。

《中庸》一開篇就說：

天命之謂性，率性之謂道，修道之謂教。

這是《中庸》綱領之所在，一部書講的就是這三句話。我先掌握這三句，然後把有關的部分拉過來，透過這短短的時間，把我自己對這三句的體會提出一點心得。這個簡表有我的部分在裡面，不容易看了就一目了然。現在我把它做一番疏通，希望把我的成分降到最低。

在孔子之前，是一個神權非常發達的時代，人没有自由的意志，一切都爲上天所左右，完全不知道人有自主的力量。經過那麼多先聖先賢觀察人事、觀察天象後，能夠略掉形象的部分，也就是所謂現象界，透視到本體的部分，找出一樣東西把天人整個打通，這是非常困難的事情。這確定了我們有完全自主的力量，我們有無限往上自覺的力量。《中庸》的思想是前有所承的，它的

◎中庸思想體系簡表◎

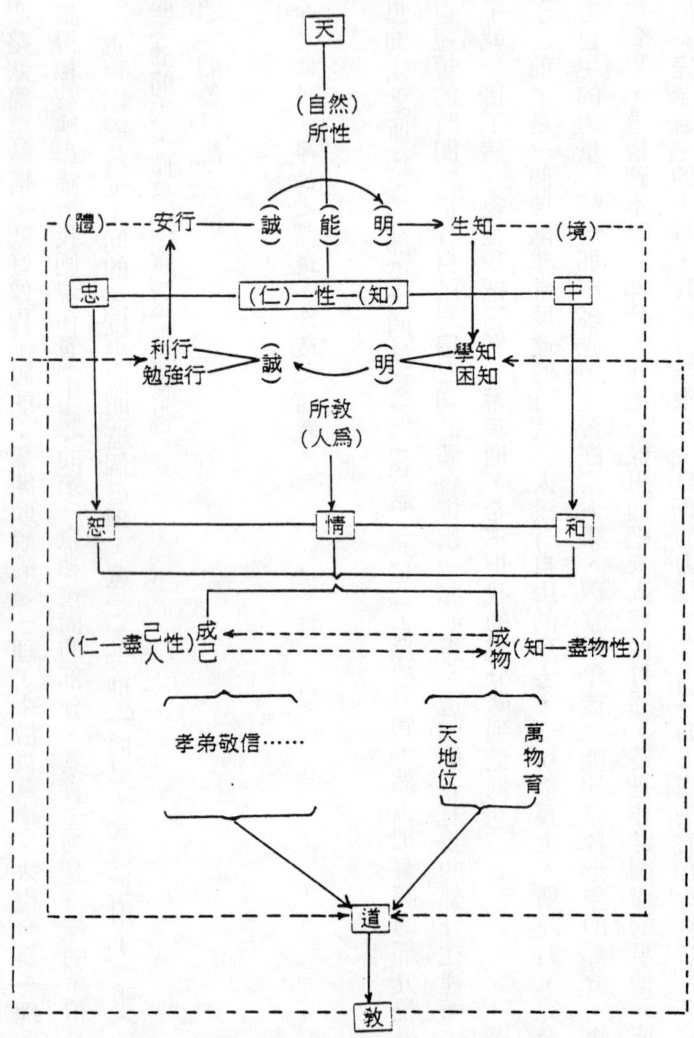
天
(自然)
所性
(體)
安行
誠
能
明
生知
(境)
忠
(仁)一性一(知)
中
利行
勉強行
誠
明
學知
困知
所教
(人為)
恕
情
和
(仁一盡己人性)
成己
成物
(知一盡物性)
孝弟敬信……
天地位
萬物育
道
教

作者累積前人的結晶，由外到內，從形象到主體，沒有被金木水火土迷惑，掌握了一個體系，貫通天人。所以徐復觀先生說過這是驚天動地的事，那是太了不起的。天人之間，居然由一個精神的動能把它貫穿起來，這完全是一種自主的力量，完全是無限向上的自覺力量，那就是說把神的主宰權，拉到人自己身上來，「天命之謂性」這句話真是了不起，無限往上開展的結果可以與天地同德，這是很少有的看法。所以我畫這個表的時候，先一個「天」，其實應再加「命」才對。天既然賦予我們「性」，當然也賦予萬物「性」。很多人研究《中庸》，認爲「天命之謂性」這句話包括「物性」和「人性」來說，不知道在座的各位贊不贊同？因爲這個跟儒家的其他經典是不太一樣的。「天命之謂性」降到人身上是謂「人性」，降到物身上是謂「物性」，而這句話應該包括「人性」和「物性」在內，假如不包括「物性」的話，後面「成物」是落空的。這個「成物」很多人誤會爲齊家、治國、平天下而已，指的不是真正的物。那所提的天道也不是形上的實有，是完全主觀開出來的一個世界，而沒有足夠客觀的驗證。《中庸》不是這樣子的，我們看到外面一些研究《中庸》的書，很多都已肯定了這一點，那就是包括「物性」和「人性」。這個「性」就人來說，由於人是萬物之靈，能夠得其全，而物可以說是得其偏，這樣說有自我抬高的意味，但實際上，我們現在看出來也是這樣子，人爲萬物之靈嘛！所以第二句「率性之謂道」的「性」，以前我就曾困擾過，以爲「率性」是一般的人。後來王陽明把它點出來，那是「聖人也」。

那怎麼樣成為一個聖人呢？看一下我這個表不免有重疊的現象，因為聖人也是從凡人變為聖人的，他成為聖人之後，把自己的經驗提供出來，然後讓一般的人也走上聖人這一條路，也就是完全以自己的經驗引導別人，使別人吸取自己的經驗，以減少錯誤而進入聖人的領域。我這個表裡面的「性」，已經確定是天所命的，那這個「性」的內容究竟是怎麼樣？實際上，《中庸》這部書已經很明白地告訴了我們：

誠者，自成也。

誠是一個動力，它可以自成成物。而性之德有兩種：

誠者，非自成己而已也，所以成物也。成己，仁也；成物，知也；性之德也，合外內之道也。

用一個性溝通天人，所以成己之後就可以成物。當然成己而成物，也不是單向的，以我的體會來看，那是循環不已的。成己多少，就成物多少；成物多少，就成己多少。那是一個循環，不是一次完成，而且須無數次循環，由偏而全的達到顛峯，達到最理想的境地。所謂「成己，仁也；成物，知也。」是說成己靠的是「仁」的作用，而成物靠的是「知」（即「智」，下併同）的作用，這都是與生俱來的德性。

道德的「德」與得到的「得」有時是通用的，那是得之於天的一種精神潛能。得之於天的精神潛能有兩種：一種屬於「知」，一種屬於「仁」。我們知道《中庸》作者所以把這兩種納入性的內涵，是受到孔子的影響。我以前寫的東西沒有強調這一點。本來我這一次很想講一個題目：「孔子的仁知觀與《中庸》的誠明思想」，因爲《中庸》的誠明思想來自孔子的仁知觀。孔子的思想是仁知合一的，這點衆人皆知，不過後人把「知」撇開來談「仁」，就使人在認識孔子的思想上有了偏差。我們仔細看孔子，他認爲在起點的時候，仁、知是分開的，因爲在源頭上沒有把它們理通，沒有把它們溝通好，所以顧得了仁就顧不了知，顧得了知就顧不了仁。所以孔子才會以爲：人想要求知、求仁，不學是不行的。人一定要開發它們，不開發它們的話，彼此之間根本沒有多大的關連，就好像發出了五燭光、十燭光的光芒而已，那是每個人與生俱來都能夠發揮的。但是，是不是這樣就好了呢？完全不必開墾，不必開發，不必提昇？當然我們現在認爲那是不可能的，那是守株待兔，所以要開發。孔子以爲開發後仁、知是會互動的，仁影響知，知影響仁。我想大家對《論語》都是非常熟的，它談仁知互動的地方是蠻多的，簡單的說，像「行有餘力則以學文」，那是由仁而知。「十室之邑，必有忠信如丘者焉，不如丘之好學也」，也是由仁而知。「博學以文，約之以禮」，這個是由知而仁，這種地方很多。也就是說，孔子那個時候知道兩者之間是一種互動的關係，這種互動不是一次完成，而是由偏而全，然後才能使仁知慢慢的融合而爲一，這就是所謂的「仁且智」的境界，也就是聖人的境界。子貢稱讚孔子「仁且智，夫子既聖矣」，那是仁知合一的最高境界。孔子的思想影響《中庸》的作者實在很大很大，孔子還沒有把仁知納入性體裡邊，《中庸》的作者硬是把兩者放入性裡邊，成爲性的兩種最重要的內涵。所以我這個表裡面，大家可以看到，性的旁邊有知跟仁，我這裡這麼畫就是這樣來的。

那就是說，人與生俱來就具有仁性跟知性，但要怎麼開發呢？這是一個值得探討的問題。如不主張開發，讓它們與生俱來又原原本本的帶回墳墓，我們說得不好聽一點，就是暴殄天物。所以儒家主張走積極的路來開發它們。怎麼開發呢？當然要透過教育，所以在這個表裡面，底下用括號，一個「明」，一個「誠」。「明」是緊緊貼著知性來說，「誠」是緊緊貼著仁性來說。這裡有一個所謂的「所教」，這個「所教」就是一種教的作用。這個是根據什麼來說的呢？我們看《中庸》第二十一章：

> 自誠明，謂之性；自明誠，謂之教。誠則明矣，明則誠矣。

我們都知道這所謂的「性」跟「教」，跟一開端的所謂「天命之謂性，率性之謂道，修道之謂教」的「性」跟「教」是不太一樣的。清朝王船山讀書非常細膩，他就認爲這個「性」是「所性」，所謂的「所性」就是性的作用；「教」是「所教」，就是教的作用。我們現在是透過「所教」的這一面來看，也就是透過人爲的一面來看。要先開發知性，而後及於仁性。這就像《大學》裡面說的先格物、致知，然後誠意、正心、修身是一樣的。我們另外也可以說，它是要用萬殊之理來豁醒一本之智的。主張走這一條路，我想大家一定知道是朱熹的說法。我也承認朱熹的說法對我的影響很深很深。但是不是僅止於此呢？不！我們的「所教」（人爲）一定要打進我們的生命主體裡面才有用，也就是說一定要跟我們的自誠明之性結合，亦即自明誠之教一定要跟自誠明之性結合，不結合是沒有用的，好像移花接木那是絕對沒有辦法的，一定要直接的對準它。我記得十幾年前，我提出「撞擊」的說法，用「自明誠」來撞擊「自誠明」。也就是說自誠明之性是天然所有，我們不能夠直接讓它發生作用，我們要透過人爲之教來產生力量來帶動，使它產生作用。所以我在上面就講「所性」是天然的作用，那就是說要走向聖人，一定要先發揮知性，而及於仁性。由仁性的發揮帶動天然的力量，也就是使你的知性能夠提昇到另一個階段，而且這個又跟人工銜接，變成一個循環，「自明誠」而「自誠明」，「自誠明」而「自明誠」，人爲跟天然的作用形成一個循環。

大家可能會有一個疑問，如何開發知性？剛剛我是用別人的一句話來說明，所謂用萬殊之理豁醒一本之智，究竟是怎麼來？事實上《中庸》這本書裡面有線索，我們還是就《中庸》來論《中庸》。我認爲在第二十章中，知跟行之間有明顯的線索，那就是所謂的：

或生而知之，或學而知之，或困而知之，及其知之，一也。或安而行之，或利而行之，或勉強而行之，及其成功，一也。

這就是非常有名的三知三行。很多人是從一般的角度來看，認爲人一出生因爲資質的不同，於是有的人偏於生知，有的人偏於學知、困知；有的人偏於安行，有的人偏於利行、勉强行。這個也是事實，我想我們是不是可以從另一個角度來看它？同一個道理，不同人的身上，有的人可以生知，有的人卻要學知，有的人則要困知；同一個道理，有的人要勉强行，有的人要利行，有的人卻可以安行。另外一個角度來看，同樣一個人，他學某些道理，要知道某些道理，他可以靠生知，學某些道理要學知，學某些道理要困知；行某些道理要勉强行，行某些道理要利行，某些道理他又可以安行。我們可不可以這樣看待？我認爲它留下來的空間，可以這樣來認識它。實際上它們也是形成循環的。我把學知跟困知當成一組，勉强行跟利行當成一組，安行跟生知是一組。假如我們扣緊《中庸》的原文來看，所謂的「自明誠」的「明」的這一部分，那是由困知、學知而來。那要怎麼學呢？這點，《中庸》也說了，第二十章說：

博學之，審問之，慎思之，明辨之，篤行之。

由「博學之，審問之，慎思之，明辨之」讓你困知、學知，提昇到某一個基準，到了某一個基準，可以產生一種力量，帶動你仁性的發揮，那就是要「篤行」。所以「篤行」是針對勉强行、利行來說的。我想我下次畫這個表要把這個補上去，因爲我昨天畫表的時候稍微草率一點，急急忙忙的趕，以後會補得更周全一點。那就是困知、學知是由「博學之，審問之，慎思之，明辨之」而來，勉强行、利行是「篤行」的階段。篤行之後就可以邁向安行，安行已經觸到天然的力量，那一定馬上可以觸動生知。所以我從另外一個觀點來看，所謂的學知、困知，那是「聞一」，所謂的「知十」，是生知；「舉一」是屬於學知、困知，「反三」是屬於生知。我不曉得我這樣的看法會不會違背《中庸》作者原來的意思。我們這樣子來看待的話，可進一步用我們本身來驗證《中庸》的思想。我是非常注重驗證的，因爲你主觀讓自己跑得很遠，不用客觀的事實來驗證，那必是空中樓閣、海市蜃樓、一廂情願的事情，那是很危險的。所以一定要透過本身，透過周圍，不只是就現在，還要用古人，甚至未來的人，這些都是一種驗證的材料。你不用這些驗證，而只是在文字、符號上打轉的話，跟你的生命是不能夠結合在一起的。我們都知道這個學問，套句牟宗三先生的話，是「生命的學問」，但是這個學問不納入生命裡面，算是什麼生命的學問？那是符號，是知識。也可以說你没有納入生命，就没有辦法開展出發展知識，你開不出來，就證明你没有融貫它。事實上，一融貫之後，由於我們有足夠的驗證，用自己、用別人、用周遭的東西、用古人，甚至未來，便能照應周全。我想這種驗證非常非常的重要，這種驗證可以把主觀的成分降低，客觀的成分增強。一再地往主觀走，那是虛的，說起來好聽而已。我這樣看待不知道合不合理。

接著因為第一章提到「中和」，所以就列在表裡。我們知道第一章是用順逆，應該說是先順敘後逆敘的一種手法表達的。很多人認為，在思想的書裡為什麼還要注重篇章結構？我認為把篇章結構釐清，義理便跑不掉。「天命之謂性，率性之謂道，修道之謂教」是由本而末，也就是由天而人；後來所謂「道也者，不可須臾離也」一直到「天地位焉，萬物育焉」，是由末推到本，也可以說是由人推到天。這裡所謂「道也者，不可須臾離也」一直到「故君子慎其獨也」，是講慎獨的要領，也就是人困知、學知，篤行的要領。換句話說，你要博學、審問、慎思、明辨、篤行，你就要守這個要領。我想《大學》也講慎獨，事實上，儒家常講慎獨。這是最重要的關口，若在這個重要的關口，你讓自己走偏，一偏再偏，那就不得了。偏了之後再回過頭來，原來是正的東西，你都會看成是偏的。我們要隨時檢查自己，因為走偏了之後是拉不回來的，你自己扭曲了，然後看到正的是扭曲的，這種情況我們看得很多。儒家講慎獨是最重要的部分，像我們的心裡有所偏，對自己的子女關愛，所以越看自己的子女越漂亮，沒有不覺得不漂亮的。所以在沒有慎獨的情況下，去博學、審問、慎思、明辨、篤行，整個會偏，也就是說整個會落空。所以這裡所講修道的要領，也就是學者吸收前人的智慧跟經驗的一種要領。《中庸》的作者講了修道，然後就講到率性：

喜怒哀樂之未發，謂之中；發而皆中節，謂之和。中也者，天下之大本也；和也者，天下之達道也。

我們都知道這已經講到率性了，也就是由末推到本，由人推到天，已經講到率性的部分。所以我的表裡面，大家看一看，我畫「性」，同時跟它同一領域，同一個位置的，那是「中」，是這麼來的。其中說「中」，實際上就指向「性」；說「和」，實際上就指向「情」。雖然《中庸》不說「情」，我們知道「發而皆中節」是不是講「情」？我們都知道這是講「情」！所以這個「情」是我把它加上去的，因爲《中庸》找不到這個字。但是我們從「發而皆中節」來看，那是已經講到「情」的了。「情」是針對著「性」來的，一個體，一個用。中是體，和是用。另外一個大家會覺得奇怪的是表裡面加了「忠」和「恕」。本來我可以不加，但是在《中庸》這本書裡，我找到了幾句非常重要的話，就是談到「恕」，實際上是談到「忠恕」，所以我在這裡加上去，維持它的完整。

「忠恕」是怎麼說的呢？《中庸》第十三章：

忠恕違道不遠，施諸己而不願，亦勿施於人。

可見《中庸》是提到忠恕的，忠爲體，恕爲用。所以我們看到《中庸》的作者底下的敘述，撇開忠不談，只談恕，這個就是所謂的側注以回繳整體的手法。所以它講恕實際上就是講忠。底下的恕，我認爲留下一個很好很好的線索給我們，也就是「恕」跟我們各種道德行爲之間的關係。以前我不了解子貢向孔子詢問：「有一言而可以終身行者乎？」孔子回答：「其恕乎！」我想爲什麼不是「仁」呢？孔子的學說不是以「仁」爲核心嗎？爲什麼不提「仁」而提「恕」？仁跟恕之間的關係是怎樣的？而且「恕」跟他所主張的孝、弟、敬、信之間的關係又是怎樣的呢？《論語》這部書裡面找不到任何的線索，但是結果《中庸》把它打通了。我認爲這個打通對我整體的了解，有很大的幫助。那是怎樣的呢？孔子說：

君子之道四，丘未能一焉。

很多人說這是孔子謙虛的話，實際上也應該是事實。我們都知道孔子要到七十歲才從心所欲不踰矩，才達到最高境界。說這句話的時候，就全的觀點來看，確實是這個樣子，所以不必說這個是謙虛的話。接著說：

所求乎子以事父，未能也。

「所求乎子以事父」是恕沒有錯，但也是「孝」。要求子女怎麼對待自己，就用這種心意跟態度來對待自己的父母，這個是恕，因爲它扣緊了恕來說，但是不是孝?當然是孝!也就變成恕存乎心，而且有一種知的指引，來分辨對象，對象不同，適應的方式就不同，但是它的本心是一樣的，源頭是一樣的。源頭是一個「忠」，有了對待之後變成恕。對待不同的人，而有不同的適應方式。對待的是父母，那是孝。底下說：

> 所求乎臣以事君，未能也。

這個也是恕。怎麼要求臣子對待自己，就先用這種心意跟態度來對待君上，這個是恕，但也是忠，但我這裡不願用忠，因爲怕跟忠恕的忠相混。這個恕我用敬，所以我畫的表裡就不用忠而用敬。然後說：

> 所求乎弟以事兄，未能也。

是恕，但也是弟。末了說：

> 所求乎朋友，先施之。

是恕，也是信。這樣子因爲這個地方有了一個線索，知是由恕衍生出各種道德行爲，而《中庸》裡面把它說清楚了。

第二十章：

> 誠者，天之道也；誠之者，人之道也。

前面有一段文字，大家都知道這個和《大學》八目的說法很相近，那是怎麼說的呢？它說：

> 在下位，不獲乎上，民不可得而治矣；獲乎上有道，不信乎朋友，不獲乎上矣；信乎朋友有道，不順乎親，不信乎朋友矣；順乎親有道，反諸身不誠，不順乎親矣；誠身有道，不明乎善，不誠乎身矣。

這跟《大學》八目說法相近，但詳略不一。這裡的「明善」就是格物致知，「誠身」就是誠意、正心、修身，「順親」跟「信友」是齊家，「獲上」跟「治民」就是治國、平天下。其實成己的部分應該涵蓋在這個部分裡。我的表著重在恕與各種道德行爲的關係上，而沒有把成己真正的部分，包涵明善、誠身、順親、信友、獲上、治民，使得自己之外，包括別人，都能夠做到孝弟敬信等等，這樣應該比較周全一點。我下次把這個表修訂，想加這些上去，更適合《中庸》這部書的特點。

回到中和跟忠恕來講，我們都知道性情可以就體用來分，當然也可以就動靜來分。一動一靜，實際上是動中有靜，靜中有動的，這樣來分雖然有一點勉强，不過確有它的特點。有的人以體用來分，有的人以動靜來分。而現在忠恕在這裡，爲什麼我把忠、性、中排在一列？我認爲它們的指向都一致，用不同的名稱，指的角度則不一樣。像中和這個部分，它是就「境」來指，性這個部分，凸顯它的「能」，而忠恕這個部分，是就「體」來說。我不曉得這樣的看待會不會有問題，希望大家能在這方面多指教我。

再回到成己的部分。這個部分，我們配合《中庸》第二十五章的說法之外，再配合另一章來看一下。第二十二章說：

> 唯天下至誠，為能盡其性；能盡其性，則能盡人之性；能盡人之性，則能盡物之性；能盡物之性，則可以贊天地之化育；可以贊天地之化育，則可以與天地參矣。

能夠把性的功能由自明誠而自誠明，由偏而全的發揮到極致，那就是所謂的至誠。這樣不但可以盡己性，也可以盡人之性，這是成己的部分，就好像《大學》，不但要求明明德於其身，也要求明明德於其家，明明德於其國，明明德於天下是一樣的。再過來，很特殊的就是成物的部分。成物的部分，就是「能盡人之性，則能盡物之性；能盡物之性，則可以贊天地之化育。」這個部分可以配合第一章來看，所謂「致中和，天地位焉，萬物育焉。」我們發揮中和的功能，除了可以成己之外，還可以成物。發揮我們中和的功能，實際上是擁有忠恕的胸襟，我們的「性」有力量拉出去，達到這種境界的時候，由人的身上推擴出去，打通物我，那就是盡物之性。盡物之性就可以天地位，萬物育。這用什麼打通呢？簡單的說，是一個「性」在打通，換句話說，打通物我的是一個「誠」，當然包含「明」。所以說，《中庸》這部書是談「誠」的著作，我想大家也不會反對。

《中庸》的後半部很少談性，而談至誠，那就是用誠來貫通。我們知道《中庸》開頭是用性來貫通天人物我，到後半段是用至誠來貫通天人物我。第二十六章提到：

> 故至誠無息；不息則久。久則徵，徵則悠遠，悠遠則博厚，博厚則高明。博厚所以載物也，高明所以覆物也，悠久所以成物也。

那就是有至誠的作用。性的功能發揮到極點，那是一種至誠的力量，完全可以產生作用，又透過至誠的力量通天人物我，所以才說「至誠無息」。不間斷的作用就可以長久，長久的話，可以徵驗；徵驗以後，就空間來說是悠遠，久是時間，悠遠是空間。我們明顯的知道，《中庸》的作者是這個意思。悠遠之後，就可以達到博厚的地步，博厚就可以達到高明的地步，那就跟天地同德，所以這裡說「悠久所以成物也」，這是說至誠的作用，不僅可以成己，而且可以成物，這是一個很重要的地方。

我們從另一個角度來看，從前的聖人是以有相來證出無相，再掌握無相來解釋有相的，由這一章可以看出來。事實上他怎麼知道是至誠呢？他是先從有相著手，然後追溯到它的源頭，掌握到至誠之後，回過頭來解釋有相。所以敍述的時候好像是先無相，然後是有相。但我們知道，聖人並不是一無憑藉，然後就用自己的心馬上體貼天道，說起來很好聽，但我看並不是這樣的。沒有人一出生就可以完全開發自己的性到至誠的地步，孔子也不例外。所以後面接著說：

> 博厚配地，高明配天，悠久無疆。如此者，不見而章，不動而變，無為而成。

它是從源頭開始慢慢生養萬物，從無相到有相；然後我們就有相的部分來說：

天地之道，可一言而盡也；「其為物不貳，則其生物不測。」天地之道：博也，厚也，高也，明也，悠也，久也。

然後用天地山水來證明：

今夫天，斯昭昭之多，及其無窮也，日月星辰繫焉，萬物覆焉；今夫地，一撮土之多，及其廣厚，載華嶽而不重，振河海而不洩，萬物載焉；今夫山，一卷石之多，及其廣大，草木生之，禽獸居之，寶藏興焉；今夫水，一勺之多，及其不測，黿鼉蛟龍魚鱉生焉，貨財殖焉。

當然這與宇宙膨脹之說未必全合，但是並不違背。雖然我們不必說我們的祖先早就知道宇宙正在膨脹，但是他的體會就是這樣。由混沌、無相而慢慢有相，這是從真正成物來說。天地位而萬物育並不是漂亮話，像現在我們說的變沙漠爲綠洲，透過人工來改進天然的缺陷就是。事實上，《中庸》的作者肯定我們有這個力量，我們這個力量正可以改善物質環境。有人說儒家的學說開不出科技，那是一種誤會，怎麼會開不出來呢？那是後人把成物的部分切斷，只就成己的部分做主觀的考量，把成物的部分略掉，那是我們有所偏。就《中庸》來說，成物是真正的成物，而且這個成物不是一個人就可以完成，而是集大家的力量。《中庸》的作者不過是肯定人有這樣的無上自覺的力量，可以跟自然的力量結合起來，這必須靠我們不斷的參與這個行列，然後把成己成物越做越好，以純化人倫社會，改善物質環境。而聖人經過成己成物的歷程，就把這個經驗匯成「道」。所以後面說非帝王不能夠制禮，實際上這個禮就是道。我們看《中庸》後半，談禮的地方實在太多了，而講的就是「道」，不過是換了另一個詞而已。我們可以從《論語》看出來，《論語》裡面講道和禮是重疊的。也可以說道是泛泛之說，而禮則是較具體而已。假如從根源來說，道和禮是爲一的，没有什麼不同。從形式上來說，是一種禮文，是種種的規範，那就有所不同了，它會因時因人因地而有所改變，會有不同，但源頭上，並没有什麼不同。聖人由凡人而變爲聖人，然後提供他的智慧和經驗的結晶而形成了「道」，以制定禮儀，制定禮樂，而且掌握到不息、久、徵、悠遠、博厚、高明的特點，兼顧人道和天道。實際上，是兼顧人情跟天理，再說得淺一點，是兼顧到人生跟宇宙。這種智慧和結晶提出來，就形成了道，用這個來教我們的後代，而要學者也照他一樣，由困之、學之而勉强行，利行、安行而生知，也就是由明而誠，由誠而明，循環不已，慢慢邁向聖人的領域，這是我們教育的目標，我看《中庸》這部書裡面這個講得是非常完整的。從結構體系上來說，的確是比《論語》、《孟子》完整。但它留下的空間太多了，需要後人來填補，我填補的結果是這樣，可能是有所扭曲，希望大家給我多一點指教，我今天就報告到這裡，謝謝大家！

（原載民國八十六年一、二月《國文天地》十二卷八、九期）

《中庸》的性善觀

一、前言

「性」字在《詩》、《書》時代，由於指的是就「情」而言的欲望或本能①，所以就像《尚書．召誥》裡所謂的「節性」②一樣，必須講求節制。而《中庸》，則由於指的本是「真實無妄」③的至誠潛能，因此就不講節制，而有「率性」、「盡性」的主張；而且範圍也由「人」兼及於「物」，形成合天人、物我爲一體的性善觀，影響所及，極爲深遠。本文即從《中庸》性善觀的淵源、內容、特色等方面，尤其對「何謂善」這一問題，試予探討，以呈現《中庸》性善觀的明顯輪廓。

二、《中庸》性善觀的淵源

先秦儒家，除《荀子》外，都以性善爲立論基礎。孔子未言性善，只是說：

性相近，習相遠。（《論語．陽貨》）

但他卻肯定人心之「仁」與「知」（智），這就顯示了性善的强烈傾向。《論語．顏淵》載：

樊遲問仁，子曰：「愛人。」問知，子曰：「知人。」樊遲未達，子曰：「舉直錯諸枉，能使枉者直。」

朱熹注此云：

舉直錯諸枉，知也；使枉者直，則仁矣。如此則二者不惟不相悖，而反相為用矣④。

這種解釋指出了孔子先「知人」（智）而後「愛人」（仁）的意思。又《論語・里仁》載：

> 子曰：「不仁者不可以久處約，不可以長處樂。仁者安仁，知者利仁。」

從表面上看，孔子在這裡將「仁者」與「知者」分開來講，但所謂「安仁」與「利仁」，很明顯地就是《中庸》所說的「安而行之」與「利而行之」（見第二十章，依朱熹《中庸章句》，下併同）⑤的不同。而大家都知道兩者是層進而非平列的關係，也就是說：「利而行之」久了就可以邁入「安而行之」的階段，朱熹以爲它們屬「深淺之不同」⑥，便是這個意思。由此可知在孔子眼中，仁和智是互動而並重的⑦。牟宗三先生說：

> 仁、智並舉，並不始自孟子。孔子即已仁、智對顯，如仁者安仁，智者利仁。……⑧

而夏乃儒則更進一步地說：

> 孔子是圍繞著以知求仁、仁知統一這個中心，建立起他的認識理論的⑨。

這些都是對孔子學說深造而有得的話。由此看來，《中庸》的作者能乾淨俐落地將「仁」和「智」納入粹然至善的性體，和孔子的仁智觀是有直接關係的。

孔子除了肯定人心之「仁」和「智」外，值得人注意的是《論語・述而》所載孔子的話：

> 天生德於予。

何晏注此云：

> 謂授我以聖性，德合天地，吉無不利⑩。

而朱熹則以爲：

> 天之生我，而使之氣質清明，義理昭著，則是天生德於我矣⑪。

照何、朱二人的說法，這個「德」，該等同於「性」，因爲何晏直接以「聖性」來釋「德」；而朱熹則以「使之氣質清明，義理照著」來說明，這指的不是「性」是什麼？其實，「德」就是

「得」，《老子》第四十九章說：

> 聖人無常心，以百姓心為心。善者吾善之，不善者吾亦善之，德善；信者吾信之，不信者吾亦信之，德信。

朱謙之《老子校釋》引羅振玉云：

> 「德」字，景龍本、敦煌本均作「得」[12]。

可見「德」可通「得」。而就儒家來說，這個「德」，即「得之於天者」之意；而「性」則指「得之於天」的本質。亦即前者乃就承受者而言，後者卻就所承受之本質來說，因此兩者的關係是一而二、二而一的。這樣看來，孔子「天生德於予」這句話，便和《中庸》「天命之謂性」的說法很相似了。不過，陳大齊先生卻以爲：

> 孔子既然稱德為天生，則所採取的，似乎是潛伏觀，不是創始觀。但孔子此言，只是就他自己一個人說的。然則此種潛伏的德，是他個人所獨有，抑或為少數人所特有，又或為人

人所同具，未可由以貿然推斷。且孔子此言，只是感情性的傾訴，不是道理性的論斷，更未可據以推定其學說上所採取的主張⑬。

這確是個疑問，又何況孔子也未明白地將「天生德於予」的「德」來統攝「仁」和「智」，達到《中庸》那樣「即誠（含仁與智）言性」⑭的地步，所以只能說孔子「天生德於予」這句話對《中庸》「天命之謂性」這句話有重大啓發而已。

由此可知《中庸》的性善觀，無疑地是直接淵源於孔子的。

三、《中庸》性善觀的內容

孔子的仁智觀到了《中庸》，便水到渠成地獲得了進一層的發展。《中庸》的作者將仁與智直接納入性體，成爲「性」的兩大內容，他在第二十五章說：

誠者，非自成而已也。所以成物也。成己，仁也；成物，知也；性之德也，合外內之道也。

朱熹注此云：

> 誠雖所以成己，然則有以自成，則自然及物，而道亦行於彼矣。仁者，體之存；知者，用之發；是皆吾性之固有，而無內外之殊⑮。

而王船山在《讀四書大全說》裡也做如下闡釋：

> 有其誠，則非但成己，而亦以成物矣；以此誠也者，足以成己，而無不足於成物，則誠之而底於成，其必成物審矣。成己者，仁之體也；成物者，知之用也；天命之性，固有之德也。而能成己焉，則仁之體立也；能成物焉，則知之用行也；仁知咸得，則是復其性之德也。統乎一誠而已，物胥成焉，則同此一道，而外內固合焉⑯。

可見仁與智，同是「性之德」，乃「吾性之固有」，而「誠」則是「人性的全體顯露，即是仁與知的全體顯露」⑰，是足以成己、成物的。而《中庸》第二十一章又說：

> 自誠明，謂之性；自明誠，謂之教；誠則明矣，明則誠矣。

據知由「至誠」所統攝的仁與智，是可經由互動而最後融合爲一的。也就是説「如果顯現了部分的仁性（誠），就能連帶地顯現部分的知性（明）；同樣地，顯現了部分的知性（明），就能連帶地顯現部分的仁性（誠）。正由於這種相互的作用，有先後偏全之差異，故使人在盡性上也就有了兩條內外、天人銜接的路徑：一是由誠（仁性）而明（知性），這是就先天潛能的提發來説的；一是由明（知性）而誠（仁性），這是就後天修學的努力而言的。而這『天然』（性）與『人爲』（教）的兩種作用，如一旦能內外銜接，凝合無間，則所謂『誠則明矣，明則誠矣』，必臻於亦誠亦明的至誠境界。到了此時，仁既必涵攝著智，足以成己，而智亦必本之於仁，足以成物了。」⑱

這種由仁智互動而趨於融合爲一的「性之德」，如果沒有尋源探本，找出它的根源，那麼一切人爲的努力將會落空，所以《中庸》的作者特地在《中庸》一開篇就説：

天命之謂性。

朱熹在《中庸章句》裡釋此云：

命猶令也。天以陰陽五行化生萬物，氣以成形，而理亦賦焉，猶命令也；於是人物之生，因各得其所賦之理，以為健順五常之德，所謂性也⑲。

在這段話裡，朱熹首先提出了「性即理」的新觀點，然後以理氣二元論來解釋萬物成形賦理的真象，從而把理、命、健順五常之德和性的關係提明，可說是深入聖域後所體貼出來的見解。而這種見解，在《或問》裡，發揮得尤爲透徹，他說：

天命之謂性，言天之所以命乎人者，是則人之所以為性也。蓋天之所以賦與萬物，而不能自已者，命也；吾之得乎是命以生，而莫非全體者，性也。故以命言之，則曰元亨利貞，而四時五行，庶類萬化，莫不由是而出；以性言之，則曰仁義禮智，而四端五典，萬事萬物之理，無不統於其間。蓋在天在人，雖有性命之分，而其理則未嘗不一；在人在物，雖有氣稟之異，而其理則未嘗不同；此吾之性所以純粹至善，而非若荀、楊、韓子之所云也⑳。

照這種解釋，人與物雖然「都是氣依理而凝聚造作的結果」，但所得之氣，卻偏全各有不同。而人由於得其全，所以那原本是天地元亨利貞之理，便通過「命」，純粹而周偏地降而爲仁義禮智之性；而物則由於「得其偏」，所以也就不免差上一大截，「不過只通得一路」而已㉑。這種觀點，儘管有部分是因襲了《周易．文言》的說法㉒，然而在程子之後，他卻更周密地用一個能以簡馭繁的「理」字來貫通性命物我，把元、亨、利、貞和仁、義、禮、智打成一片，以呈顯一個善美而莊嚴的理世界，這對後世學術思想的影響，無疑是極大的。不過，《中庸》的作者卻不是用這個後世學者所察識的「理」字㉓，而是用「至誠」（含仁與智）二字，從本體、變化、境界和「報應」各方面，徹底貫通了天道、鬼神、中和與天命等觀念㉔，把原本遮蓋在天表面的那種宗教的神秘彩霧驅散，而呈顯出一誠流貫的形而上境界。

既然認定性是天所命的，那麼，天道之至誠也必透過「命」，隨著人的出生而賦予人，以凝結爲性，成爲人類生生不已、真實無妄的精神動能；更何況，在觀念的形成上來說，那天道之至誠，原本就是由人道之至誠，經天命之性，向上投射而得以確認的呢！因此，唐君毅先生認爲《中庸》是「即誠言性」的，而錢穆先生也說：

> 性則賦於天，此乃宇宙之至誠㉕。

如此推本於「天」，以「至誠」統攝仁與智來說「性」，「性」的粹然至善也就完全呈現出來了。

四、《中庸》性善觀的特色

《中庸》的作者「即誠言性」，其範圍不僅是「人」（成己、成人）而已，也兼顧了「物」（成物），這可說是《中庸》性善觀的第一大特色。對於這一點，朱熹在《中庸章句》裡就以「陰陽五行，化育萬物」來釋「天命之謂性」之「性」，顯然以爲它，除了「人」性之外，還包括了「物」性，而陳氏（淳）更申釋云：

天固是上天之天，要之即理是也。然天如何而命於人，蓋藉陰陽五行之氣，流行變化，以生萬物。理不外乎氣，氣以成形，而理亦賦焉，便是上天命令之也。……本只是一氣，分來有陰陽；又分來有五個氣，二與五只管分合運行去，萬古生生不息不止，是箇氣必有主宰之者，曰理是也。理在其中，為之樞紐。故大化流行，生生未嘗止息。命即流行而賦予物者㉖。

這種說法，雖受到相當多人的肯定，卻有一些學者持反對的意見，以爲這樣無法貫徹性善之說，而且也講不通「率性之謂道」這句話，如王船山便說：

> 天命之謂性，乃程子備《中庸》以論道，須如此說。若子思本旨，則止說人性，何曾說到物性上；物之性卻無父子、君臣等五倫，可謂之天生，不可謂之天命。至於率性之謂道，亦兼物說，尤為不可，牛率牛性，馬率馬性，豈是道？若說牛耕馬乘，則是人拿著他做，與猴子演戲一般，牛馬之性何嘗要耕要乘，此人為也，非天命也。此二句斷不可兼物說㉗。

其實，所謂「率性之謂道」，說的確是「人」，而且是聖人之事，如王陽明所說：

> 眾亦率性也，但率性在聖人分上較多，故『率性之謂道』屬聖人事；聖人亦修道也，但修道在賢人分上多，故『修道之謂道』屬賢人事㉘。

卻也不一定要固執地把「性」規範在「人」的身上，因爲《中庸》在很多地方談「成物」之事，如：

> 天地位焉，萬物育焉。（第一章）
>
> 誠者，物之始終，不誠無物。（第二十五章）

天地之道，可一言而盡也：其為物不貳，則其生物不測。（第二十六章）

發育萬物，峻極于天。（第二十七章）

唯天下至誠，為能經綸天下之大經，立天下之大本，知天地之化育，夫焉有所倚。（第三十二章）

又於第二十二章明白說：

唯天下至誠，為能盡其性；能盡其性，則能盡人之性；能盡人之性，則能盡物之性；能盡物之性，則可以贊天地之化育；可以贊天地之化育，則可以與天地參矣。

這裡所謂「盡其性」之「其」，指的是自身（我）；而「盡人之性」之「人」，指的是他人，即家人、國人，以至於全天下的人；至於「物」，則當然指真正之物，即物質而言，而非一般人所指的「家」、「國」、「天下」。所以朱熹說：

人、物之性，亦我之性，但以所賦形氣不同，而有異耳㉙。

唯其「人、物之性，亦我之性」，故至誠之聖人才有可能「仁且智」㉚地填補人我、物我的鴻溝，逐步「盡己之性」、「盡人之性」、「盡物之性」，而臻於「與天地參」的最高境界。

如果這種理解沒有偏差，那麼《中庸》第二十二章，配合性善的說法，應能說成：

唯天下至誠，為能盡其善；能盡其善，則能盡人之善；能盡人之善，則能盡物之善；能盡物之善，則可以贊天地之化育；可以贊天地之化育，則可以與天地參矣。

其中「能盡其善」以「盡人之善」，在其他儒家經典中已談得很多，如《論語．憲問》說：

子路問君子。子曰：「修己以敬。」曰：「如斯而已乎？」曰：「修己以安人。」曰：「如斯已乎？」曰：「修己以安百姓。修己以安百姓，堯、舜其猶病諸！」

又如《禮記．大學》說：

身修而后家齊，家齊而后國治，國治而后天下平。

顯然是不成問題的。但要「盡其善」而「盡人之善」，以至於「盡物之善」，則必須解決「何謂善」的問題。這所謂的「善」，無疑地不能停留在「形於外」的五倫，即孝、弟、敬、信、慈等德行之間，因爲「物」之善是不能由此而疏通無礙的。既然如此，就非得從「誠於中」者來貫通天人、物我不可。而要這樣「一以貫之」，則必須即誠言善，那就是說「善」要合乎不息、規律與和諧的要求，因爲「至誠」是由不息而形成規律，最後達於和諧之境的。

首先看《中庸》第二十六章：

> 故至誠無息，不息則久，久則徵，徵則悠遠，悠遠則博厚，博厚則高明。博厚，所以載物也；高明，所以覆物也；悠久，所以成物也。博厚配地，高明配天，悠久無疆；如此者，不見而章，不動而變，無為而成。

由於《中庸》的作者認定「至誠」是粹然至善、真實無妄的一種動能，所謂「既無虛假，自無間斷」[31]，自然就能形成「久」、「徵」、「悠遠」、「博厚」、「高明」等「外驗」[32]。這種「外驗」，如換個角度來看，就是規律。這種規律，就「人」來說，即「率性之謂道」的

「道」。聖人依循「無息」的精神潛能——「性」，以凝就「羣體所共由共守」㉝的準則，《中庸》第二十七章說：

> 大哉！聖人之道，洋洋乎，發育萬物，峻極于天。優優大哉！禮儀（大儀則）三百，威儀（小儀則）三千，待其人而後行，故曰：苟不至德，至道（指禮儀與威儀）不凝焉。

所謂「苟不至德，至道不凝焉」，非聖人無以率性成道的意思，是表示得非常明白的。實在說來，也幸好有聖人能「順著人性向外發出」㉞，全面做到「自誠明」的地步，才有可能「經綸天下之大經」，於「人倫各盡其當然之實，而皆可以爲天下後世法」㉟，以至於「立天下之大本」，而使常人也能透過聖人所凝就的「至道」（達道），逐漸由明而誠地發揮性體的功能，達於完全「復其初」㊱的終極目標。如就「物」來說，就是「自成」的「外驗」。由《中庸》的作者看來，「物」是藉著「誠」的作用，而形成規律以「自成」的。《中庸》第二十五章說：

> 誠者，自成也；而道，自道也。誠者，物之始終，不誠無物。

便是此意。而第二十六章更說：

> 天地之道，可一言而盡也：其為物不貳，則其生物不測。天地之道，博也，厚也，高也，明也，悠也，久也。今夫天，斯昭昭之多，及其無窮也，日月星辰繫焉，萬物覆焉；今夫地，一撮土之多，及其廣厚，載華嶽而不重，振河海而不洩，萬物載焉；今夫山，一卷石之多，及其廣大，草木生之，禽獸居之，寶藏興焉；今夫水，一勺之多，及其不測，黿鼉蛟龍魚鱉生焉，貨財殖焉。

在這段話裡，《中庸》的作者首先告訴我們：天地之道是可以用一句話來概括的，那就是「其爲物不貳，則其生物不測」，這所謂的「爲物」，猶言「爲體」，指的是天地「運行化育之本體」[37]；而「不貳」，義同「無息」、「不已」，乃「誠」的作用[38]。這是《中庸》的作者透過「內在的遙契」、「通過有象者以證無象」所獲致的結果[39]。瞭解了這點，那就無怪他在說明了天道之「爲物不貳」後，要接著用聖人「至誠無息」之外驗來上貫於天地，而直接說「博厚」、「高明」、「悠久」就是「天地之道」，以生發下文了。很明顯地，這所謂「高明」指的就是下文「日月星辰繫焉，萬物覆焉」的天德；所謂「博厚」，總括來說，指的就是「載華嶽而不重（山），振河海而不洩（水），萬物載焉（山和水）」的地德；分開來說，指的乃是「草木生之，禽獸居之，寶藏興焉」的山德與「黿鼉蛟龍魚鱉生焉，貨財殖焉」的水德；而「悠久」，指的則是天光及於「無窮」（高明）、地土及於「博厚、山石及於「廣大」、水量及於「不測」（博厚）的時、空歷程。《中庸》的作者透過此種天的「高明」與「地」（包括山、水）的「博厚」，經由「悠久」一路追溯上去，到了時、空的源頭，便尋得「斯昭昭」、「一撮土」、「一卷石」、「一勺水」等天地的初體，以致終於洞悟出天地會由最初的「昭昭」或「一」而「多」而「無窮」、「不測」，以至於「博厚」、「高明」，及是至誠在無息地作用所形成的規律性「外驗」，也就是「生物不測」的結果。

「至誠」由不息而形成規律，便爲和諧的至善之境構築了堅實的橋樑。而這種和諧的境界，便是所謂的「中和」。《中庸》首章說：

> 中也者，天下之大本也；和也者，天下之達道也。致中和，天地位焉，萬物育焉。

這所謂的「中和」，本來是指人的性情而言的，因爲在這一節話之前，《中庸》的作者即已先爲此二字下了定義說：「喜怒哀樂之未發，謂之中；發而皆中節，謂之和」，對這幾句話，朱熹曾做如下解釋：

> 喜怒哀樂，情也；其未發，則性也，無所偏倚，故謂之中。發而皆中節，情之正也；無所乖戾，故謂之和㊵。

可見「中」是以性言，而「和」則以情言，指的乃「無所偏倚」和「無所乖戾」的心理狀態，亦即至誠的一種存在與表現。很明顯地，先做了這番說明之後，《中庸》的作者才好接著就「性」說「中」是「天下之大本」、就「情」說「和」是「天下之達道」。這「大本」和「大道」的意義，照朱熹的解釋是：

> 大本者，天命之性，天下之理皆由此出，道之體也；達道者，循性之謂，天下古今之所共由，道之用也㊶。

「大本」既是天命之性、天下之理之所從出，而「大道」則爲天下古今之所共由，那麼，一個人若能透過至誠之性的發揮，而達到這種是屬「大本」和「大道」的中和狀態，則所謂「天地萬物，本吾一體，吾之心正（中），則天地之心亦正矣；吾之氣順（和），則天地之氣亦順矣」㊷，不僅可以成己（盡其性、盡人之性），造就孝、悌、敬、信、慈等德行，以純化人倫社會；也足以成物（盡物之性），使「萬物並育而不相害」（《中庸》第三十章），以改善物質環境㊸。於是《中庸》的作者便又接著說：「致中和，天地位焉，萬物育焉」，這三句話，從其涵義來看，顯然與上引「誠者非自成己而已」和「唯天下至誠，爲能盡其性」的兩段話，是彼此相通的，因爲誠能盡性，則必然可以「致中和」，所以我們可以把這兩段話說成：

和

> 誠者，非自致其中和而已也，所以致物之中和也。

> 唯天下至誠，為能致其中和；能致其中和，則能致人之中和；能致人之中和，則能致物之中和；能致物之中和，則可以贊天地之中和；可以贊天地之中和，則可以與天地參矣。

這樣，意思是一點也不變的。

以上兩大特色，互爲因果，是以看出《中庸》性善觀與衆不同的地方。

五、結語

綜上所述，可知《中庸》的性善觀，雖承自孔子，卻有既深且廣的開展，它不僅將仁與智納入性體，更「即誠言性（善）」，在「人」之外，兼及於「物」，形成天人、物我以一誠流貫的中和體，從而呈現人的最大價值。

註　釋

①見徐復觀《中國人性論史》（台灣商務印書館，民國六十七年十月四版）頁六。

②《尚書・召詔》：「王先服殷御事，比介于我有周御事，節性惟日其邁。」見《十三經注疏・尚書注疏》（藝文印書館，民國五十四年三版）頁二二二。

③見朱熹《四書集注》（學海出版社，民國七十三年九月）頁三十一。

④同注③，頁一三九。

⑤《中庸》第二十章：「或安而行之，或利而行之，或勉強而行之，及其成功，一也。」同注③，頁三十六。

⑥朱熹云：「惟仁者則安其仁，而無適不然；知者則利於仁，而不易其守。蓋雖深淺之不同，然皆非外物所能奪矣。」同注③，頁七十四。

⑦參見拙作〈孔子的仁智觀〉，民國八十五年九月《國文天地》十二卷四期，頁八～十五。

⑧見《中國哲學的特質》（學生書局，民國六十五年十月）頁二十五。

⑨見《中國哲學三百題》（上海古籍出版社，一九八八年九月）頁一六一。

⑩見《十三經注疏・論語注疏》，頁六十二。

⑪見《四書纂疏・論語纂疏》（文史哲出版社，民國七十五年十月）頁九六六。

⑫見《老子校釋》（北京中華書局，一九八四年十一月）頁一九四～一九五。

⑬見《孔子學說》（正中書局，民國五十二年）頁一一一～一一二。

⑭唐君毅：「今觀《中庸》之言性，更可見其爲能釋除莊、荀之流對心之性之善之疑難，以重申孟子性善之旨，而以一眞實之誠，爲成己成物之性德，以通人之自然生命、天地萬物之生命、與心知之明，以爲一者。」《中國哲學原論・原性篇》（學生書局，民國六十八年五月四版）頁五十九。

⑮同注③，頁四十二。

⑯見《讀四書大全說》卷三（河洛圖書出版社，民國六十三年五月）頁二九九～三〇〇。

⑰同注①，頁一五六。

⑱見拙著《中庸思想研究》（文津出版社，民國六十九年三月）頁一〇九。

⑲同注③，頁二十一。

⑳見《四書纂疏・中庸纂疏》，頁二六八～二六九。

㉑戴璉璋：「依據朱子、退溪的理氣二元論，天地間一切人物草木鳥獸的生成，都是氣依理而凝聚造作的結果。一物之生，氣賦以形而理定其性。所以就理言，『天下無性（理）外之物』，『枯槁之物亦有性』，『物之無情者亦有理』，而且此性此理是人物同源——皆源出天理。就氣言，則因『二氣五行交感萬變』，所以『人物之生有精粗不同』。朱子說：『自一氣而言，則人物皆受是氣而生；自精粗而言，則人得其氣之正且通者，物得其氣之偏且塞者。惟人得其正，故是理通而無所塞；物得其偏，故是理塞而無所知』

（《語錄》卷四）由於得氣的偏正不同，所以人、物有別。人『識道理，有知識』，所以『理通而無所塞』，物雖『間有知者』，也『不過只通得一路』，所以一般而論是『理塞而無所知』。在物那裡，無所謂窮理盡性的問題；在人這裡，實然的存在，還有稟賦上昏明清濁的差異。除了『上知生知之資，是氣清明純粹而無一毫昏濁』以外，一般而論，都有資質的偏蔽，必須加上窮理的工夫，才眞能『理通而無所塞』，盡其定然之性。」見〈朱子與退溪的窮理思想〉，民國六十八年十二月《鵝湖月刊》五卷六期，頁四～五。

㉒見《十三經注疏．周易注疏》頁二十一。

㉓見《中國學術思想史論叢》㈡（東大圖書公司，民國六十九年）頁三一一。

㉔同注⑱，頁八五～一〇二。

㉕同注㉓，頁二九五。

㉖同注⑳，頁二六四。

㉗見《四書箋解》（廣文書局，民國六十六年一月）頁四十～四十一。

㉘見《王陽明傳習錄評註集評》（學生書局，民國七十七年二月）頁三〇六。

㉙同注③，頁四十。

㉚《孟子．公孫丑上》：「昔者，子貢問於孔子曰：『夫子聖矣乎？』孔子曰：『聖，則吾不能。我學不厭，而教不倦也。』子貢曰：『學不厭、智也；教不倦，仁也。仁且智，夫子既聖矣！』同注③，頁三十二。

㉛同注③，頁四十二。

㉜朱熹在「徵則悠遠，悠遠則博厚，博厚則高明」三句下注云：「此皆以其驗於外者言之，鄭氏所謂至誠之德，著於四方者是也。存諸中者既久，則驗於外者，益悠遠而無窮矣。悠遠，故其積也，廣博而深厚；博厚，故其發也，高大而光明。」同注③，頁四十二。

㉝同注①，頁一一九。

㉞同注㉝。

㉟同注③，頁四十八。

㊱同注③，頁二十一。

㊲王船山：「其爲物，物字，猶言其體，乃以運行化育之本體，既有體，則可名之曰物。」同注㉒，頁九十六。

㊳王船山：「無息也，不貳也，也已也，其義一也。章句云：『誠故不息』，明以不息代不貳。蔡節齋爲引申之，尤極分曉；陳氏不察，乃混不貳與誠爲一，而以一與不貳作對，則甚矣其惑也。」同注⑯，頁三一二。

㊴牟宗三在〈由仁、智、聖遙契性、天之雙重意義〉一文中，曾引《中庸》「肫肫其仁」一章，對「內在的遙契」做過如下之說明：「內在的遙契，不是把天命、天道推遠，而是一方把它收進來做爲自己的性，一方又把它轉化而爲形上的實體，這種思想，是自然地發展而來的。……首先《中庸》對於『至誠』之人做了一個生動美妙的描繪。『肫肫』是誠懇篤實之貌。至誠的人有誠意，有『肫肫』的樣子，便可有如淵的深

度，而且有深度才可有廣度。如此，天下至誠者的生命，外表看來既是誠篤，而且有如淵之深的深度，有如天浩大的廣度。生命如此篤實深廣，自然可與天打成一片，洋然無間了。如果生命不能保持聰明聖智，而上達天德的境界，又豈能與天打成一片，從而了解天道化育的道理呢？當然，能夠至誠以上達天德，便是聖人了。」同註⑧，頁三十五。又唐君毅：「中國先哲，初唯由『人之用物，而物在人前亦呈其功用』、『物之感人、而人亦感物』之種種事實上，進以觀天地間之一切萬物之相互感通，相互呈其功用，以生生不已，變化無窮上，見天道與天德。而此亦即孔子之所以在川上嘆『逝者之如斯，不舍晝夜』，而以『四時行，百物生』，爲天之無言之盛德也。」見《哲學概論》（上）（學生書局，民國七十四年）頁一〇八～一〇九。

㊵同注③，頁二十一。

㊶同注③，頁二十二。

㊷同注㊶。

㊸參見拙作〈中庸的思想體系〉（上）、（下），民國八十六年一、二月《國文天地》十二卷八、九期，頁十一～十七、十四～二〇。

（原載民國八十八年六月《國文學報》廿八期）

談《中庸》的一篇體要

一、前言

《中庸》原是《禮記》的一篇，而朱熹特地將它列爲《四書》之一。它首先用一〇九字，把《中庸》一篇的要旨，作了精要的說明。朱熹在《中庸章句》裡，將此段文字訂爲「第一章」，並且在章後說：

> 右第一章，子思述所傳之意以立言。首明道之本原出於天，而不可易，其實體備於己，而不可離；次言存養省察之要；終言聖神功化之極。蓋欲學者於此，反求諸身而自得之，以去夫外誘之私，而充其本然之善，楊氏所謂一篇之體要是也。

所謂「體要」，就是綱領，亦即要旨。他以「首」、「次」、「終」為序來說明，很能掌握這一章的脈絡與大意。本文即依此順序，以探討這一篇體要的究竟。

二、道之本原出於天，而體備於己

《中庸》的作者一開篇就說：

> 天命之謂性，率性之謂道，脩道之謂教。道也者，不可須臾離也；可離，非道也。

這七句話，即朱熹所謂「首」的部分。它的上三句，說明「道之本原出於天而不可易」。而這裡所說的「道」，是指「日用事物當行之理」（見朱注），如說得具體一點，就是「禮」，《中庸》第二十七、二十八、二十九等章（依朱熹《章句》，下併同），就是以「禮」來說「道」的，譬如第二十七章說：

> 大哉！聖人之道！洋洋乎，發育萬物，峻極于天。優優大哉！禮儀三百，威儀三千，待其人而後行。故曰：「茍不至德，至道不凝焉。」

其中「發育萬物」，說的是「天之道」（天理）；「禮儀三百，威儀三千」，說的是「人之道」（人情）；而「至道」，指的就是「至善」之「禮」。《論語・季氏》載伯魚引述孔子的話說：

不學禮，無以立。

又《堯曰》載孔子的話說：

不知禮，無以立也。

可見孔子主張學者是要「學禮（道）」以「知禮（道）」的。而這種「禮」，有本有末；就其「本」言，爲仁義，是永遠不變的。《中庸》第二十章說：

仁者，人也，親親為大；義者，宜也，尊賢為大。親親之殺、尊賢之等，禮所生也。

把「禮」生於「仁義」的意思，說得很明白。如就其「末」言，則指的乃「日用事物當行之理」的形式，是會因時空的不同而改變的。而這種「禮」，無論是本或末，都經由往聖之體悟驗證，

載於「文」(《詩》、《書》)之上。《論語・雍也》說:

子曰:「君子博學於文,約之以禮,亦可以弗畔矣夫!」

這裡的「文」,就是指往聖所傳下來的《詩》、《書》,而「《詩》、《書》的具體內容,即是『禮(樂)』」(見徐復觀《中國思想史論集》,學生,頁二三六)。因此,《中庸》所謂的「修道」,就是「學禮」以「知禮」;而教導學者「學禮(道)」以「知禮(道)」,來掌握人情天理(宇宙人生的道理)的,便是「教」。

聖人為什麼能掌握這個「道」(禮)以立教呢?那是由於他能「率性」的緣故。這「率性」二字,孔穎達《禮記正義》引鄭玄注云:

率,循也;循性行之。

而朱熹《中庸章句》則說:

率,循也。……人物各循其性之自然。

鄭、朱兩人的說法，除了一純就人，一兼指物來說明外，其餘的都沒有什麼不同。當然，「物」在正常的情況下，能夠循性，也將與人一樣，是「莫不自然各有當行之路」的；惟這裡所謂的「率性」，據下句「修道之謂教」所指的對象來推斷，在《中庸》作者的原義裡，當也只是專就「人」來說，而未把「物」包括在內。因此，「率性」兩字，只能當作「順著人性向外發出」來解釋，才算合理；而聖人「順著人性向外發出」（見徐復觀《中國人性論史》，商務，頁一一九），掌握人情天理，以形成種種準則（禮樂），爲「羣體所共由共守」（見同上）。而此準則，就是所謂的「道」，所以《中庸》說：「率性之謂道。」

聖人率性而爲道，最關緊要的，就是「性」。這個「性」是怎麼來的呢？《中庸》的作者以爲來自於「天命」，所以有「天命之謂性」的說法。對此，朱熹在《章句》裡解釋說：

> 命猶令也，性即理也。天以陰陽五行化生萬物，氣以成形，而理亦賦焉，猶命令也；於是人物之生，因各得其所賦之理，以為健順五常之德，所謂性也。

在這段話裡，朱熹首先提出了「性即理」的新觀點，然後以理氣二元論來解釋萬物成形賦理的真象，從而把理、命、健順五常之德和性的關係提明，可說是深入聖域後所體會出來的見解。但《中庸》的作者，卻「即誠言性」（見唐君毅《中國哲學原論》「原性篇，新亞，頁五十八），特別用「至誠」來貫通性命、物我，指出天道之「至誠」，是透過「命」，而賦予「人」和「物」的。錢穆先生在其《中庸新義》（《中國學術思想史論叢》㈡，東大，頁二九五）說：

> 性則賦於天，此乃宇宙之至誠。

這是十分合理的解釋。人、物之性，雖同賦於天，卻有偏全之不同。由於人得其全，所以其內容就不同。《中庸》第二十五章說：

> 誠者，非自成己而已也，所以成物也。成己，仁也；成物，知也；性之德也，合外內之道也。

可見「仁」和「知」（智），同是「性之德」，乃「吾性之固有」（見朱注），而「誠」則是「人性的全體顯露，即是仁與知的全體顯露」（見《中國人性論史》，頁一五六），是足以成己、成物的。而《中庸》第二十一章又說：

自誠明，謂之性；自明誠，謂之教。誠則明矣，明則誠矣。

據知統之於「至誠」的仁與知（智），是可經由互動、循環、提昇的作用，而最後融合爲一的。也就是說「如果顯現了部份的仁性（誠），就能連帶地顯現部分的知性（明）；同樣地，顯現了部分的知性（明），就能連帶地顯現部分的仁性（誠）。正由於這種相互的作用，有先後偏全之差異，故使人在盡性上也就有了兩條內外、天人銜接的路徑：一是由誠（仁性）而明（知性），這是就先天潛能的提發來說的；一是由明（知性）而誠（仁性），這是就後天修學的努力而言的。而這『天然』（性）與『人爲』（教）的兩種作用，如一旦能內外銜接，凝合無間，則所謂『誠則明矣，明則誠矣』，必臻於亦誠亦明的至誠境界。到了此時，仁既必涵攝著智，足以成己，而智亦必本之於仁，足以成物了。」（見拙作《中庸思想研究》，文津，頁一〇九）而這種作用，可用下頁圖來表示：

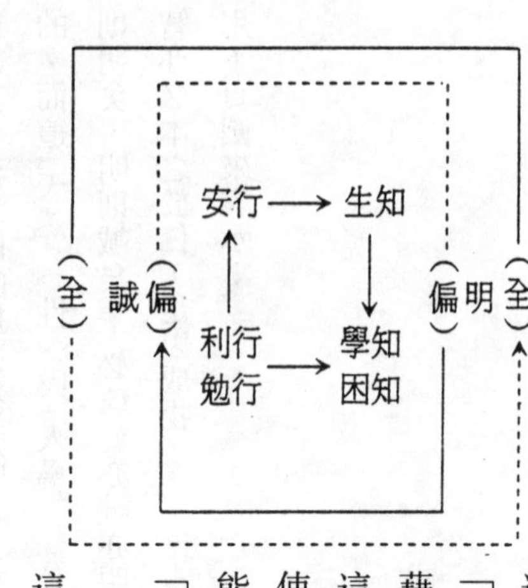

這個表的虛線代表天賦——「性」，實線代表人爲——「教」。外圈指「全」，屬聖人；內圈指「偏」，屬學者。藉此可辨明「誠」與「明」、天賦與人爲的交互關係。人就這樣在交互作用之下，自明而誠，自誠而明，循環、提昇，使自己的知（智）性與仁性，由偏而全地逐漸發揮它們的功能，最後臻於「至誠」（仁且智）的最高境界。至此，「誠」（仁）和「明」（智）便融合爲一了。

至於「道也者」四句，則說明「體備於己而不可離」。這四句，朱熹在《章句》裡解釋說：

> 道者，日用事物當行之理，皆性之德，而具於心，無物不有，無時不然，所以不可須臾離也。若其可離，則豈率性之謂哉？

而徐復觀先生在《中國人性論史》（頁一二三）裡說：

> 按「道也者不可須臾離也」二句，乃緊承「率性之謂道」而來；人皆有其性，即人皆有是

道。道乃內在於人的生命之中，故不可須臾離。不可離，所以必見於日常生活之中，故成為中庸之道。

朱、徐二人都把「道」是「本然」而非「外物」的意思，解釋得很清楚。有了這四句話作橋梁，便很自然地過到「修道」的要領——「慎獨」之上了。

三、存養省察之要

緊接「可離非道也」句，《中庸》的作者又說：

是故，君子戒慎乎其所不睹，恐懼乎其所不聞。莫見乎隱，莫顯乎微，故君子慎其獨也。

這五句話，說的是「修道」的要領，也就是「存養省察之要」。朱熹在《章句》裡闡釋云：

君子之心，常存敬畏，雖不見聞，亦不敢忽，所以存天理之本然，而不使離於須臾之頃也。

又云：

幽暗之中、細微之事，跡雖未形，而幾則已動，人雖不知，而己獨知之，則是天下之事，無有著見明顯，而過於此者；是以君子既常戒懼，而於此尤加謹焉，所以遏人欲於將萌，而不使其潛滋暗長於隱微之中，以至離道之遠也。

把「慎獨」之精義，闡釋得極其簡明。而徐復觀先生在其《中國人性論史》（頁一二四）中說：

在一般人，天命之性，常常為生理的欲望所壓、所掩。性潛伏在生命的深處，不曾發生作用；發生作用的，只是生理的欲望。一般人只是順著欲望而生活，並不是順著性而生活。要性不為欲望所壓、所掩，並不是如宗教家那樣，對生理欲望加以否定；而是把潛伏的性，解放出來，為欲望作主；這便須有戒慎恐懼的慎獨的工夫。所謂「獨」，實際有如《大學》上所謂誠意的「意」，即是「動機」；動機未現於外，此乃人所不知，而只有自己才知的，所以便稱之為「獨」。「慎」是戒慎謹慎，這是深刻省察、並加以操運時的心理狀態。「慎獨」，是在意念初動的時候，省察其是出於性？抑是出於生理的欲望？出於性的，並非即是否定生理的欲望，而只是使欲望從屬於性；從屬於性的欲望也是道。一個人的行為動機，到底是「率性」？不是率性？一定要通過慎獨的工夫，才可得到保證的。沒有這種工夫，則人所率的，並不是天命之性，而只是生理的欲望。在這種地方，真是差之毫釐，謬以千里。

他將人之所以要「慎獨」的理由，交代得很充分。

這種「慎獨」之說，又見於《大學》：

所謂「誠其意」者，毋自欺也。如惡惡臭，如好好色，此之謂自謙。故君子必慎其獨也。小人閒居為不善，無所不至；見君子，而后厭然，揜其不善而著其善。人之視己，如見其肺肝然，則何益矣？此謂誠於中，形於外。故君子必慎其獨也。

《大學》的作者在此指出：要「誠意」就必須「慎獨」，而能「誠意」，則必然「誠於中，形於外」。這所謂的「誠於中」，就相當於《中庸》所說的「戒慎乎其所不睹，恐懼乎其所不聞」；而「形於外」，則相當於《中庸》的「莫見乎隱，莫顯乎微」。如此「誠於中，形於外」，正是「修道」的關鍵所在，是合知（明）與行（誠）來說的。當然，從表面上來看，在《大學》裡，「慎獨」是針對「誠意」來說的，但「格物」、「致知」難道就不必「慎獨」了嗎？王陽明將「格物」釋作「正意所在之事」（見〈大學問〉，《王陽明全書》㈠，正中，頁一二二），而「正意所在之事」，說得明白一點，就是「誠意」，所以唐君毅先生在《中國哲學原論》「導論篇」（頁二九三）中說：

> 《大學》立言次序，要是先格物、次致知、次誠意、次正心。大學言物格而後知至，知至而後意誠，而未嘗言意誠而後知至，知至而後物格。如依陽明之說，循上所論以觀，實以致「知善知惡，好善惡惡」之知，至於真切處，即意誠，意誠然後方得為知之至。又必意誠而知至處，意念所在之事，得其正，而後可言物格。是乃意誠而後知至，知至而後物格，非《大學》本文之序矣。

這種次序雖不合《大學》本文之序，卻合於孔子「行有餘力，則以學文」（《論語．學而》）的意思，更合於《中庸》「自誠明」的道理。這是因爲「知」（明）與「行」（誠）、「致知」（明）與「誠意」（誠），原是互動、循環、提昇而形成螺旋關係的（詳見拙作〈談儒家思想體系中的螺旋結構〉，發表於臺灣師大《國文學報》第二十九期）。由此看來，《中庸》的「慎獨」，也一樣兼顧了智性（明）與仁性（誠）的開發來說，《中庸》第二十章說：

博學之，審問之，愼思之，明辨之，篤行之。

其中「博學之」四句，說的是智性（明）開發之事；「篤行之」，說的是仁性（誠）開發之事，兩者都一定要「愼獨」，不然，在知（明）與行（誠）上就要形成偏差了。《大學》第八章（依朱熹《章句》）說：

人之所親愛而辟（偏私之意）焉，之其所賤惡而辟焉，之其所畏敬而辟焉，之其所哀矜而辟焉，之其所敖惰而辟焉，故好而知其惡，惡而知其美者，天下鮮矣；故諺有之曰：「人莫知其子之惡，莫知其苗之碩。」

這種因心有所偏、情有所蔽——不仁，而導致認知上的偏差，但見一偏，不見其全——好而不知其惡，惡而不知其美（「莫知其子之惡，莫知其苗之碩」），甚至產生錯覺、顚倒是非，如孟子所謂「安其危，而利其菑，樂其所以亡者」（〈離婁〉上），便是由於存心不誠（仁），無法愼獨的緣故。人患了這種弊病，修身已不可得，更不用說是齊家治國平天下了。如果人再以此種有了偏執或錯誤的「已知」作爲依據，去推求那無涯之「未知」，則勢必一偏再偏，一誤再誤，使得知（明）與行（誠）判爲兩途，終至形成偏激、邪惡的思想與行爲。這樣，不僅將害人害己，且又要為禍社會國家；孟子從前所以要大聲疾呼「我亦欲正人心，息邪說，距詖行，放淫辭」（〈滕文公〉下），就是看出這種禍害的重大。慎獨之要，由此可見。

四、聖神功化之極

《中庸》的作者在談了「慎獨」之後，接著說：

喜怒哀樂之未發，謂之中；發而皆中節，謂之和。中也者，天下之大本也；和也者，天下之達道也。致中和，天地位焉，萬物育焉。

這節文字，用以說明「聖神功化之極」，含三個部分：頭一部分為「喜怒哀樂之未發」四句，是就「成己」來說「修道」（慎獨）的內在目標。也就是說：人在「修道」的過程中，經由「慎獨」，使智性（明）與仁性（誠）產生互動、循環、提昇的螺旋作用，就可以將「性」的功能發揮到相當程度，有力地拉住「情」，以免它泛濫成災，而達於「中和」的境界。而這所謂的「中」，是就「性」來說的；「和」是就「中節」之「情」來說的。朱熹《章句》注此云：

喜怒哀樂，情也；其未發，則性也；無所偏倚，故謂之中。發而皆中節，情之正也；無所乖戾，故謂之和。

而高師仲華先生在〈中庸辨〉（《高明文輯》㈠，黎明，頁二六一）裡也說：

就其性而言是「中」，就其情而言是「和」；就其體而言是「中」，就其用而言是「和」；就其靜而言是「中」，就其動而言是「和」。合言之，只是一個「中」；析言之，則有「中」與「和」的分別。

「中」（性）與「和」（情）的關係，可由此了解大概。而「修道」至此，就可以「盡其（己）性」、「盡人之性」（《中庸》第二十二章），而使人倫社會得以純化了。

第二部分爲「中也者」四句，可以說是由「成己」過到「成物」的橋梁，是合「成己」、「成物」來說「修道」的。朱熹在〈中庸或問〉（趙順孫《四書纂疏・中庸》，文史哲，頁三〇六）裡說：

謂之中者，所以狀性之德，道之體也；以其天地萬物之理，無所不賅，故曰天下之大本。

謂之和者，所以著情之正，道之用也；以其古今人物之所共由，故曰天下之達道。蓋天命之性，純粹至善，而其於人心者，其體用之全本皆如此，不以聖愚而有加損也。然靜而不知所以存之，則天理昧而大本有所不立矣；動而不知所以節之，則人欲肆而達道有所不行矣。

而徐復觀先生在《中國人性論史》（頁一二七）中也說：

中和之「中」，不僅是外在的中的根據，而是「中」與「庸」的共同根據。《廣雅．釋詁》三：「庸，和也」；可見和亦即是庸。但此處中和之「和」，不僅是「庸」的效果，而是中與庸的共同效果。中和之「中」，外發而為中庸，上則通於性與命，所以謂之「大本」。中和之「和」，乃中庸之實效。中庸有「和」的實效，故可為天下之達道。「和也者，天下之達道也」，實際等於是說，「中庸者天下之達道也」。中和的觀念，可以說是「率性之謂道」的闡述，亦即是「中庸」向內通，向上提，因而得以內通於性，上通於命的橋梁。

可見所謂的「大本」、「達道」，已經由「人」而擴及於「物」，由「成己」而推及於「成物」

了。

第三部分爲「致中和」三句，這是就「成物」來說「修道」（愼獨）的外在目標，以爲人天賦之「性」（智性↑↓仁性），經「修道」加以發揮，不但可以「成己」（仁），也可「盡物之性」以「成物」（智），而使物質環境得以改善（詳見拙作〈中庸的性善觀〉，臺灣師大《國文學報》第二十八期）。朱熹《章句》注此云：

> 自戒懼而約之，以至於至靜之中，無少偏倚，而其守不失，則極其中而天地位矣。自謹獨而精之，以至於應物之處，無所差謬，而無適不然，則極其和而萬物育焉。蓋天地萬物，本吾一體，吾之心正，則天地之心亦正矣；吾之氣順，則天地之氣亦順矣。故其效驗至於如此，此學問之極功，聖人之能事，初非有待於外，而修道之教，亦在其中矣。是其一體一用，雖有動靜之殊，然必其體立，而後用有以行，則其實亦非有兩事也。

所謂「吾之心正」、「吾之氣順」，就是「成己」；而「天地之心亦正」、「天地之氣亦順」，就是「成物」。因此《中庸》第二十四章說：「誠者，非自成己而已也，所以成物也。」便可說成：

誠者，非自致其中和而已也，所以致物之中和也。

又第二十二章說：「唯天下至誠，爲能盡其性；能盡其性，則能盡人之性；能盡人之性，則能盡物之性；能盡物之性，則可以贊天地之化育；可以贊天地之化育，則可以與天地參矣。」也一樣可說成：

唯天下至誠，為能致其中和；能致其中和，則能致人之中和；能致人之中和，則能致物之中和；能致物之中和，則可以贊天地之中和；可以贊天地之中和，則可以與天地參矣。

這樣，意思是一點也不變的。

而這所謂的「中和」，是就「狀態」一面來說的；如就「心理」一面來說，就是「忠恕」了。朱熹在《論語．里仁》「夫子之道，忠恕而已矣」章下引程子說：

忠者，天道；恕者，人道。忠者，無妄；恕者，所以行乎忠也。忠者，體；恕者，用；大本達道也。……「維天之命，於穆不已」，忠也；「乾道變化，各正性命」，恕也。

顧炎武在其《日知錄》（《日知錄集釋》，中文，頁一五三）中說：

> 夫子之道，忠恕而已矣；忠也者，天下之大本（中）也；恕也者，天下之達道（和）也。

而呂維祺在《伊洛大會語錄》（《古今圖書集成，學行典（上）》，鼎文，頁一二五七～一二五八）裡也說：

> 天地聖賢夫婦，同此忠恕耳。天地為物不貳，故元氣流行，化育萬物，此天地之忠恕，即天地之貫也；聖人至誠不息，故盡人盡物，贊化育，參天地，此聖人之忠恕，即聖人之貫也；賢人亦此忠恕，但或勉強而行，未免有作輟純雜之不同，故有貫有不貫，而其貫處即與聖人同；即愚夫婦亦此忠恕，但為私欲遮蔽，不能忠恕，即不能貫，或偶一念之時亦貫異，而其實處亦即與聖人同。……忠恕只是一個心，實心為忠，實心之運為恕，即一也。

可見「忠恕」（心理）與「中和」（狀態），和就「潛能」來說的「性」與「中節」之「情」，指向是一致的，只是落點有所不同而已。它們的關係，可用下頁簡圖來表示：

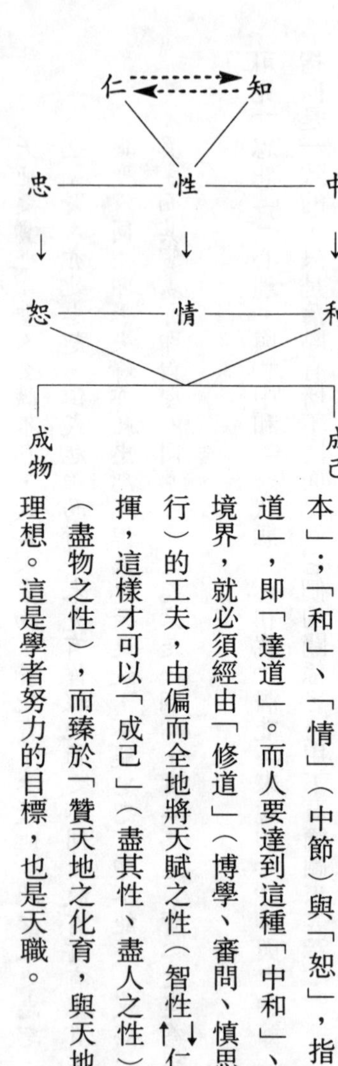

其中「中」、「性」與「忠」，指的是「天之道」，即「大本」；「和」、「情」（中節）與「恕」，指的是「人之道」，即「達道」。而人要達到這種「中和」、「忠恕」的境界，就必須經由「修道」（博學、審問、慎思、明辨、篤行）的工夫，由偏而全地將天賦之性（智性↓↑仁性）加以發揮，這樣才可以「成己」（盡其性、盡人之性）、「成物」（盡物之性），而臻於「贊天地之化育，與天地參」的最高理想。這是學者努力的目標，也是天職。

五、結語

《中庸》的作者在這屬「一篇之體要」的文字裡，直承孔子的仁智思想，特地用「性」（含智性與仁性），從內在來貫通天人、物我，爲人類「修道」（教）以「成己」、「成物」的路，尋得「真實無妄」的源頭與「與天地參」的歸趨，這是「驚天動地」（徐復觀語，見《中國人性論史》，頁一一九）的一件大事，是值得大家大聲喝采的。

（原載民國八十九年六、七月《國文天地》十六卷一、二期）

淺談自誠明與自明誠的關係

《中庸》是我國儒家最重要的經典之一，它的內容，雖包羅「萬事」，十分複雜，但如能抽絲剝繭的予以探究一番，便不難發現全書所論的，不外是「自誠明」與「自明誠」六個字而已。這六個字，僅一見於《中庸》的第二十一章（依朱子《章句》，後倂同）：

自誠明，謂之性；自明誠，謂之教。誠則明矣，明則誠矣。

這一章頗爲重要，朱子說它是：

承上章（哀公問政章）夫子天道、人道之意而立言也。自此以下十二章（至篇末），皆子思之言，以反覆推明此章之意。（《中庸章句》）

這是不錯的；不過，須特別注意的是：《中庸》的作者在此，除用了「誠」與「明」的先後來說明天道（誠者）與人道（誠之者）的區別，以統攝下文之意而外，更再度的拈出了「性」與「道」二字，以與本書篇首「天命之謂性，率性之謂道，修道之謂教」等三句遙遙呼應。篇首的這三句話，乃《中庸》一書的綱領所在，是任何讀過此書的人都曉得的；程子認為此書：

> 始言一理，中散為萬事，末復合為一理。（朱子《中庸章句》引）

確是「玩索而有得」的話。他所說的「始」、「末」，就是指這前後遙遙呼應的兩個部分而言。這兩個部分對「性」與「教」的說法，在表面上看，雖然各異，但實際上，所蘊含的道理卻是一致的。以下就根據這兩個部分，再酌參其他經文，先略辨「自誠明」與「自明誠」的區別所在，再分兩方面更進一層的探測它們彼此之間的關係。

自然生人，即賦人以性，是古今中外一致的看法。在我國來說，這所謂的「性」，從它从心生聲（生亦義）的字形上看，便知原是指人類與生俱來、生生不息的精神動能而言的。此種精神動能，照《中庸》第二十五章「成己，仁也；成物，知也；性之德也，合外內之道也」的說法，顯然可大別為兩類：一是屬「知」的，即知性，乃「明」的泉源；一是屬「仁」的，即德性，是「誠」的動力。這兩種性，非但是人人所固有，而且是相互作用的，也就是說：如果發揮了德性

（誠），就必能發揮知性（明）；同樣的，發揮了知性（明），也必能發揮德性（誠）；所謂的「誠則明矣，明則誠矣」，便是這個意思。不過，由於這種相互的作用有先後與偏全的差異，以致使人在盡性上也就有了兩種不同的路徑：一是由「誠」而「明」，一是由「明」而「誠」。前者可說是成自先天動能的提發，是天道，是誠者，是性；後者可說是出於後天修學的結果，是人道，是誠之者，是教。兩者的區別，大致如此，至於其深一層的關係，則有待作更進一步的探討了。

如衆所知，人類的活動是離不開「知」與「行」的，而一切的知行活動，其表面雖紛紜萬狀，但本源卻異常規律，完全受著人類性情的支配。性是天命的，分爲知性與德性兩種，知性乃「知」的活動的本源，是「行」的依據；德性係「行」的活動的動力，爲「知」的實踐。這天命之性，誰都知道是粹然至善的，按理說，植本於此的知行活動原該沒有一毫偏差才對，但由於人都不免或多或少的困於一己之氣稟，役於一己之私欲，使得天命之性受到蒙蔽，遂致無法發揮其全體功能，以有效的約束喜怒哀懼愛惡欲之情，使之中節，於是「知」既有了障礙，誤假爲真，以非爲是；而「行」亦難脫偏激，循私縱欲，時踰準繩了。聖人有見於此，遂設教興學，想藉後天教育之功來使人化私盡性，它的途徑就是「自明誠」。《中庸》第二十章說：

在下位不獲乎上，民不可得而治矣；獲乎上有道，不信乎朋友，不獲乎上矣；信乎朋友有道，不順乎親，不信乎朋友矣；順乎親有道，反諸身不誠，不順乎親矣；誠身有道，不明乎善，不誠乎身矣。……誠之者，擇善而固執之者也。博學之，審問之，慎思之，明辨之，篤行之。

所謂的治民、獲上、信友、順親、誠身與固執（篤行），指的是德性的發揮（行），即「誠」；所謂的明善與擇善（博學、審問、慎思、明辨），指的是知性的發揮（知），即「明」。由擇善而固執，由明善而誠身、順親、信友、獲上、治民，與《大學》所言八條目一樣，循的正是「自明誠」之路，這是聖人教人化私盡性的唯一途徑。既然聖人設教，要人從「明善」、「擇善」著手，那麼這所謂的「善」，為了達到使知性與德性「復其初」的一致目標，便必須要有一具體而客觀的依據與標準，這個依據與標準就是「道」。道，抽象一點說，是日用事物之間當行之路（說本朱熹，見《中庸章句》）；具體一點說，則包含了一切的禮樂制度與行為規範。而這些制度與規範，由於關係著個人、家國，甚至整個天下的安危，影響極其遠大，因此對它們的制作，自然就不能不格外的慎重。《中庸》第二十七章說：

雖有其位，茍無其德，不敢制作禮樂焉；雖有其德，茍無其位，亦不敢制作禮樂焉。

第二十二章又說

> 大哉！聖人之道，洋洋乎發育萬物，峻極于天。優優大哉！禮儀（大儀則）三百，威儀（小儀則）三千，待其人而後行，故曰：苟不至德，至道（指禮儀與威儀）不凝焉。

從這兩節文字裡，我們很容易的即可讀出這份慎重來；說實在的，在此世上，也的確惟有身具至德的聖人才有至高的睿智來凝就至道，並且把它們有效的推行出來。因爲只有身具至德（誠）的聖人，才能由誠而明，完全的發揮自己的知性（明），做到大仁（誠）大智（明）的起步。自然的，以此大仁大智來凝道設教，也就不難使人由明善而盡性（自明誠）了。《中庸》第二十二章說：

> 唯天下至誠，為能盡其性；能盡其性，則能盡人之性；能盡人之性，則能盡物之性；能盡物之性，則可以贊天地之化育；可以贊天地之化育，則可以與天地參矣。

至誠之聖人，由「盡其性」（自誠明），而「盡人之性」（自明誠），而「盡物之性」（以聖人之明誘發萬物之誠——能量），以至於與天地並立爲三，講的無非是這種一貫的道理。因此《中庸》的作者在篇首即開宗明義的說：「天命之謂性，率性之謂道，修道之謂教。」僅此三句話，便把這一貫的道理和盤托出。他很有次序的，先由首句點明人性與天理的關係，用「性」把聖人由「誠」（安行天理）通往「明」（生知天理）的大門敲開；再借次句點明人道與人性的關係，用「道」把聖人之「明」（生知天理）與學者之「明」（困知、學知天理）連成一體；然後由末句點明教化與人道的關係，用「教」把學者之「誠」（勉行、利行天理）伸向聖人之「誠」（安行天理）的橋梁架起（人人可爲堯舜），這樣，聖人之明既有了來路，學者之誠也找到了歸宿，而聖人之「自誠明」與學者之「自明誠」也緊緊的上下貫串在一起了。

自來讀《中庸》的人，泰半都從「全」的角度——即道之本原與踐行上來看「自誠明」與「自明誠」，因此斷然的把它們上下明顯的割開，以爲「自誠明」全是聖人之事，「自明誠」全是學者之事；上個部分就是以這種觀點來探討兩者的關係的。其實，若換個角度，由「偏」的一面——即人之天賦與人爲上來看，學者又何嘗不能動用天賦的部分力量使自己由誠而明呢？因爲性，無論是知性或德性，都是人人所生具的精神動能，固然一般人不能像聖人一樣，完全的把它們發揮出來，但若因而說他們絕對無法透過局部德性的發揮（誠），而發揮局部的知性（明），那也是不十分合理的。《中庸》一書特別强調：

自誠明，謂之性。

> 誠者，不勉而中（行），不思而得（知）。

就是要告訴我們：「自誠明」乃出自天然力量的作用，是不假一絲一毫人力的。假如有這麼一個人，能自然的發揮自己全部的知性與德性，時時都「從容中道」的，那自然是「聖人也」；至於「日月至焉而已」、「告諸往而知來者」，只能自然的發揮自己局部的知性與德性的，則是賢（常）人了。也幸好人人都能局部的發揮這種天然的力量——誠，才有進一步認知（明）的可能，不然「自明誠」這條路便將是空中樓閣，虛而不實了。《大學》第九章說：

> 心誠求之，雖不中，不遠矣。

這份誠心，正是明善辨惑的一個基準，歷代聖哲，教人爲學，必先立誠，即是此意。因爲人若能守住這份誠，便能無私而不欺己，這樣，他的喜怒哀懼愛惡欲之情才能「發而皆中節」；喜怒哀懼愛惡欲之情能發而皆中節，自然的，在他心目之間就不會形成任何認知上的障礙，而對是非善惡，也就能一一辨明，不致疑惑了。《論語．顏淵》篇記載子張、樊遲問辨惑，孔子答子張說：

> 愛之欲其生，惡之欲其死；既欲其生，又欲其死，是惑也。

答樊遲說：

一朝之忿，忘其身以及其親，非惑與？（〈顏淵〉）

可知「惑」起自過當的愛惡與忿懥之情，其實，豈止是愛惡與忿懥而已，其他種種的情感，如奪於私欲，發而不中節時，也照樣的，都會使人在認知的過程中犯上偏差的毛病。就像《大學》第七章所說的，一個人在其所發忿懥、恐懼、好樂、憂患之情過正時，心就「不得其正」；心既不得其正，則必然影響人的認知能力——知性，這樣，當然就難免會「心不在焉，視而不見，聽而不聞，食而不知其味」了。《大學》的第八章也說：

人之其所親愛而辟（偏私之意）焉，之其所賤惡而辟焉，之其所畏敬而辟焉，之其所哀矜而辟焉，之其所敖惰而辟焉，故好而知其惡，惡而知其美者，天下鮮矣；故諺有之曰：「人莫知其子之惡，莫知其苗之碩。」

這種因情有所蔽，而導致認知上的偏差：但見一偏，而不見其全——好而不知其惡、惡而不知其美，甚至產生錯覺，顛倒是非，如孟子所謂「安其危，而利其菑，樂其所以亡者」（〈離婁〉

上），就是由於內心不誠，無以去私的緣故。人患了這種弊病，修身已不可得，更不用說是齊家治國平天下了。如果人再以此偏執或錯誤的「已知」作爲基礎，作爲依據，去推求無涯之未知，則勢必一偏再偏，一誤再誤，使得「知識」（明）與「道德」（誠）判爲兩途，終於形成偏激、邪惡的思想與行爲，不僅誤人誤己，且又爲害社會國家，孟子從前曾大聲疾呼說：「我亦欲正人心，息邪說，距詖行，放淫辭」（〈滕文公〉上）就是看出了這種禍害之重大。因此，人在求知之時，必須先保存這片誠心，才能志氣清明，義理昭著，才不致爲外誘所奪，誤圓爲方，以美爲惡。既然存誠是這般的重點，那麼要如何才能達到這個地步呢？路只有一條，那就是「知止」而「志於道」，這就是說：我們在求知之前，首先得認清至善之所在，立下崇高的志向，以聖人爲榜樣，以聖道爲依歸，如此，則所謂的「先立乎其大者，則其小者不能奪也」（《孟子．告子》上），必能使「所適者正，而無他歧之惑。」（見《論語．述而》篇「志於道」句下朱注）能所適者正，無他歧之惑，然後才能存誠去私，洞察事理，收到知行合一的效果。《論語．述而》篇載孔子的話說：

志於道（知止立本），據於德（存誠），依於仁（去私），游於藝（體道——知行合一）。

他把志道置於據德、依仁、游藝三者之前，就足以看出志道立本是如何的重要了。而《大學》首章也說：

> 知止（志道立本）而后有定，定而后能靜，靜而后能安（存誠去私），安而后能慮（明善——知），慮而后能得（體道——行）。

所謂的「止」，指的是「至善」（至道）的所在；所謂的「定」、「靜」、「安」，乃是存誠的工夫；所謂的「慮」，就是辨明至善的意思；所謂的「得」，則是體驗至善的另一種說法。如把這先後的次序，與上引孔子之言作一對照，那麼我們不但可以看出知止立本以存誠去私的重要，並且也可以更進一層的辨明存誠與明善、天賦與人爲的交互關係來，那就是：先由明善（生知——知止）而存誠（勉行、利行），再由存誠（安行）而明善（困知、學知），透過人力與天功，互相銜接起來，圍成一個圓圈（如下頁圖）。人就這樣的，自明而誠，自誠而明，循環推進，使自己的知性與德性，由偏而全的，逐漸發揮它們的功能，最後臻於「隨心所欲不踰矩」的最高境界。人而如此，則真是不虛此一生了。

自誠明與自明誠的關係，經過如上兩方面粗略的探討，已大致的可以辨別出來。後附的就是

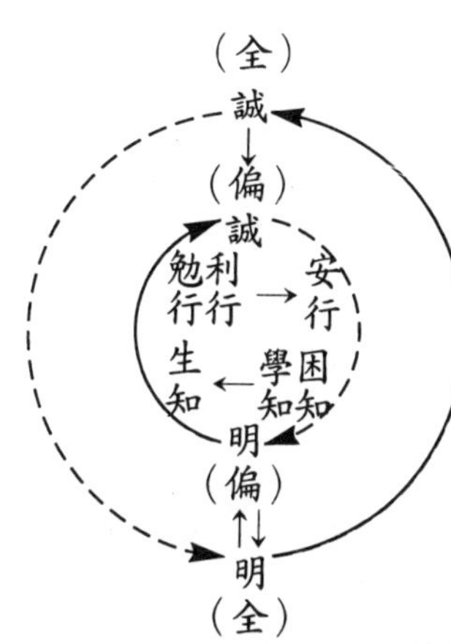

它們簡單的關係圖（虛線代表天賦——性，實線代表人為——教。外圈屬聖人，裡圈屬常人）。從這個圖裡，我們更可一目了然的看出它們關係之密切。當然，其間難免有探討得不夠周密、辨別得不夠客觀的地方，如果能夠由此而獲得博雅君子的指正，那就是寫作本文的最大收穫了。

（原載民國六十五年九月《孔孟月刊》十五卷一期）

國家圖書館出版品預行編目資料

學庸義理別裁／陳滿銘著. --初版
--臺北市：萬卷樓,民 91
面； 公分

ISBN 957－739－379－9 (平裝)

1. 四書－研究與考訂

121.217 91000993

學庸義理別裁

著　　者：陳滿銘
發 行 人：許錟輝
責任編輯：李冀燕
出 版 者：萬卷樓圖書有限公司
臺北市羅斯福路二段 41 號 6 樓之 3
電話(02)23216565・23952992
FAX(02)23944113
劃撥帳號 15624015
出版登記證：新聞局局版臺業字第 5655 號
網站網址：http://www.wanjuan.com.tw
E －mail：wanjuan@tpts5.seed.net.tw
經銷代理：紅螞蟻圖書有限公司
臺北市內湖區舊宗路二段 121 巷 28 號 4F
電話(02)27999490
FAX(02)27995284
承印廠商：晟齊實業有限公司
定　　價：360 元
出版日期：民國 91 年 1 月初版

ISBN 957－739－379－9